U0519305

教育部人文社会科学研究项目（20YJA790072）

湖南省社会科学成果评审委员会重大课题（XSP17ZDA009）研究成果

湖南省重点建设学科"区域经济学"、湖南省区域经济研究中心、湖南省民营经济研究基地资助项目

新时代湖南 县域经济发展研究

蔡典维　谢　恒　郭建华　著

西南财经大学出版社
Southwestern University of Finance & Economics Press

中国·成都

图书在版编目（CIP）数据

新时代湖南县域经济发展研究/蔡典维,谢恒,郭建华著 . —成都:西南财经
大学出版社,2021. 9
ISBN 978-7-5504-4629-8

Ⅰ.①新… Ⅱ.①蔡…②谢…③郭… Ⅲ.①县级经济—区域经济发展—
研究—湖南 Ⅳ.①F127. 64

中国版本图书馆 CIP 数据核字(2020)第 219419 号

新时代湖南县域经济发展研究
XINSHIDAI HUNAN XIANYU JINGJI FAZHAN YANJIU
蔡典维　谢恒　郭建华　著

策划编辑:李晓嵩
责任编辑:王利
封面设计:何东琳设计工作室
责任印制:朱曼丽

出版发行	西南财经大学出版社(四川省成都市光华村街 55 号)
网　　址	http://cbs. swufe. edu. cn
电子邮件	bookcj@ swufe. edu. cn
邮政编码	610074
电　　话	028-87353785
照　　排	四川胜翔数码印务设计有限公司
印　　刷	四川煤田地质制图印刷厂
成品尺寸	170mm×240mm
印　　张	17. 25
字　　数	318 千字
版　　次	2021 年 9 月第 1 版
印　　次	2021 年 9 月第 1 次印刷
书　　号	ISBN 978-7-5504-4629-8
定　　价	98. 00 元

序 言

习近平总书记在党的十九大报告中指出，未来要进一步推进实施乡村振兴战略和区域协调发展战略。县域经济是国民经济的基本单元，它关系着国计民生全局，对国民经济发展具有举足轻重的影响。加快发展县域经济，是推动经济持续健康发展的重要支撑，是统筹城乡发展的重要平台，是保障和改善民生的重要途径。

湖南县域包括 14 个市（州）的 87 个县（市、区）。根据各县（市、区）所处的地理区位、地域特点、资源优势，全省已经形成了长株潭地区（含长株潭 11 个县域）、环洞庭湖地区（含常德、岳阳、益阳共 17 个县域）、大湘西地区（含邵阳、怀化、张家界和湘西自治州共 30 个县域）以及湘（中）南地区（含衡阳、娄底、永州和郴州共 29 个县域）四大板块，湖南县域经济发展板块逐步形成并趋于成熟。"十三五"期间，湖南县域加快转变发展方式，加强基础设施建设，县域经济保持平稳、持续、健康发展的良好势头。然而在经济发展新常态下，湖南县域经济发展的环境发生了很大的变化。要适应这种变化，湖南县域经济的发展面临着艰巨的战略转型任务；要适应新时代经济高质量发展要求，湖南县域经济的发展也会遇到各种难题。因此，对新时代湖南县域经济发展难题做一个比较深入和前沿的研究，对于促进湖南县域经济发展，发展区域经济理论，尤其是拓展新时代县域经济理论具有理论探索意义。

鉴于此，课题组在湖南省重点建设学科"区域经济学"、湖南省区域经济研究中心、湖南省民营经济研究基地的资助下，展开深入调研，获取了湖南县域经济发展的第一手资料。课题组成员于2016年底商定以"新常态下破解湖南县域经济发展难题研究"为题开展研究，并于2017年获批湖南省社会科学成果评审委员会重大课题（XSP17ZDA009）立项，经过课题组成员近两年的努力，最终形成本重大课题成果。

本书重点阐述了新时代湖南县域经济发展过程中发展定位与发展路径难题、城乡统筹与区域协调难题、生态保护与发展难题、人力资本与创新驱动难题、产业发展与特色发展难题、发展环境与资源要素矛盾难题、面临的风险及防范措施等问题。

在本书编写过程中，邵阳市社科联肖治国主席对本书的框架形成、内容构成提出了颇多建议；邵阳学院教务处处长谢恒教授、邵阳学院经济与管理学院副院长李新平教授对县域经济发展研究颇深，已有多部著作出版，此次在本书的理论框架、素材收集和编写方面承担了大量工作；还有马骥、郭建华、王周火、童石荣老师，积极参与课题的调研、探讨和研究，承担了初稿的撰写工作，付出了辛勤的汗水，贡献了他们的才智。

在本课题研究和本书的撰写过程中，我们还参考、借鉴了多位专家和同仁的观点，引用了他们的文献资料，无法一一列出，在此谨致以诚挚的感谢！

蔡典维

2020 年 4 月

目　录

1 绪论

1.1 研究背景与研究意义

1.1.1 研究背景

（一）县域经济及其基本特征

县域经济是以县城为中心、集镇为纽带、农村为腹地，以发展农产品加工业和乡镇企业为重点，城乡一体，工农并进，具有明显区域特色的经济系统，是在县级行政区划的地域和空间内统筹安排经济社会资源而形成的开放且具有特色的区域经济。县域经济作为国民经济的基础，必须主动适应经济新常态，充分利用经济新常态所带来的机遇进行改革创新，探索出一条推动县域经济发展的新道路。

县域经济是区域经济的一种特定形式，是中国经济中特殊的行政区域经济。县域经济除了具有一般区域经济共有的特征以外，还具有它自身的基本特征，即县域经济具有综合性经济特征；县域经济是以农业为基础，以中小工业为支柱的行政区域经济；县域经济是基本利用本地资源的行政区域经济；县域经济是一种中观经济；县域经济是市场开放型经济；县域经济是市场化程度较低，资本、技术和人才较为稀缺的经济。

（二）县域经济发展的基本任务

县域经济发展的基本任务是因地制宜地寻求同时实现夯实发展基础、增加农民收入、优化产业结构、推进科技创新、统筹城乡发展这五大目标。

（三）县域经济发展的宗旨

1. 解决"三农"问题必须走城乡统筹发展之路

解决"三农"问题必须建设现代农业，发展农村经济，增加农民收入。党的十六大报告明确提出，必须统筹城乡经济社会发展。与城乡协调发展相比，统筹城乡经济社会发展是站在更高的层次上，强调的不仅仅是城乡共同发展，而且是城乡相互融合，以城带乡、以乡促城的互动式发展。因此，统筹城乡经济社会发展，是解决"三农"问题的真正希望所在。只有工业发展了，才能真正解决农业问题；只有城市发展了，才能真正解决乡村问题；只有非农产业发达了，才能真正解决农民问题。

2. 统筹城乡经济社会发展的切入点是县域

县域处于城乡接合部，是城乡汇合点，因而应该成为统筹城乡经济社会发展的重要环节。从实际解决"三农"问题的角度考虑，县域经济具有不可替代的作用。首先，作为宏观和微观的结合部，在发展规划的制定、经济结构的调整、产业开发的重点等一系列发展重大问题上，县域都具有相对更大的自主权。其次，作为承上启下的行政管理层次，具有比较完备的管理职能，能够有效地调整县域内各产业之间的关系，统一各部门的力量，兼顾县、乡、村3个层次，履行统筹、协调、组织、服务功能，统揽县域经济发展全局。同时，统筹城乡经济社会发展的根本目的是解决"三农"问题，而县域经济的发展，有利于加快县域内的工业化进程和服务业的发展，这对农村剩余劳动力的转移和农民收入的提高，有着极其重要的意义。

3. 发展县域经济的着力点是加快城镇化进程

发展县域经济是指在一个县级行政区域内全面地发展城镇经济和农村经济，包括农业、工业和服务业，包含各种所有制经济成分。县域经济具有两个显著的特点：一是农村在县域内占据绝大部分的地域，造成农业和农村经济在县域经济中占据主要的地位。二是农民占县域内居住人口的绝大多数，使得农民的文明、富裕程度对整个县域经济的经济、社会发展具有至关重要的影响。由此决定，发展县域经济的基础是农业和农村经济，应把着力点放在全面繁荣农村经济上。当然，发展县域经济，解决"三农"问题，还须跳出"三农"抓"三农"，即加快城镇化进程。从我国国情出发，加快城镇化进程与全面繁荣农村经济是相互依存、相互制约、相互促进的良性互动关系，内在地统一于社会主义现代化建设的全过程。

4. 发展县域经济应该因地制宜，体现特色

所谓因地制宜地发展县域经济，主要包括两个方面：一是要分类指导县域经济的发展。可将各地的县（市）区按经济发展程度不同分为先进县（市）区，中间县（市）区，相对落后县（市）区三种类型，然后对这三种类型的县（市、区）分别从宏观层面进行指导。二是以资源为导向，构建县域特色经济，创造区域经济的竞争优势。一个地区只有发展优势、特色经济，才能在

当地市场、国内市场和国际市场占有一席之地。

5. 发展县域经济必须要有新的思路

当前,县域经济的发展环境已经发生了深刻的变化,在经济全球化、新科技革命背景下,依然囿于传统观念和思路来指导县域经济的发展,已难以适应经济发展新阶段面临的新环境,跟上我国加快推进现代化的步伐。因此,发展县域经济应拓宽视野,充分考虑全球经济和市场格局变化,确立参与全球分工的定位,更好地利用县域之外的生产要素,利用国内、国际两个市场来发展自己。同时,我们在思考县域经济的发展时,不仅要重视发展产业和建设基础设施,更要重视发展教育和培养人才,尤其是对农村剩余劳动力和进城务工农民的培训。从某种意义上讲,后者比前者更为重要。

(四)湖南县域经济发展环境

2013年,习近平总书记提出了"东部沿海地区和中西部地区过渡带、长江开放经济带和沿海开放经济带接合部"(简称"一带一部")的战略定位,这既符合国家战略要求,也切合湖南实际,为湖南的发展空间指明了方向。在新常态背景下,以"一带一部"为坐标,推进湘北、湘西、湘中、湘南"四位一体"的湖南未来发展战略,必将引领湖南发展走进一个新时代。这个新时代恰逢高铁助威给力,使"一带一部"的特点更加鲜明、内涵更加丰富、优势更加明显。湖南经济社会发展实际情况,主要有以下六个方面:一是从发展速度来看,新常态下的增长调速不等于经济失速,经济增长还是要保持在一个合理区间,努力做到调速不减势、量增质更优。湖南作为中部省份、后发地区,发展不足、水平不高的最大省情没有根本改变。二是从三大需求看,湖南基础设施、社会事业等方面还有很大投资潜力,总体消费水平不高、创新供给引导消费的能力还不强,出口增速较快但总量有限、"短板"明显。三是从三次产业看,湖南农业大而不强,转变农业发展方式仍然任重道远,但前景广阔;工业化处在持续推进阶段,完成工业化还有很长一段路要走;服务业发展速度加快,但最终受制于工业化进程。四是从生产要素相对优势看,湖南是人口大省,劳动力资源丰富,虽然劳动年龄人口总量下降,但劳动力数量多、成本低的相对优势仍然存在。特别是随着劳动力素质、技能持续提高,大批有技能、有市场头脑、有从业经验的外出务工人员回乡创业就业,人力资源优势向人才资本优势转化成为可能。同时,自主创新能力逐步提升,创新创业不断推进,创新驱动发展潜力正在显现。五是从市场竞争特点看,质量型、差异化竞争日益成为主角,企业依赖税收、土地等政策"洼地"效应形成的竞争优势不可持续。六是从资源环境约束看,高消耗、粗放型发展难以为继,老百姓对清新空气、清澈水质、清洁环境的需要越来越迫切，良好生态环境越来越珍贵。

2016 年，面对错综复杂的国内外形势和经济下行压力，湖南省委、省政府认真贯彻落实党中央、国务院的各项决策部署，主动适应经济新常态，全面深化改革开发，大力推进"四化两型"，着力促进"三量齐升"，全省县域经济实力明显增强，转型升级不断加快，社会民生持续改善，为按时全面建成小康社会奠定了坚实基础。

县域经济作为湖南省经济发展的重要环节，是连接城乡经济发展的桥梁，起着承上启下的作用，其产业结构的优化对于助力湖南经济可持续发展具有重要作用。早在 2013 年，为加快全省县域经济发展，壮大县域经济实力，省人民政府发布了《关于发展特色县域经济强县的意见》，决定大力发展特色县域经济强县。

近年来，湖南县域经济取得了长足的进步和发展，全省县域经济发展的基础更加坚实。面临转方式和调结构深入推进、国家区域发展战略格局重新调整、改革开放全面深化等新形势和新任务，湖南必须适时调整发展思路，积极探索新常态下县域经济改革发展的战略途径、目标、重点和对策措施，引导全省县域经济更好更快发展。当前，湖南县域经济发展整体水平不高、地区发展不协调、产业结构层次偏低等问题仍较为突出。为适应经济新常态，推动县域经济可持续发展，需妥善应对存在的问题和矛盾。

1.1.2 研究意义

在经济新常态下，不断推动湖南县域经济产业结构调整，培育新的产业形态，继而形成新的增长潜力，助力湖南县域经济实力提升，对湖南省综合实力来说，具有正向的积极提升作用。因此，就经济新常态下湖南县域经济发展难题和破解县域经济难题展开研究具有重要的学术价值和实践价值。

（一）学术价值

（1）将可持续发展理论、绩效评价理论和县域经济发展现实相结合，在理论分析和实证研究基础上，形成能指导县域经济发展的系统、完整的应用性理论，丰富县域发展模式和路径选择体系。

（2）研究范式将实现多视角下的交易范式和功能范式结合，多学科下的内涵分析与模式设计结合，多手段下的制度分析与计量分析结合，拓展县域经济研究方法的新边界，为县域经济发展模式的转换和深化奠定基础。

（二）应用价值

（1）为推进经济新常态下湖南县域经济发展的政策制定提供理论、实证和经验支持，一些研究结论可直接作为省委、省政府的重要政策参考。

（2）为经济新常态下破解湖南县域经济发展难题提供理论上有支撑、实践上有创新的可操作性强、能产生实际效果的一些具体对策与建议。

1.2　国内外研究现状

1.2.1　国内研究现状

20世纪90年代，我国学者开始研究县域经济，最早体现在政府关于区域经济发展的政策和规划中。2002年，党的十六大报告提出要壮大县域经济，不少专家和学者便对县域经济展开了广泛而深入的研究，产生了相关的研究成果。与本选题相关的研究主要有：

（1）县域经济发展模式研究。学者们根据不同地区县域经济发展研究，总结出了具有地域特色的县域经济发展模式。叶普万（2003）通过分析陕西各地的具体情况，根据县域资源禀赋优势和经济发展水平的差异，总结出了资源型、城郊型、平原型、山区型等几种有代表性的县域经济发展模式。姜保雨（2006）根据中部地区经济发展特点，总结出了几种适合中部地区县域经济发展的模式，主要有工业强县模式、劳务经济模式、产业集群模式和农业产业化推动模式。此外，还有依靠新型城镇化推动县域经济发展（闫恩虎，2014），"温州模式"与"苏南模式"对县域经济发展的启示（刘以安，2004），发展第三产业模式，如浙江义乌、河北辛集等地模式。

（2）县域经济发展中存在的问题研究。这方面主要有：在县域经济发展过程中，地方财政无法满足县域宏观调控需要（李民栋，2009）；县级政府不尊重客观经济规律，企图代替市场来推动经济的发展（王军，2008）；县域经济产业趋同性明显，无法凸显地方特色；县域经济之间缺乏协调机制，崇尚本位主义和地方保护主义（鞠正江，2010）。

（3）区域竞争力研究。有人认为区域竞争力主要表现在其产业竞争力方面，而这种产业竞争力是宏观层次的区域比较优势和微观层次的企业竞争优势综合作用的结果（黄善明，2012）；倪鹏飞通过设计指标对城市竞争力进行了系统分析；中郡县域经济研究所对中国县域经济与社会发展的竞争力进行评价。

（4）县域经济发展与产业结构关系研究。有人认为县域经济增长要素只有通过产业结构才能转化为要素增值，只有合理高效的县域产业结构，才能使县域经济获得更大的发展效益（刘静、曾超，2006）。

（5）县域经济发展的思路及对策研究。陈烈（2006）提出，促进县域经济的发展，应该从县域经济产业发展定位、做好县域经济发展规划、加快城镇建设三个方面入手；夏艳嫁（2009）认为，应增加县域财政收入、改善县域经济发展投资环境、促进农业现代化发展、提升县域经济发展软实力；管友桥（2009）则针对湖南县域经济发展过程中存在的问题，提出了克服行政区划制约、促进农村剩余劳动力向城镇有序转移、通过民营企业来带动县域经济发展、建立县域经济发展评价体系等建议。

1.2.2 国外研究现状

发达国家一般将县称为郡，它是国家的二级经济和行政地区。国外对郡域经济的研究比较少，对区域经济和城市经济的研究比较多。涉及二级经济和行政地区，即郡域经济的研究，国外学者认为，在郡域经济发展过程中，必须加强城市化建设，提高生产力和生活水平。与本选题相关的研究主要有：

（1）区域经济发展理论。这方面主要有：均衡发展理论，如低水平陷阱理论（纳尔森）、大推进论（罗森斯坦-罗丹）和平衡增长理论（纳克斯）等；非均衡发展的区域经济理论，如循环累积因果论（冈纳·缪尔达尔）、不平衡增长论（艾尔伯特·赫希曼）、增长极理论（佩鲁）和中心—外围论（弗里德曼）等。

（2）国外有关县域经济发展模式的研究。这方面主要有：沿海地区农村区域经济发展模式，如法国地中海沿岸地区的发展模式、荷兰西部沿岸地区发展模式（杨荫凯 等，2005）；内陆和边远地区经济发展模式，如美国田纳西流域的发展模式、墨西哥北部边境地区的发展模式（王盛章、赵桂溟，2002）。

（3）区域竞争理论与应用。这方面主要有：瑞士洛桑的国际管理发展学院（IMD）的《世界竞争力年鉴》和世界经济论坛（WEF）的《全球竞争力报告》，以及从产业层次研究国家竞争力（迈克尔·波特，2002）。

（4）产业集聚与区域发展理论。这方面主要有：城市竞争力源自地方区域的生产簇群，如硅谷、波士顿的128公路、Baden-wurttemmberg，Emilia-Romagna and Granola 等；而集聚调整对当地经济发展有重要作用（Bramezza I，1996）。

国内外对县域经济的研究成果颇丰，尤其是针对县域经济发展模式研究、县域经济发展存在的问题研究、促进县域经济发展的思路和对策研究等较为广泛和深入，针对性、操作性都较强。这些成果，为本课题的研究奠定了一定的基础。

1.3 研究的主要内容、目标与方法

1.3.1 研究的主要内容

本课题从经济新常态下湖南县域经济发展入手，深入分析经济新常态下湖南县域经济发展现状，发掘县域经济发展中存在的难题，并从理论和实践创新的高度提出破解经济新常态下湖南县域经济发展难题的具体对策与建议。课题总体框架包括以下四个部分：

第一部分：县域经济发展理论研究，主要对县域经济产业发展理论、产业竞争力理论及相关增长理论进行研究。

县域经济的发展需要理论指导，本课题研究涉及的与县域经济发展相关的经济理论主要有：区域比较优势理论、区域产业结构优化理论、区域经济发展实现模式理论、区域经济发展中的辐射理论。基于上述理论，结合本课题的调查研究实践，构建经济新常态下湖南县域经济发展的理论新体系，为湖南县域经济发展提供理论支撑。

第二部分：经济新常态下湖南县域经济发展的现状分析，主要对湖南县域经济的基本状况、发展中面临的困境以及产生的原因进行实证及规范性分析。

近年来，湖南县域经济在适应发展新常态的过程中，面临着一些亟待破解的矛盾和难题，主要表现在以下几个方面：增长速度出现回落，产业结构有待优化，企业经营压力加大，投资增长后劲乏力。通过本课题的调查研究，分析各县域经济在新时期面临的困境及其原因，结合当地实际，提出有针对性的对策，为破解湖南县域经济发展难题奠定基础。

第三部分：湖南县域经济发展评价研究，主要对新形势下湖南县域经济发展进行综合评价。

第四部分：经济新常态下破解湖南县域经济发展难题的对策与建议，主要包括：转变发展理念，破解发展定位与发展路径难题；实施乡村振兴，破解城乡统筹与区域协调难题；坚持绿色发展，破解生态保护与环境破坏难题；推进科技创新，破解人力资本与创新驱动难题；优化产业结构，破解产业发展与特色经济发展难题；优化要素投入，破解发展环境与资源要素矛盾难题；健全体制制度，防范各类风险；实施精准措施，推进新农村建设，实现乡村振兴。

1.3.2　研究目标与思路

以可持续发展观为指导，借鉴国内外社会经济发展研究的先进理念、方法，比较分析国内县域经济发展的成功模式和经验，以湖南省各县（市、区）为研究对象，在对县域经济发展现状进行充分调研的基础上，分析新常态下县域经济发展面临的困难，选择符合湖南实情的县域经济发展新模式，增加推进湖南经济社会发展的新动力和新途径。

（一）研究目标

课题拟以湖南县域经济发展为研究背景和考察对象，达到如下研究目标：

（1）揭示湖南县域经济发展的现状及特征；

（2）探究新常态下湖南县域经济发展面临的主要难题；

（3）提出新常态下湖南县域经济提升的对策。

（二）研究思路

本研究是基于现实背景和实证分析基础上的应用性理论研究。研究将以湖南县域经济发展演变规律（特征）和面临的现实问题为出发点，以实现县域经济高效、可持续发展为目的，将规范研究和实证研究相结合。规范研究注重基本概念（如县域经济）的界定和内涵的揭示，并以此为基础展开理论分析；实证研究在规范研究的基础上做时空二维展开，将定性的、定量的、时序的和横断面的分析相结合；定性分析注重制度和历史分析法的运用；定量分析强调数据可靠、方法实用、手段先进。数据分析以建立计量经济模型的分析为主，但不排斥常规分析方法。

1.3.3　研究方法及可行性分析

（一）研究方法

本课题拟采用理论与实践相结合、定性分析与定量实证相结合的方法展开研究。具体而言，拟选用如下研究方法：

（1）比较分析法。通过对同时期县域经济发展的横向比较以及不同时期县域经济发展的纵向比较，揭示湖南县域经济发展的一般规律，探究那些必然的、经常出现的缺陷并提出相应的策略来对其予以控制、消除，避免新时期县域经济可能陷入的不良发展轨道。

（2）成本—绩效分析法。将此种方法运用到课题研究中，可以对县域经济发展成本与绩效有一个比较恰当的评价，旨在探索新常态下县域经济发展的新模式，降低县域经济发展成本，提高县域经济发展效率。

（3）模型评价法。建立数学评价模型——多元统计分析模型，研究客观事物中多个因素之间相互依赖的统计规律性。为揭示湖南县域经济发展演变特征，探究新常态下湖南县域经济发展面临的主要问题，提出新常态下湖南县域经济发展的新路径，提供切实可靠的理论和现实依据。

（二）可行性分析

（1）理论研究的可行性。中国经济整体的增长与发展是一个动态的变迁过程，而中国社会历史形成并经由市场化改革后进一步拉大的区域经济发展差异，尤其具有典型的分析意义。进入 21 世纪以来，县域经济如何走出发展瓶颈，区域经济社会如何协调发展，高速经济增长背景下如何创造更多的平等发展机会等问题，开始受到我国学者的普遍重视，已取得的相关研究成果为本课题的研究提供了理论支持。

（2）实证研究的可行性。改革开放以来，我国区域经济自主性日益增强，区域经济独特性日渐凸显，区域经济发展在发展机遇、路径与模式选择、发展战略定位等方面存在明显的差异，特别是湖南县域经济的同质性与差异性为本课题的研究提供了现实的蓝本。

（3）研究条件的可行性。课题负责人所在经济与管理系建有经济分析实验室，拥有湖南省民营经济研究基地、湖南省区域经济研究中心两个省级重点社科研究基地以及"区域经济学"省级重点建设学科，课题组成员均为基地研究人员，基地与省内外相关研究机构建立了资料交换关系，可享用最新的全面的信息，包括统计资料、政策法规制度、研究动态等。

1.4 研究的重点难点、基本观点及创新

1.4.1 重点难点

本研究的重点在于揭示经济新常态下湖南县域经济发展的时空演变规律和探究湖南县域经济发展面临的主要难题。难点是将可持续发展理论、绩效评价理论和湖南县域经济发展实情相结合，进行应用性理论探讨，选择推进经济新常态下湖南县域经济可持续发展的新模式，提出确保湖南县域经济绩效提升的新路径。

1.4.2 基本观点

本研究的基本观点如下：

（1）明确经济新常态的内涵及基本特征，分析经济新常态给县域经济发展带来的主要影响。

（2）县域经济的规模与特征决定了县域经济是"民生经济""国本经济""稳定经济"，大力发展县域经济有助于加快社会主义新农村建设步伐，提升区域总体经济实力。

（3）随着"市县分治、省县直辖"改革的深入，县域经济是未来经济合作的基础。

（4）湖南县域经济总体发展水平在上升，但仍然处于粗放式的发展阶段，经济新常态下县域面临发展理念滞后、发展思路不清晰，产业竞争力不强，发展特色不鲜明，行政壁垒、地区封锁，统一市场难，市场优化资源配置的作用难以发挥，同质竞争等新难题，区域间差距呈现出不断扩大的态势。

（5）县域经济产业发展现状的特色是资源、文化与制度的结合，面临的挑战是战略与品牌的管理、县域特色与面向域外的结合。

（6）培育县域经济竞争力需要系统地利用优势资源、环境改善、制度创新和政府支持等措施。

（7）发展县域经济，要切实转变政府职能、加快政府体制机制创新，实施工业强县战略，加快工业化发展进程，加快农业产业化进程、提高农业现代化水平，推进新型城镇化建设，发展生态经济、实现可持续发展。

1.4.3 创新之处

本研究创新之处主要有：

（1）研究内容的创新。以破解经济新常态下湖南县域经济发展面临的难题为研究对象，研究内容具体、重点突出、目标明确、具有极强的针对性和可操作性。

（2）研究观点的创新。在政策建议上，创新性提出湖南县域经济发展要建立联动互动机制，实现县域经济优势互补、组团发展新模式。

（3）研究方法的创新。综合运用比较分析法、成本—绩效分析法、模型评价法，全方位分析湖南县域经济发展状况，探究新常态下湖南县域经济发展面临的主要问题，提出新常态下湖南县域经济发展的新路径。

2 新时代县域经济发展要求

2.1 习近平新时代中国特色社会主义经济思想对县域经济发展的要求

在习近平新时代中国特色社会主义经济思想引领下，县域经济通过结构调整和转型升级，取得了突破性进展，迸发出全新活力，但还需要继续努力。习近平新时代中国特色社会主义经济思想对县域经济发展的具体要求主要表现在：

（1）从供给端发力，推动县域经济实现质量变革。县域经济发展中出现的产能过剩等问题严重阻碍了经济发展的进程，新时代习近平中国特色社会主义经济思想，就是要提高供给质量，用改革的办法推动结构调整，引领县域经济实现历史性飞跃。

首先，要以"破"为先，有效化解过剩产能和无效供给。退出过剩的钢铁产能和煤炭产能，实现供需关系改善和经济运行质量的提升。其次，要以"立"为本，不断提供经济发展新动能。战略性新兴产业代表时代发展的方向，要大力扶持符合产业升级和消费升级方向的新产品，高端装备制造、智能制造等多个领域要有新的突破，加速旧动能的转化。最后，要以"降"为要，促使市场主体经营成本持续下降。

（2）加快产权制度等制度改革，实现县域经济高效快速发展。加快国有企业改革进程，改进投融资体制、价格改革体制和社会信用体系，为市场经济营造公平竞争环境，带动发展新动能替换传统动能，紧紧围绕政府和市场关系的核心，积极推进重点领域的根本性变革，攻坚克难，实现体制机制的根本性变化，让县域经济高效快速发展。

（3）建设创新型经济体系，推动县域经济增长动力转变。习近平总书记多次提到，创新是引领发展的第一动力，县域经济发展要转变发展思维，走创新发展思路，要大力发展新一代人工智能、高端制造、信息技术等高新技术产业，推进县域经济科技创新领域的新举措。

（4）解决新时代主要矛盾，实现县域经济高质量发展。新时代县域经济发展的主要矛盾包含在我国新时代发展的主要矛盾之中，表现为人民日益增长的美好生活需要和不平衡不充分的发展之间的矛盾。解决这一主要矛盾，既是新时代中国特色社会主义的主要任务，也是新时代县域经济发展的核心要旨。马克思指出，一切划时代的体系的真正的内容，都是由于产生这些体系的那个时期的需要而形成起来的。新发展理念就是对破解新时代发展与需要之间的矛盾，解决发展不平衡不充分问题，实现更高质量、更有效率、更加公平、更可持续的发展这一新时代重大课题的回应，新时代县域经济发展也要以此为主线而贯穿和展开。

（5）县域经济发展要坚持为了人民，充分体现经济发展目的。"人民对美好生活的向往，就是我们的奋斗目标。"习近平总书记做出的庄严承诺言犹在耳。"中国共产党人的初心和使命，就是为中国人民谋幸福，为中华民族谋复兴。"习近平总书记在党的十九大报告中再次郑重宣示。我国农村贫困人口在2012—2016年累计减少5 564万人，书写了人类反贫困斗争史上"最伟大的故事"；城镇新增就业在2013—2016年连续4年保持在1 300万人以上，民生之本越筑越牢；居民收入增长总体快于经济增长，形成了世界上人口最多的中等收入群体。保障和改善民生融入我们党经济工作的各领域、各环节，百姓收获了满满的获得感、幸福感。

（6）坚持县域经济发展的动力就是依靠人民。区域协调发展战略既蕴藏着巨大的经济发展潜力，也提供了改善民生福祉的良好契机。收入分配改革、户籍制度改革、城乡养老并轨……持续不断的民生红利提升了百姓的公平感，创业创新破土成长，以点石成金般的神奇"魔力"不断拓展新兴行业。

2.1.1 以供给侧结构性改革引导县域经济新增长

供给侧结构性改革是中国县域经济发展新时代的显著特征，是对经济新常态的认识进一步深化之后的具体实践。在产能过剩、人口红利消失、杠杆率偏高等结构性问题突出的新常态下，供给侧结构性改革形成的全要素生产率提升，包括技术进步、劳动者素质提高、专业化和生产管理创新等。县域供给侧结构性改革主要集中在如下环节：

（1）淘汰落后产能，加快市场出清和产业转型升级。钢铁、煤炭、平板玻璃、水泥、有色金属等行业产能严重过剩，产量早已达到或超过全球的50%。从县域看，一方面，土地资源日渐稀缺，新经济、新项目发展缺地；另一方面，部分低效企业长期占用宝贵的土地资源，有的被闲置，资源要素利用粗放。

县域经济要淘汰落后产能，主要是加大环保、能耗、质量、标准、安全等门槛准入，实施资源要素差别化配置，淘汰一批落后的传统产能。针对占地多贡献少、工艺技术设备落后等劳动密集型传统行业，加快淘汰落后过剩产能；针对生态环境恶劣、污染排放和安全隐患突出等集中区域，大力实施"脏乱差"小作坊整治工程；针对已停产半停产、连续三年亏损、没有竞争力和盈利能力的"僵尸企业"，积极稳妥处置。减少低效供地，为先进制造业、绿色产能、现代服务业腾出发展空间。

（2）加大县域金融改革力度，让资金回归实体经济。规范房地产市场发展，遏制恶意炒房、哄抬房价的行为，严格执行"房子是用来住的不是用来炒的"，避免资金无限制往房地产市场堆积。依法处置非法集资等乱象，切实规范金融市场和房地产市场。通过着力做大做强地方金融，促进区域经济稳定发展。加大不良贷款处置力度，积极处置企业"两链"（资金链、担保链）风险，引导企业聚焦主营业务，做精做优做强主营业务。重视"两链"特困企业、资不抵债企业、"僵尸企业"等企业高杠杆率问题，精准处置，通过增资扩股、兼并重组、破产清算等方式化解高杠杆率，避免对多头贷款的风险企业单方"抽贷"，避免对圈内未出险企业简单连坐"限贷"。

（3）降低企业经营成本，让企业保持长期竞争优势。县域经济发展，要全面落实国家和省市降低企业经营成本的各种政策措施，重点要在降低用工成本、制度成本和物流成本上下功夫，让企业真正能够得到实惠，在降低企业成本的基础上做大企业的利润，真正提升企业的竞争优势。

（4）发展新经济，培育新的增长点。县域经济发展面临的新问题是传统产业增长力度不够，继续寻求新的经济增长点，产业转型是经济发展的必然选择。大力发展新能源、新材料、新一代信息技术是当前县域经济发展的关键。县域要抓住新一轮科技革命和产业变革机遇，突出产业跨界融合，加快新产业培育、新技术应用、新业态拓展、新模式推广，重点做好经济新动能的"增量法"。突出创新和新兴产业引领，突出"互联网+"、云计算、大数据等新技术应用，发展分享经济、共享经济。突出自主创新示范区、创新型县、专精特新的"园中园"，以及众包众扶众筹众创空间等建设，全面推进大众创业万众创新，做大知识技术密集型经济。

2.1.2 实施乡村振兴战略，推进城乡协调发展

乡村振兴战略是关系全国统筹协调发展的重大举措，必须以习近平新时代中国特色社会主义思想为指引，加大改革力度，全面统筹推进。

（一）做好乡村振兴战略的顶层设计和规划

乡村振兴战略设计和规划的核心是强化政策和制度规范与引导，充分发挥市场配置资源的基础性作用，积极创新财政和金融以及社会治理方面的政策和制度设计，努力排除农业农村发展的各种政策和制度性障碍，形成有利于农业发展的良好环境。把握农业农村发展的方向，切实加强引导，让基层实践有序展开。

（二）优化农业产业结构，培育农业新产业，以产业振兴带动乡村振兴

优化农村产业结构，加大符合现代农业产业方向的发展力度，培育符合环境要求的新产业，促进农村三次产业的深度融合。强化创新支持力度，大力发展高科技农业产业。培育农民合作社和家庭农场，走合作互助农业发展新思路，促进行业协会和产业联盟的深度融合和发展。完善多渠道农村产业融合服务，健全农村产业融合推进机制。构建现代农业产业体系，拓宽农民增收渠道，加快转变农业发展方式，探索特色乡村产业振兴道路。

（三）加强要素流动，提高要素配置效率

要素配置效率直接关系到经济发展的速度和水平，农业生产效率偏低以及人为的制度封闭导致城市资本要素向农村流动困难，严重制约了乡村振兴。只有实现了城乡要素的自由流动、平等交换和合理配置，才能顺利实现城市资本、人才、信息、技术等要素向乡村流动，才能真正实现乡村振兴。首先，要创新农村金融政策，推进城市资本向乡村流动。其次，鼓励企业下乡经营，提高农业生产效率，为乡村振兴打好经济基础；最后，深化户籍、医疗和社会保险、就业创业等制度改革和创新，促进人才自由流动，尤其是激励和吸引农村外出务工人员返乡创业。

（四）提高农村公共服务层次，让农民享受与城市均等的公共权益

加强农村基本设施建设，完善农村土地治理和农业水利水电设施建设。加大农村环境治理和生态保护投资力度，努力把农村建成环境友好型社会。加强休闲农业设施建设，以休闲农业带动乡村旅游。着实提升城乡居民基本医疗保险筹资水平，加快推进城乡居民医保制度整合。加强农村公共文化服务体系建设，完善基层综合性文化服务设施。

2.1.3 实施创新驱动，推动产业升级

（一）构建以制度创新为导向的创新驱动长效机制，推动产业转型升级

按照制度经济学的逻辑思路，制度变迁或制度创新是经济增长的源泉和动力，卓越的制度安排有利于促进技术进步，落后的制度选择则严重制约技术发展。创新驱动有利于形成促进技术进步的制度安排，进而促进经济增长。但创新驱动是一个系统工程，不是一个部门或者单位单独行动的结果，需要各部门、各单位相互协调、共同推进；需要顶层设计、长期谋划、整体布局、具体落实、持续推进及制度保障。县域经济发展要发挥好创新驱动战略，推动产业转型升级，最重要的就是建立有利于创新驱动的体制机制。首先，建立有利于创新驱动的激励机制。创新驱动需要大量的投资，并经过较长时间的实践检验才能应用到生产的各部门、各领域，所以必须解决好行为人的理念和观念，才能更好地完善和执行创新驱动的激励机制。其次，建立良好的科技研发保障机制。现有的科研经费管理制度严重制约了研究人员的积极性和主动性，科研经费投入少、使用不灵活、使用效率低等，都在一定程度上阻碍了研究人员科研能力的提升。创新激励政策必须符合科技创新的规律和特点，要有激发科研人员创新的动能，促进科研经费使用效率的提升，能确实激励科研人员创造更多的科研成果，县域要建立更多的科研机构，引进更多的科研人员。最后，完善与知识产权保护相关的地方法规。完善知识产权保护地方法规，消除不同层级之间知识产权体系的矛盾和冲突，扩大知识产权保护客体，解决新技术领域中的知识产权纠纷问题，增强对知识产权的保护功能、激励功能。充分发挥投资、财税、信贷、金融财政等政策功能，促进重点领域、重点项目和重点技术的自主知识产权成果和科技成果向社会生产力转化。

（二）健全产业化创新体系，促进科技创新和产业创新衔接互动

用科技创新引领产业创新的发展方向，促进产业创新为社会经济发展服务。科技创新和产业创新的单方面发展都不可能实现社会经济全面协调发展，因而不是创新驱动战略的真谛。创新驱动发展战略就是要解决好科技创新和产业创新的共同发展和前进。然而，县域经济发展在科技创新与产业创新上存在严重的相互分离现象，最现实的表现就是科技创新成果数量庞大，但基本上都是脱离生产实践的创新，不能转化为现实的生产力，充分表现出县域经济发展中的创新驱动受到严重制约。要解决好科技创新和产业创新的协调发展，首先要形成有利于科技创新和产业创新协同发展的创新机制，实现生产和研究一体化发展。这就要求科研机构、企业要能够共同参与和推动创新，科研机构相互

协作，生产企业要准确把握创新的产业化导向并实现与科研机构的有效衔接和互动。其次要建立产业化创新的共同研发平台。产业化创新必须建立科研机构和企业能够共同参与、进入的研发技术平台，这是不同创新主体之间进行创新衔接与互动的基础，也是解决以往科研机构的科技创新和企业的技术创新被阻隔、衔接不畅等问题的重要途径。最后要坚持产业化导向和科技水平导向。通过创新驱动所开发出的新技术、新工艺、新设备、新产品和新产业等要具有较高的市场需求性、技术先进性、行业领先性和发展可持续性，形成产业、市场的制高点和控制权。

（三）完善县域创新体系，增强县域经济创新能力

一般而言，县域创新环境越好、创新能力越强，县域经济产业转型升级条件和基础就越好。首先，要培育和创造良好的区域创新文化和环境。县级政府要增强创新和服务创新意识，切实贯彻执行五大发展理念，增强县域经济开放发展意识，破除县域经济发展中的地方保护意识，促进创新资源自由流动，加强县域经济之间的科技创新交流与合作。县级政府部门要转变政府职能，创新机制体制，提升服务水平，建立有利于促进创新发展的政策体系，优化创新驱动相关审批流程和手续，清理、废除阻碍产业创新驱动发展的各种行政规章制度，加强对不同部门创新资源的整合和创新发展规划的指导，提高创新资源配置效率和创新发展的战略性。其次，依托创新载体平台，培育区域创新引擎。依托周边的高校、科研机构、创新园区等平台和载体，加强不同载体的创新资源整合。特别是要发挥好高新区、经济技术开发区、产业园区等的科技创新资源优势、创新政策优势、高新技术产业聚集优势等，大力推进创业孵化器、软件园、大学科学园、公共技术研发平台等载体建设，使其成为区域创新驱动发展聚集地和强大引擎，提高区域整体创新水平。

2.1.4 坚持绿色发展理念，建设生态文明

（1）保护绿色生态。打造秀美青山，率先开展集体林权制度改革，率先建立森林资源补偿机制。打造清新水域，率先开展流域上下游生态补偿，率先实施河岸生态保护、饮用水水源地保护、地下水警戒线保护"三条蓝线"管理制度，全面推行"河长制"。打造洁净蓝天，制定并实施严格的减排制度，抓好污染防治和环境整治，推进区域联防联控和预警预报，筑牢生态屏障。

（2）推进绿色生产。健全源头管控机制，严格落实主体功能区规划，引导山区重点保护生态，严把新上项目环保准入关。健全节能、减排、降碳约束机制，实施比国家标准更严的大气污染物排放标准和落后产能淘汰标准，实施

差别化排污费征收政策，推进排污权有偿使用和交易。健全循环经济促进机制，探索建立发展循环经济的政策法规体系、技术创新体系、评价指标体系和激励约束机制。

（3）倡导绿色生活。率先治理"餐桌污染"、建设"食品放心工程"，确保"舌尖上的安全"；率先出台水污染、大气污染、土壤污染防治行动工作方案、实施细则和政府规章；率先实行污水、垃圾处理产业化，确保人民群众喝上干净的水、呼吸新鲜空气、吃上放心食品。

（4）深化绿色创新。突出体制机制创新，逐项抓好工作落实，探索生态文明建设新模式，培育绿色发展新动能，开辟绿色惠民新路径。

（5）夯实绿色责任。率先实施环境保护"党政同责"，按照"谁主管谁负责、管行业必须管环保"的要求，建立职能部门环保"一岗双责"工作推进机制。试行领导干部自然资源资产离任审计，完善党政领导绩效考评体系。

2.1.5　树立共享理念，实施民生导向发展

所谓共享就是全社会共同拥有、一起分享。在党的十八届五中全会上提出了社会主义的共享发展观，并将共享发展总结为发展为了人民、发展依靠人民、发展成果由人民共享三大要素，明确指出了社会主义国家发展的本质和价值目标。共享发展实际上是权利保障和实现理念，在尊重个人自由权利的基础上更加强调社会整体的利益。共享发展理念在承认效率价值的前提下，把社会公平摆在十分突出的位置上，社会发展的最终目标不是让极少数人享有发展成果，而是让全社会共同分享发展成果，实现全社会共同发展。共享发展理念的提出是对民生问题的具体要求，是让广大人民群众在教育、就业、居民收入、社会保障体系、医疗卫生、社会管理等方面得到最大的满足，从而实现人民群众利益的最大化。共享发展是让人民群众真正享受到社会福利，享受到个人尊严。改革开放以来，我国社会发展取得了举世瞩目的成绩，政治实力、经济实力、文化实力全面提高，实现了西方国家上百年发展的成果。但社会发展速度太快也出现了一些消极问题，主要表现在社会收入差距拉大，贫富差距悬殊，给社会稳定带来了不安定因素。共享发展观正是基于社会问题提出来的，找到了社会治理的良方，切实解决民生问题，从根本上实现人民群众在生活上的富足和精神上的康乐。

共享发展理念要坚持共建共享的总体发展方向。"共建"是成果共享的前提和条件，"共享"是在"共建"基础上形成和发展的。"共建"是基础，"共享"是结果，没有"共建"就无所谓"共享"。从责任角度讲，"国家兴

亡，匹夫有责"，每个人都应该为国家建设、社会发展贡献力量。从效率角度讲，只有人民参与社会发展的"共建"，才能集合每个人的力量，发挥每个人的潜力和能量，汇集人民群众的智慧，才能避免发展过程中的盲目性，保证社会朝着符合人民利益需要的方向发展。从目标角度讲，社会发展过程是集体行动的结果也是个人的发展过程，个人价值只有融入社会发展过程中才能最终完整实现。从人类社会的发展来看，社会发展的缺憾往往会直接带来个人发展的困难。社会发展需要民众共建，只有共建，才能将个人微观层面上的优势或劣势汇集于宏观的大制度需要，社会对个人正当权利和利益的满足是实现个人价值的基本前提，也是发展不可或缺的构成要素。

2.1.6 加强法治建设，为县域经济发展提供保障

民主与法治，是治国安邦的基石，是社会文明的标志。加强民主法治建设，不但是县域经济发展的必然要求，也是时代的要求和人民的意愿。民主法治建设与经济建设是共同推进、共同发展的，民主法治建设是保障，经济的发展要以改善民生为目标，而民生问题的解决，则在根本上依赖于民主与法治建设的发展。

加强县域民主法治建设，首先要提高县级党委科学执政、民主执政、依法执政的能力。所谓科学执政，就是要改革和完善决策机制，推进决策的科学化、民主化；所谓民主执政，就是要推进社会主义民主的制度化、规范化和程序化，保证人民当家做主；所谓依法执政，就是要贯彻依法治国的基本方略，为在全社会实现公平和正义提供法治保障。这三种能力的提高都是治国理政能力水平的具体体现。

加强民主法治建设，就是要建设法治政府、全面落实依法治国基本方略。依法治国的本质就是建设法治政府，就是使行政权力授之有据、行之有规、监督有效，做到依法治"官"、依法治"权"，防止行政权力的缺失和滥用，带动全社会尊重法律、遵守法律、维护法律，保证经济社会的合理有序运行。要实现跨越式发展和长治久安，就必须保证各项政策措施统一、合理、公正、透明、高效运行，建设法治政府、促进依法行政就显得尤为迫切。这就要求我们一定要把政府职能放在经济调节、市场监管、社会管理和公共服务上来，更多地运用法律手段管理经济社会事务，才能充分发挥市场在资源配置中的基础性作用，从而进一步解放和发展社会生产力。因此，县级政府一定要深化行政管理体制改革、转变政府管理体制职能，进一步加快公共财政体制改革、强化依法履行社会管理和公共服务的职能，进一步增强各级行政工作人员依法行政的

能力，提高妥善处理人民内部矛盾和其他社会矛盾的能力，维护国家利益和公共利益。

加强民主法治建设，就是要加强法制宣传教育，切实提高广大人民群众的法治意识。大力加强法制宣传教育，增强广大人民群众的法治观念和守法的自觉性，这是加强民主法制建设的基础。只有广大人民群众法律意识的觉醒，才能在法律的框架内从事生产和生活，也才能真正拿起法律武器维护自身的尊严和合法权益。只有在全社会形成守法用法的良好氛围，才能保证经济建设和社会事业的健康发展、有序进行，依法治国基本方略才能变成现实。要坚持以人为本，树立普法的人文理念，从法律对广大人民群众的思维、道德、生产和生活方式的影响入手，通过法律文化的传播，提高广大人民群众的法律文化素质，从而形成一种依法办事的行为定式，使依法办事成为人们思维和行为的自觉，使法律成为维护人民群众自身合法权益不可缺少的武器。要通过法制宣传教育培育广大人民群众的现代法治意识，引导他们尊重法治理念和价值取向，提高他们守法用法的自觉性，为实现跨越式发展和长治久安营造良好的社会氛围。

2.2　新时代县域经济发展的理论基础

2.2.1　发展经济学理论

县域经济发展的理论基础来自发展经济学中的相关经济增长理论。对我国县域经济发展产生较大影响的有诺贝尔奖获得者刘易斯的"二元经济结构"理论等。具体来说，有：

（一）刘易斯的二元经济结构理论

二元经济结构是指资本主义部门和传统经济部门（在发展中国家主要是农业生产部门）并存的经济结构。刘易斯在考察了印度等许多不发达国家（地区）后发现，在许多国家（地区），强大的传统农业部门与相对弱小的资本主义部门并存，农业部门存在着大量的剩余劳动力——他称之为"隐性失业"。即使农业部门的一些劳动力转移到其他部门，农业部门的产量也不会降低，而且还可能提高生产产量和效率。这种隐性失业现象的存在导致社会资源分配缺乏效率，因此农业领域劳动力的转移既有利于农业部门也有利于工业部门，进而刘易斯提出了通过转移农村剩余劳动力发展工业经济的政策主张。刘易斯的二元经济理论的一个重要前提就是虽然农村有大量的剩余人口，但城市并不存在失业情况而且需要大量的劳动人口。这个假设前提在许多发展中国家（地区）并不存在，另外就是该理论只强调工业部门的发展却忽视了传统农业，没有平衡农业和工业部门的发展，导致该理论在实践中遇到了挑战。后来美国发展经济学家拉尼斯和费景汉在此基础上，提出了要使农业部门所提供剩余劳动力应该刚好满足工业部门对农产品的要求的观点，从而平衡农业和工业生产。此外，他们还强调技术进步和资本才是实现农业工业化和经济发展的根本途径，农业部门剩余劳动力的转移只是一个历史过程。虽然许多发展中国家（地区）在从农业向工业转换的过程中取得了很大的成就，例如印度、墨西哥、阿根廷等，但是也出现了失业率上升、收入差距过大、国际收支逆差过大等问题。这些都促使发展经济学家对经济增长理论进行反思。

（二）舒尔茨的改造传统农业理论

舒尔茨在其研究中发现，经济要起飞，工业化是必走之路。而且农业对经济增长的贡献也只有在传统农业经过现代工业改造面向现代化之后才能体现出来。舒尔茨的研究对我国县域经济发展的启发在于，工业化的过程中不能忽略对农业的现代化改造。张培刚在其著作《农业与工业化》中也分析了农业对工业的促进作用，认为农业不仅为工业提供原材料，而且农村也是工业产品的巨大销售市场。在我国县域经济的发展过程中，提到更多的是对工业化的重视，而对传统农业的改造则不够重视。

舒尔茨在其研究中也分析了为什么传统农业不能对经济增长做出贡献，指出传统农业的投资收益率低是造成投资不足的原因，在工业化的条件下只有合理引导才能实现对传统农业的改造。值得一提的是，舒尔茨的收入流价格理论，在解释农业不能促进经济增长时，以供求关系决定的收入流的价格来表示农业的收益，较好地说明了这个问题。

舒尔茨的理论对我国县域经济的发展具有较强的指导性，结合可持续发展理念，在工业化的过程中要保证农业不被忽视，就只有提高农业的投资收益。农业在县域经济中的比重要求对农业的改造还要考虑到人力的因素。大量农村剩余劳动力全部转移出去会对城市形成巨大压力，而如果都在农村则会对农业收益的提高产生不利影响。要对传统农业进行改造，使部分农村就地工业化，实现劳动力就地就业，既可提高农村的人均收益，又可提高农业的投资收益。

2.2.2　区域经济学理论

区域经济学理论是研究生产资源在一定空间的优化配置与组合，获得区域的最佳效益的学说。该理论成型于20世纪50年代，并在50年代末和60年代初迅速发展，成为一个独立的经济学分支。而县域经济的实质是一种中观层面的区域经济，对县域经济的理论研究绝大部分需借助对区域经济的研究成果。

（一）均衡发展理论

区域均衡发展理论认为经济是有比例相互制约和支持发展的。该理论主要包括赖宾斯坦的临界最小努力命题论、纳尔森的低水平发展陷阱论、罗森斯坦-罗丹的大推进论、纳克斯的贫困恶性循环论和平衡增长理论等。赖宾斯坦认为，发展中国家要取得经济的长期持续增长，必须努力使经济超过临界最小规模；纳尔森认为，发展中国家要走出低水平发展陷阱，必须使人均收入增长率超过人口增长率；罗森斯坦-罗丹认为，发展中国家（地区）应该通过对各产业持续的一定速度和规模的投资来突破发展的瓶颈；纳克斯认为，资本平均增长可摆脱贫困的恶性循环。总之，均衡发展理论认为，区域内和区域之间的产业在市场供给与需求方面均存在互补性，在发展上既相互制约又保持平衡，而随着生产要素的优化配置，各区域的经济发展水平将趋于收敛，因此主张在区域内和区域间均衡分配投资、保持产业均衡发展，以彻底改变落后的经济结构，最终实现区域经济的均衡发展。均衡发展理论强调计划性和均衡性，对发展中国家和地区的经济建设较为可行，有利于区域和产业协调发展，促进社会公平，缩小地区间发展差距和维护社会稳定。但这一理论的缺陷之一是，一般区域特别是不发达区域通常不具备均衡发展的条件；缺陷之二是，注重地区间公平和产业平衡，忽视了效率；缺陷之三是，忽略了规模效应和技术进步因素。

（二）非均衡发展理论

均衡发展理论在实践中的局限性促成了非均衡发展理论的快速发展。非均衡发展理论自创立后发展形成了许多学派和不同观点。与县域经济发展关联度较大的三个理论是：

第一，二元经济结构理论。二元经济结构理论是由诺贝尔经济学奖得主刘易斯提出的。他认为，发展中国家并存着传统的自给自足的农业经济体系和城市现代工业体系两种不同的经济体系，这两种体系构成了"二元经济结构"。由于发展中国家的工业与农业部门的劳动生产效率差异巨大，加快城市经济发展能破除"二元经济结构"困局。拉尼斯和费景汉在考虑工业与农业两个部门平衡增长的基础上，认为农业剩余劳动力转移要经历三个阶段：第一阶段是边际劳动生产率为零的农民向工业部口转移，不会对农业总产出水平发生不良影响；第二阶段是边际产出不为零的农民向工业部门转移，农业部门应提高劳动生产率，增加农产品产出；第三阶段是当农业部门不再有剩余劳动力时，社会劳动力在工、农两部门的分配将由竞争性的工资水平决定，此时传统农业也必然转化为商业化农业，二元经济结构消失。

第二，增长极理论。法国经济学家佩鲁于1955年提出增长极理论。他认为，经济增长并不同时出现在各个地方，它只发生在具有不同集中程度的增长点或增长极上，并通过不同渠道向外扩散而产生经济效果。法国地理学家布代维尔于1957年将地理空间理论引入增长极理论，即增长极遵循中心城市功能等级化扩散，并在影响范围内引导经济活动的进一步发展。

第三，梯度转移理论。美国哈佛大学教授雷蒙德·弗农提出了工业生产生命周期理论，即工业各部门及各种工业产品在发展过程中要经历创新、发展、成熟、衰退四个阶段。经济学者据此提出梯度转移理论，即区域经济的发展取决于其产业结构的状况，特别是其主导产业在生命周期中所处的阶段。如果主导产业部门由处于创新阶段的专业部门构成，则说明该区域具有发展潜力，并进入了梯度区域，而随着产业和技术从高梯度到低梯度的转移，发达地区将带动欠发达地区发展。

非均衡发展理论还有缪尔达尔的循环累积因果论、赫希曼的"核心区与边缘区"理论、普雷维什的中心—外围理论、威廉姆森的倒"U"形理论等。

总的来说，区域经济非均衡发展理论遵循了经济不平衡发展的规律，能更好地解释实际经济情况，而且它主张集中力量率先发展关联强度大的产业部门以带动其他产业发展，优先发展相对发达地区以带动落后地区发展，能有效地提高区域经济发展的总体效率，更具有可操作性和实际指导意义，因此被许多国家和地区所接受并奉行。

（三）新区域经济发展理论

进入20世纪80年代以来，随着经济全球化及计算机技术的发展，一些原先被忽略的因素被重新纳入区域经济学研究模型中，区域经济研究逐步走向实证研究。以美国经济学家保罗·克鲁格曼为代表的新经济地理学理论和以美国哈佛大学教授迈克尔·波特为代表的产业集群理论把区域经济发展理论又推向了一个新阶段。

1. 新经济地理学理论

新经济地理学的研究主要有三个发展方向：新古典经济地理学、制度主义经济地理学和演化经济地理学。其主要代表是保罗·克鲁格曼（Paul Krugman）、罗恩·马丁（Ron Martin）、罗恩·伯斯克玛（Ron Boschma）和柯恩·弗兰肯（Koen Frenken）。

克鲁格曼在1991年发表了论文《收益递增和经济地理》，建立了一个关于中心—外围的模型，说明空间或地理在要素和竞争中的重要作用，认为中心和外围模式的形成及其效率取决于运输成本、规模经济和制造业的集聚程度。而后他又在1991年发表了《地理与贸易》，在1995年发表了《发展、地理学与经济地理》，特别是他在1999年与藤田昌久、安东尼·维纳布尔斯合著的《空间经济学：城市、区域与国际贸易》，标志着"空间问题"正在成为主流经济学关注的核心。新地理经济学以收益递增和外部经济为核心，以一个空间经济系统的一般均衡模型为平台，将迪克斯特-斯蒂格利茨建立的垄断竞争模型（Dixit-Stiglitz，D-S模型）、萨缪尔森（Samuelson）有关运输成本的"冰山"理论、强调历史与偶然性作用的自然增强演化观念和计算机模拟有机结合，通过中心—外围模型、城市体系演化模型、产业集群与扩散模型形成精致模型，提出了一个同时包括收益递增、不完全竞争、运输成本和要素流动等内容的规范分析框架，从而在经济学和地理学领域，重新促成了以"新古典经济学"为基础的"空间经济学"研究高潮。

马丁（2000）认为制度主义经济学就是弄清各种制度在塑造资本主义空间经济过程中的作用，在制度"路径依赖"和"锁定"机制作用下资本主义空间经济的演化动态，及区域和地方发展的社会调节和治理机制。

伯斯克玛和弗兰肯（2006）认为，演化经济地理学能够在企业的区位行为及惯例演化、产业的空间演化及网络结构与网络的空间演化、城市与区域发展及其空间系统演化等多个层面为空间中经济演化的研究提供新的视角。

2. 产业集群理论

早在100多年前，英国著名经济学家马歇尔（A. Marshall）就比较系统地研究了产业集群现象，他把地方工业在产业区的集群归结为企业追求外部规模经济。之后，阿尔弗雷德·韦伯创立了工业区位理论，他认为集聚的经济利益来自三个方面：一是企业自身的规模扩张引起生产集中；二是同一工业部门中企业之间的协同配合；三是企业外部经济利益的增长。而迈克尔·波特把产业集群理论推向新的高峰，他在1990年发表的《国家竞争优势》一书中从企业竞争优势的角度对多个发达国家的产业集群现象进行了理论分析，并提出了一个国家产业竞争力的"钻石模型"。波特在1998年发表了《集群与新竞争经济学》，将集群定义为特定产业中互有联系的公司或机构聚集在特定地理位置的一种现象，而产业集群通常发生在地理接近的区域，可以使生产率和创新利益提高，同时降低交易费用。

2.2.3　资源环境经济学理论

（一）可持续发展理论

自工业革命以来，特别是 20 世纪 50 年代以来，人类在不断反思自身的发展对资源环境乃至人类本身所造成的破坏和伤害，逐渐意识到要摆脱一系列经济、社会资源环境危机，必须寻求新的发展模式。可持续发展（Sustainable Development）是 20 世纪 80 年代提出的新概念。挪威首相布伦特兰夫人在 1987 年发表的《我们共同的未来》报告中第一次对可持续发展的概念进行了界定，得到国际社会广泛接受，后来在联合国环境与发展大会上得到公认。可持续发展的含义是指既满足当前需求又不损害子孙后代满足需求的能力的发展。自然、社会、经济和文化等要素组成了一个复合系统，人类活动要与这个复合系统协调发展，追求人与自然关系的合理化，实现人与人之间的和谐。做到资源开发和节约并重，加强资源利用水平，控制人口过度增长，提高人口质量，既能实现经济发展的目标，又要保护人类赖以生存的自然资源和生态环境。不能以经济的高速增长，牺牲社会全面、长期、协调的发展。

（二）循环经济理论

美国经济学家鲍尔丁于 20 世纪 60 年代提出"单程式的经济形式由能够循环的各种资源循环经济形式代替"。这是循环经济理论的萌芽。循环经济是以资源→产品→再生资源为特征的多重闭环反馈式循环过程，即循环模式，寻求把依赖资源消耗的传统经济增长方式转变为依靠生态型资源循环实现发展的经济模式。该理论强调资源有效利用和环境保护，其出发点在于以最小成本获取最大经济效益以及环境效益，从而保护生态、减少资源消耗，实现环境保护和经济建设的协调统一。循环经济思想在 20 世纪 90 年代被引入中国。

（三）低碳经济理论

低碳经济的概念在 2003 年起源于英国，此后各国纷纷响应，特别是英国政府公布了大幅度减排目标，并主导国际减排潮流；德国制订了将低碳产业作为第一大主导产业来发展的国家发展计划；日本制订了低碳社会发展规划，并通过了几个有关推进低碳社会的基本法。尽管对低碳经济尚无统一定义和标准，低碳发展边界也"似清晰又朦胧"，但开发利用低碳能源已成全球共识，低碳经济理念更是在全球纵横驰骋，以低碳能源和低碳技术为特征的现代低碳经济发展呈现磅礴之势，诸多国家低碳经济发展呈现一幅幅云蒸霞蔚的图景，人类从应对气候变化走向低碳发展道路已经显现广阔前景。英国于 2003 年在《我们未来的能源——创建低碳经济》白皮书中提出，低碳经济（Low Carbon

Economy）就是通过更少的自然资源消耗和更少的环境污染，获得更多的经济产出。低碳经济是一种新的经济发展形态，国内外许多专家通过不同的理论途径阐释低碳经济的内涵和发展的必要性、可能性以及发展态势等内容，构成了低碳经济的重要理论基础。李士、方虹、刘春平等人（2011）指出：生态足迹理论反映了低碳经济发展的必要性，脱钩理论说明了低碳经济发展的可能性，库兹涅兹曲线展现出低碳经济的发展态势，可持续发展理论、循环经济理论、生态经济理论和绿色经济理论等构成了低碳经济的基本理论。陶良虎（2010）认为，低碳经济本质上属于碳中性经济，它要求经济活动低碳化，表现出低能耗、低排放、低污染三个基本特点，与"生态经济""绿色经济""循环经济"等概念既有联系又有区别。

2.3 新时代湖南县域经济发展面临的机遇

2.3.1 "一带一部"建设的发展机遇

2013 年，中共中央总书记、国家主席习近平，继提出建设"新丝绸之路经济带"和"21 世纪海上丝绸之路"（简称"一带一路"）的战略构想之后，又确立了"东部沿海地区和中西部地区过渡带、长江开放经济带和沿海开放经济带结合部"（简称"一带一部"）的新定位。面对经济发展的新常态和"一带一部"的新定位，湖南县域经济升级发展迎来了前所未有的新机遇、新方向和新出路。近年来，湖南省各地围绕"三量齐升"（经济总量、人均均量、运行质量）的目标和推进"四化两型"（新型工业化、农业现代化、新型城镇化、信息化、资源节约型、环境友好型）的总体要求，发挥区位优势，着力转型提质，大力发展特色县域经济，特别注重改善民生，县域经济发展成效显著，综合实力持续增强，经济总量、人均均量和运行质量得到同步提升。

虽然湖南县域经济取得了长足的发展，但面对"一带一部"的新定位和经济发展新常态，其发展的路上充满新挑战，发展基础仍然不够坚实，不确定因素还很多。为尽快实现"两个加快"（加快完善社会主义市场经济体制、加快转变经济发展方式）和"两个率先"（率先全面建成小康社会、率先基本实现现代化）的目标，适应新常态、引领新常态，湖南应紧抓全国转变经济发展方式的机遇，促进县域经济进一步升级发展。

（一）建设长江经济带的机遇

长江经济带横跨中国东、中、西三大区域，覆盖上海、浙江、江苏、湖北、湖南、江西、安徽、四川、重庆、云南、贵州 11 个省和直辖市，土地面积超过 200 万平方千米，人口和生产总值都超过全国的 40%，具有得天独厚的优势和巨大的发展潜力。改革开放以来，长江经济带综合实力越来越强、战略支撑作用越来越大。只要湖南准确把握"长江开放经济带和沿海开放经济带结合部"新定位，必将拥有许多机遇：充分挖掘长江流域蕴含的巨大内需潜力，促进湖南县域经济增长空间在长江流域全面拓展；择优承接沿海发达地区产业转移，优化传统产业结构，推动湖南县域工业经济提质、增效、转型、升级；在优势互补、协作互动格局中，调整和优化城镇化战略布局，提升城镇化发展水平，缩小湖南县域经济的差距；与沿海发达地区共建陆海双向对外开放新走廊，增强湖南县域经济的国际合作能力和国际竞争优势。

（二）建设"一带一路"的机遇

2013 年 9 月和 10 月，国家主席习近平在中亚和东南亚之行，先后提出共建"丝绸之路经济带"和"21 世纪海上丝绸之路"（简称"一带一路"）的重大倡议，得到国际社会广泛认同和高度关注。

"一带一路"沿线各国资源禀赋各异，经济互补性较强，合作的潜力和空间巨大，必将形成东南亚经济融合、东北亚经济融合和欧亚大陆经济融合，实现政策沟通、设施联通、贸易畅通、资金融通、民心相通。

（三）国家战略叠加的机遇

建设"一带一部"，将湖南和"一带一路"全面贯通，在国际贸易互通、项目引入、人才交流、能源基础设施互联、技术开发合作、交通运输对接、电子商务、金融市场开放、文化往来等方面给湖南县域经济发展带来不少良机。

一方面，建设"一带一部"，能促进东部沿海率先发展、中部崛起、西部大开发三大国家级区域发展战略的能量在湖南集聚，若能将能量优势转化为发展动力，湖南县域经济将得到爆炸式升级发展。

另一方面，建设"一带一部"，湖南能同时享受自由贸易区、"两型"社会建设综合配套改革试验区、自主创新示范区、统筹城乡综合配套改革试验区的政策红利和改革先行先试的权力，给湖南县域经济升级发展扫除不少障碍。

2.3.2 承接产业转移的机遇

湖南是中部省份，与东部发达地区靠近，有着天然的承接产业转移的区域特征。湖南省在承接产业转移方面相较于西部省份具有明显优势，必须在承接东部地区产业转移上做好文章。

（一）合理利用县域能源矿产等资源优势，承接资源依赖型产业

围绕县域内的资源优势做足招商引资的大文章，这是各县（市）政府在

承接产业转移过程中经常使用的一项重要举措，这就是通常所说的资源招商。资源招商主要针对两类企业：一类是资源开发型企业，另一类是能源依赖型企业。对于资源开发型企业，应大力承接资源精深加工企业，提高资源开发的科技含量和附加值，并以此为龙头带动承接下游产品生产企业，做大做强资源型特色产业集群。湖南县域经济资源相对较为丰富，特别是湘西和湘中南地区，对相关能源依赖型企业具有较强的吸引力，县域经济在承接这类转移企业时应慎重评估相关指标，严格控制高能耗高污染企业进入。

（二）以县域传统产业为基础，通过承接产业转移进行产业结构调整

经过多年的培育，湖南县域经济得到了较大的发展，形成了一定的产业基础，比如邵东的五金、箱包、皮具、打火机等，邵阳的酒类生产企业，衡阳的化工企业等，为县域经济承接产业转移创造了良好的条件。各地在承接东部产业转移时，要坚持以现有产业为依托，围绕提升产业竞争力，通过产业配套，发展产业集群，实现产业结构的顺利调整。

由于经济环境、市场环境等多方面的原因，湖南某些地区的传统产业优势不再，甚至面临被市场淘汰的局面。各县级地方政府应利用好新一轮承接产业转移的机会，通过引进相关优势产业，传承与创新并举，振兴地方产业。

（三）跨县域经济合作，打造配套型工业园区

新一轮承接产业转移在产业选择上呈现出一些比较明显的特征：从强调引进大型公司向科技型中小企业集群转变；由功能单一的产业区向现代化综合功能区转型。这在客观上更符合县域经济承接产业转移对规模的诉求。但是单从县域经济来讲，其经济规模与结构、市场承载能力、资源禀赋等都很难满足完整产业链的发展，打破县域经济范畴，寻求跨县域经济合作成为必然趋势。特别是依托国家级、省级、市级大型工业园区，发挥本县域产业优势，承接相关产业，发展与之配套的工业园区，是湖南县域经济承接产业转移比较可行的选择之一。

2.3.3 "逆城市化"的发展机遇

（一）增加农村资金投入，加快资金向农村逆向流动

相较于城市经济发展，农村经济发展的资金短缺现象要严重得多。政府的投资向农村转移是下一个阶段我国经济发展的重点，也是县域经济发展的关键。大幅增加"三农"投入，不但有利于县域经济突破发展的瓶颈，更有利于我国经济整体实力的提升。加大农村非农产业的投资力度，发展围绕农产品深加工制造的民营企业，提高就业水平，增加农民非农产业收入，并加快推进农村各类产业产权改革，吸收更多的城市社会投资，推动资金向农村转移。农

村经济要融合于城市经济圈，参与城市企业生产链条，解决自行投资资金短缺的难题。推动农村居民投资，提高农村居民的经商能力，鼓励农村居民积极开展自主创业，走生产经营化道路，把民间更多的闲置资金用于农村经济建设。

（二）加大农村人力资本投资，推动城市人力资源向农村流动

农村经济发展的差距从根本上来说是人力资本的差距，加快农村经济发展需要投入大量的人力资本。加强农村人力资源投资，要多形式、多渠道开展农民和农村人才职业教育、技术培训，培养有文化、懂技术、会经营的新型职业农民，大力提升农村劳动力素质，造就一批农村民营经济发展的带头人。创新城乡合作的人才培育、交流方式，积极推动农村劳动者到城市大企业学习、培训、考察，提高经营者的管理水平，改变传统的经营模式。积极引导高层次人才向农村转移，实现城市人力资源有序地大规模地向农村输入，实现人力资源由城市向我国农村的"反向转移"，在农村建立管理人才、技术开发人才等人才储备库，从根本上改变城乡人力资源分布不均的格局。

（三）推动城市产业向农村转移，促进农村"逆城市化"发展

农村要实现发展，就必须发展非农产业，而非农产业的发展必须依赖与城市有关的产业，所以农村逆城市化发展必须发展非农产业，而非农产业的发展又可推动农村逆城市化的发展。推进农村非农产业的发展，促进农村经济发展，实施把"产业"引入农村、让"产品"走出农村的发展战略。政府应推动高新技术产业、朝阳产业、绿色生态产业在农村规划创办，吸引人才、技术、资金向农村转移，以及带动相关产业在农村投资创办，推动城市产业中与农业生产以及农产品深加工相关的产业向农村转移，形成农村经济发展圈。开发农业多种功能，大力发展现代农业，扶持农业产业化龙头企业发展，联合农户农业生产走农产品开发的多元发展道路。推动农村居民发展非农产业，鼓励围绕农产品发展劳动密集型农村民营经济，解决农村"逆城市化"在企业环节上薄弱的难题，为农村民营经济发展创造更加有利的条件。

（四）加强地方政府经济职能建设，为农村"逆城市化"提供优质服务

政府服务是社会发展的助力器，政府服务效率的高低将影响地区经济发展的速度。地方政府一定要强化经济服务职能，弱化权利管理职能，以优质高效的服务促进农村经济更快发展。一是地方政府要改变政策思路，着力扶持当地主导产业，组建大型企业集团，鼓励和支持农村民营中小企业围绕当地以及城市优势资源、大型企业以及重点项目发展配套产业，推动农村形成以大企业为中心、以家庭式的中小企业为基础的产业集群，促进农村的逆城市化发展。二是加强地方政府经济执政能力的建设，提高推动农村经济变革的能力。重点加

强地方政府在招商引资、对外开放、结构调整、软硬环境建设、人才培育、品牌塑造等能力的建设，在思路上率先改革，在内容上引进新型产业，推动农村经济快速起飞。三是大力发展中介组织，健全农村社会服务体系。在农村"逆城市化"的过程中，必须大力培育各种中介服务机构。在人才培育上建立人力资源开发与培训等中介组织，在技术开发上建立企业共同出力、出资，共同受益的技术研发组织，在与城市交流上建立城乡互助机制，推动农村人才在城市学习、培训以及城市人才向农村输入。

2.3.4 "互联网+"新业态发展机遇

发展农村"互联网＋"有利于绕开传统的"农村追赶城市"发展模式，缓解时空差异对农业的约束，激发农业生产经营的内生活力，走出农民增收致富的新路子。改革开放以来，农民增收致富政策主要围绕提高劳动效率、减轻农民负担、补贴农民的方法来展开。惠农思路主要围绕"外力改善、授之以渔"的逻辑进行，虽有成果，但未能根本解决问题。随着中国经济的持续增长，"工业反哺农业"成为解决"三农"问题的主流思路。从工业化国家或地区的历史经验看，当人均 GDP 超过 3 500 美元、非农产业产值占 GDP 的比重超过 85%、非农部门劳动力就业比重高于 60%、城市化率超过 40% 时，就基本具备了"工业反哺农业"的条件。在中国的实践中，采取直接补贴农业、发放农民养老金、补贴农民基础设施建设等一系列方法，确实成功遏制了城乡差距进一步扩大的趋势，但并未从根本上激发农村发展的内生动力和活力，农村的巨大潜能远未被开发。尤其是伴随着城市工业的快速发展，农村"空心化"、老龄化现象愈发严重，农村优秀人力资源和资金流入城市，许多普通村庄趋向衰落。农民、农村依然长期远离城市经济，不能分享城市化发展成果，过去单纯靠农村追赶或城市反哺的思路，不能真正使农村走向繁荣。

解决"三农"问题的动力，最终要从农村内部寻找。互联网经济时代，解除了地理空间对人的束缚，让农村一下子可以直接融入世界经济，农村内部动力和活力即将点燃。互联网时代的到来，给农民主动就业、择业、创业带来了机遇，给产业互联互通发展创造了条件。近年来，涉农网站如"村村乐""万村网""三农网""新农网"和"村村通网"等纷纷涌现，数量众多。同时，一些网络巨头如京东、联想、网易等纷纷布局农业，阿里巴巴集团在2014 年 10 月提出"万村千县计划"，在三至五年内投资 100 亿元，建立 1 000个县级运营中心和 10 万个村级服务站。当前，"互联网＋农业"发展十分迅速，业界普遍看好其发展前景，大量的风险投资蜂拥而至。但是，"互联网＋农业"也存在较大风险，存在"叫好不叫座"的现象，农村新业态和新经济进展缓慢，只涉及少数地区和少数农产品，更多地区的农民难以从互联网发展中受益。而且，对绝大多数被动参与互联网的农民而言，他们仍处于整个产业链的底层，在收益分配格局中处于弱势地位。

3 新时代湖南县域经济发展现状 与评价

3.1 新时代湖南县域经济发展现状

3.1.1 总量发展现状①

湖南县域包括了 14 个市（州）的 15 个县级市、65 个县和 7 个自治县，共 87 个县级行政区域。根据各县市所处的地理区位、地域特点、资源优势，实际上已经形成了长株潭地区（含长沙市：长沙县、宁乡市、浏阳市；株洲市：株洲县、攸县、茶陵县、炎陵县、醴陵市；湘潭市：湘潭县、韶山市、湘乡市，共 11 个县域）、环洞庭湖地区（含岳阳市：岳阳县、平江县、湘阴县、华容县、汨罗市、临湘市；常德市：安乡县、汉寿县、澧县、临澧县、桃源县、石门县、津市市；益阳市：安化县、桃江县、南县、沅江市，共 17 个县域）、大湘西地区（含邵阳市：邵东县、新邵县、邵阳县、隆回县、洞口县、绥宁县、新宁县、城步苗族自治县、武冈市；怀化市：中方县、沅陵县、辰溪县、溆浦县、会同县、麻阳苗族自治县、新晃侗族自治县、芷江侗族自治县、靖州苗族侗族自治县、通道侗族自治县、洪江市；张家界市：慈利县、桑植县，湘西土家族苗族自治州：吉首市、泸溪县、凤凰县、花垣县、保靖县、古丈县、永顺县、龙山县，共 30 个县域）以及湘（中）南地区（含衡阳市：衡阳县、衡南县、衡山县、衡东县、祁东县、耒阳市、常宁市；娄底市：双峰县、新化县、涟源市、冷水江市；郴州市：安仁县、桂阳县、永兴县、宜章县、嘉禾县、临武县、汝城、桂东县、资兴市；永州市：道县、祁阳县、东

---

① 文中相关数据来源于《湖南省统计年鉴》和湖南省统计局网站：http://www.hntj.gov.cn.

安县、双牌县、江永县、宁远县、蓝山县、新田县、江华瑶族自治县，共 29 个县域）四大板块。

2016 年，全省县域常住人口 5 745.75 万人，占全省常住人口的 84.2%，其中城镇常住人口为 2 627.34 万人。城镇化率达 45.7%，较 2015 年提升了 2 个百分点。全省县域城镇居民人均可支配收入 26 128 元，比 2015 年增长 8.9%；农村居民人均可支配收入 12 510 元，比 2015 年增长 9.1%。全省 87 个县域中有 76 个县域城镇居民人均可支配收入超过 2 万元，51 个县域农村居民人均可支配收入超过 1 万元，城乡居民生活进一步改善。

（1）综合实力稳步提高。2016 年，全省县域实现地区生产总值 21 824.91 亿元，首次超过 2 万亿元，比 2015 年增长 8.66%，占全省地区生产总值的 70%，其中长沙县、浏阳市、宁乡市的县域地区生产总值超过千亿元。全省县域地区生产总值见表 3-1。就全省范围而言，一是农业经济平稳发展。第一产业增加值达 3 346.22 亿元，比 2015 年增长 3.38%，占县域地区生产总值的 15.3%；重要大宗农产品生产稳定向好，农业基础地位进一步夯实。二是工业规模不断壮大。2016 年县域工业增加值 9 135.34 亿元。长株潭地区作为全省新型工业化的引领区，2016 年县域工业增加值达 3 275.6 亿元，占长株潭县域地区生产总值的比重高达 57.1%。三是第三产业较快发展。2016 年县域第三产业增加值达 7 490.83 亿元，占县域地区生产总值的比重达 35.6%。具体见表 3-1。

表 3-1　2016 年湖南县域地区生产总值及排序

排名	同比上年升降	地级	县级	2016 GDP /亿元	2015 GDP /亿元	增量 /亿元	名义增速 /%	常住人口 /万人	人均 GDP /元	人均排名
1	0	长沙市	长沙县	1 280.3	1 168.34	112	9.58	98.1	130 510	1
2	0	长沙市	浏阳县	1 220	1 112.76	107.2	9.64	129.77	94 012	3
3	0	长沙市	宁乡市	1 100	1 002.76	97.8	9.76	121.84	90 282	4
4	0	株洲市	醴陵市	580.81	531.56	49.3	9.27	96.7	60 063	6
5	0	衡阳市	耒阳市	428.6	390	38.6	9.9	115.02	37 326	24
6	0	株洲市	攸县	373.1	341.01	32.1	9.41	69.39	53 769	8
7	1	湘潭市	湘乡市	365.7	327	38.7	11.83	78.76	46 432	14
8	-1	湘潭市	湘潭县		330			91.59		
9	2	郴州市	桂阳县	346.43	313.8	32.6	10.4	85	40 756	17
10	0	岳阳市	汨罗市	346.3	319.2	27.1	8.49	70.6	49 051	11
11	-2	岳阳市	湘阴县	338	323.2	14.8	4.58	69.1	48 915	12

表3-1(续)

排名	同比上年升降	地级	县级	2016 GDP /亿元	2015 GDP /亿元	增量 /亿元	名义增速 /%	常住人口 /万人	人均 GDP /元	人均排名
12	0	邵阳市	邵东县	336.37	310	26.4	8.51	92.6	36 325	27
13	0	郴州市	资兴市	324.42	298.2	26.2	8.79	33.7	96 267	2
14	0	岳阳市	华容县		289			72.1		
15	1	衡阳市	衡阳县	317.07	287.5	29.6	10.29	111.38	28 467	38
16	−1	衡阳市	衡南县	315.69	287.8	27.9	9.69	9 630	32 782	32
17	0	郴州市	永兴县	313.42	287.4	26	9.05	58.2	53 852	7
18	0	常德市	澧县	308.4	278.5	29.9	10.74	8 290	37 201	25
19	6	常德市	桃源县	307.6	275.1	325	11.81	8 5 前	36 019	2S
20	0	衡阳市	常宁市	296.67	269.6	27.1	10.04	80	3S644	26
21	0	娄底市	冷水江市	2^.77	268.2	20.6	7.67	33.79	85 460	5
22	1	岳阳市	岳阳县	286.54	260.86	25.7	9.84	72.1	39 742	18
23	2	衡阳市	祁东县	266.17	238.8	27.4	11.46	98.02	27 155	40
24	0	永州市	祁阳县		240.02			85.61		
25	−3	娄底市	涟源市	263.31	268.19	49	−1.82	99.57	26 445	41
26	0	衡阳市	衡东县	261.7	236.45	25.3	10.68	62.97	41 559	15
27	0	益阳市	沅江市	255.51	232.56	23	9.87	66.7	38 307	21
28	0	常德市	汉寿县	246	218.4	27.6	12.64	80.1	30 712	33
29	0	岳阳市	平江县		216.95			95.1		
30	1	常德市	石门县	238	211.4	26.6	12.58	60.5	39 339	19
31	−1	岳阳市	临湘市		213.57			50.4		
32	0	益阳市	桃江县	227.37	203.24	24.1	11.87	77.1	29 490	36
33	0	娄底市	新化县	223.37	202.47	20.9	10.32	111.09	20 107	52
34	0	娄底市	双峰县	218.12	199.46	18.7	9.36	85.46	25 523	44
35	0	郴州市	宜章县	139.46	181.68	17.8	9.79	58.3	34 213	29
36	0	益阳市	安化县	196.27	175.02	21.3	12.14	90.1	21 784	48
37	29	益旧市	南县	190.6	70.48	120.1	170.43	72.5	26 290	42
38	−1	怀化市	沅陵县		171.7			58.5		
39	−1	株洲市	茶陵县	171.78	157.45	16.3	1 037	58.53	29 691	35
40	−1	永州市	东安县		153.25			54.36		
41	−1	张家界市	慈利县	157	150	17, 1	11, 39	60.2	27 754	39
42	−1	常德市	安乡县	158	146	12	8.22	52.56	30 061	34

表3-1(续)

排名	同比上年升降	地级	县级	2016 GDP /亿元	2015 GDP /亿元	增量 /亿元	名义增速 /%	常住人口 /万人	人均 GDP /元	人均排名
43	2	湘西州	吉首市	157.21	137.37	19.8	14.44	31.14	504S5	10
44	-2	常德市	临澧县	150.5	139.4	16.1	11.SS	41.2	37 743	22
45	-2	邵阳市	隆回县	154.47	137.7	16.8	12.18	109.5	14 107	63
46	-2	邵阳市	洞口县	151.14	137.45	13.7	9.96	77.04	19 618	53
47	-1	衡阳市	衡山县	149.75	134.93	14.8	10.98	38.21	39 191	20
48	7	郴州市	临武县	139.97	108.53	31.4	28.97	34.1	41 047	16
49	2	郴州市	嘉禾县	139.83	130.6	9.2	7.07	29.8	46 923	8
50	-2	怀化市	溆浦县		125.8			74.3		
51	-1	永州市	宁远县		120.94			70.06		
52	-3	邵阳市	邵阳县	132.83	122.2	10.6	8.7	91.56	14 507	61
53	-2	邵阳市	武冈市	132.24	118.65	13.6	11.45	73.4	18 016	56
54	0	常德市	津市市	132	115.3	16.7	14.48	25.1	52 590	9
55	-3	邵阳市	新邵县	127.2	115.8	11.4	9.84	74.5	17 074	57
56	-3	株洲市	株洲县	127.03	115.55	11.5	9.94	38.35	33 124	31
57	-1	怀化市	辰溪县	107.8	100.48	7.3	7.29	45.6	23 640	45
58	-1	怀化市	洪江市	106.74	95.7	11-0	11.54	4 130	25 845	43
59	-1	怀化市	中方县		93.95			23.7		
60	-1	永州市	江华县		93.03			41.2		
61	-1	怀化市	芷江县	99.3	90.83	8.5	9.33	3 400	29 206	37
62	-1	永州市	蓝山县		87.85			33.3		
63	-1	邵阳市	新宁县	93.04	82.39	10.7	12.93	56.07	16 594	59
64	-1	郴州市	安仁县	82.8	7 752	5.3	6.81	38.3	21 619	49
65	0	张家界市	桑植县	82.17	74.07	8.1	10.94	38.1	21 567	50
66	-2	邵阳市	绥宁县	81.39	76.75	4.6	6.05	36.1	22 546	46
67	0	湘西州	凤凰县	77.93	69.48	8.5	12.16	35.1	22 202	47
68	0	湘潭市	韶山市		69.1			8.6		
69	0	怀化市	靖州县		68			24.6		
70	0	湘西州	龙山县	74.05	67.65	6.4	9.46	19.82	37 361	23
71	0	怀化市	麻阳县		64			34.4		
72	0	永州市	新田县		63.03			33.02		
73	0	株洲市	炎陵县	67.25	61.43	5.8	9.47	20.16	33 358	30

表3-1(续)

排名	同比上年升降	地级	县级	2016 GDP /亿元	2015 GDP /亿元	增量 /亿元	名义增速 /%	常住人口 /万人	人均 GDP /元	人均排名
74	0	怀化市	会同县		60, 27			5 190		
75	1	湘西州	永顺县	60.94	57.39	3.6	6.19	4 320	14 106	64
76	-1	湘西州	花垣县	59.58	59.49	0.1	0.15	29.2	20 404	S1
77	1	永州市	道县		53.14			60.57		
78	1	永州市	江永县		S2.32			23.26		
79	1	郴州市	汝城县	56.82	51.43	5.4	10.48	33.5	16 961	58
80	1	永州市	双牌县		49.96			16.36		
81	1	怀化市	新晃县		49.45			24.4		
82	-5	湘西州	泸溪县	53.8B	53.77	0.1	0.11	28.33	19 001	S4
83	0	湘西州	保靖县	47.86	44.55	3.3	7.43	31	15 439	60
84		怀化市	通道县		33.76			20.67		
85	0	邵阳市	城步县	36.37	33.16	3.2	9.68	25.6	14 207	62
86	0	郴州市	桂东县	30.78	27.1	3.7	13.58	23.1	3 325	65
87	0	湘西州	古丈县	23.7	22.07	1.6	7.39	12.9	18 372	55

注：本书中为表述方便，除非特别说明，均以"GDP"代表地区生产总值。

(2)经济结构进一步优化，运行质量明显提高。2016年，全省县域三次产业结构比例为15.3∶47.2∶37.5，其中，第一产业增加值达3 346.22亿元，比2015年增长3.38%，占县域地区生产总值比重的15.3%；第二产业增加值达10 307.17亿元，比2015年增长8.15%，占县域地区生产总值比重的47.2%；第三产业增加值达8 171.46亿元，比2015年增长11.61%，占县域地区生产总值比重的37.5%。与全省相比，第二产业占比高5个百分点，第三产业占比低9个百分点；与全国平均水平相比，第一产业和第二产业占比分别高出6.7个和7.4个百分点，而第三产业占比低14.2个百分点。县域产业结构趋向工业化、所有制结构趋向民营化、就业结构趋向非农化、人口结构趋向城镇化。随着经济结构的变化，非农产业的主导作用日益强化，县域经济效益不断提高，财政收入快速增长。在县域工业中，逐步形成了汽车及汽车配件、家电、能源、化工、新型建材、食品、机械、轻纺服装等一批优势产业。主导产业规模化生产、区域化布局格局基本形成。具体见图3-1。

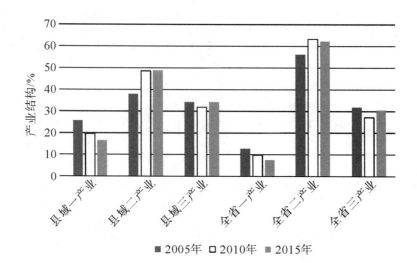

图 3-1　2005—2015 年主要年份湖南县域经济产业结构变化情况

（3）增长动力较为强劲。一是投资稳步增长。"十二五"期间，湖南县域以项目为抓手，加快投资建设，发展后劲增强。"十二五"期间，全省县域累计完成固定资产投资 5.88 万亿元。2016 年，全省县域实现固定资产投资 18 123.35 亿元，占全省固定资产投资的 65.5%。从结构来看，非国有投资占比较高，达 68.8%。在经济下行压力较大的情况下，长沙地区 4 个县域充分发挥投资的拉动作用，2016 年固定资产投资达 3 152.5 亿元，占全省县域固定资产投资的 18.5%。二是积极促进消费。各地充分挖掘消费潜力，培育消费市场，使消费成为支撑经济增长的内生动力。2016 年，全省县域社会消费品零售总额达 7 728.93 亿元。其中，长沙地区县域保持较快增长，实现社会消费品零售总额 953 亿元，较 2015 年增长 16.7%，增速高于全省 4.6 个百分点。三是城镇化进程加快推进。城镇作为集聚人口、资源、产业的大平台，是带动经济发展的"火车头"。

（4）特色县域亮点初显。为壮大县域经济实力，湖南省政府于 2013 年 2 月出台了《关于发展特色县域经济强县的意见》，创新财政扶持机制，培育特色产业，激活县域经济内生动力。2013 年以来，省财政整合投入 45.3 亿元，分三批次在全省 33 个县（市）启动实施特色县域经济发展工程。其中，农副产品加工重点县 10 个、特色制造业重点县 10 个、文化旅游产业重点县 13 个。各重点县注重科学规划，坚持项目支撑，着力机制创新，强化组织保障，经济发展成效较为显著。一是推进资源整合，打造区域优势特色产业。沅江、永兴、江华、双峰、安化、靖州、湘潭、涟源等县域以特色产业为中心，形成了一批具有较大经营规模和市场影响的园区；洞口、隆回县域共享共建优质农产品生产基地、加工园区和农业服务体系，实现1+1大于2的特色农业产业优势；通道、永定、凤凰、新宁、新化等县域整合特色旅游资源，统一联合规划，交通互通、信息共享、线路共建，形成了一条大湘西区域特色旅游走廊。二是强化创新驱动，推进产业转型发展。醴陵、常宁、临湘、江华等一批重点县域与高等院校和科研院所实行产学研联合，开展关键技术攻关，掌握了一大批工业4.0高端制造技术，建设了一批高科技研发和质量检测平台。双峰农机、邵东小五金、云溪和临湘化工新材料、常宁铜延压、江华稀土有色金属等加工与制造业，通过内引外联、技术创新加快推进产业升级，步入健康发展的快车道。三是突出品牌和文化，引领消费升级。安化黑茶、加加酱油、临武鸭、东江鱼、湘潭湘莲、洞口雪峰蜜橘等重点县域特色品牌的知名度和美誉度大幅提升，备受消费者青睐；张家界、凤凰、郴州东江湖等一批5A级景区旅游业持续升温，靖州杨梅节、湘潭采莲节、新化梯田文化节、宜章杜鹃花节等旅游活动精彩纷呈，文化旅游品牌影响力日益增强。

（5）骨干企业发力不足。2016年，规模工业大、中、小型企业增加值分别增长3.4%、6.2%和9.4%，大型和中型企业增加值增速均低于全省规模工业平均水平。按总量规模划分情况看，全省产值达100亿元及以上的企业，增加值增长3.9%，增加值占全省规模工业的19.7%，但增长贡献率仅为11.6%，拉动增长0.8个百分点；产值达50亿元及以上的企业，增加值增长5.3%，增加值占全省规模工业的23.5%，但增长贡献率仅为18.5%，拉动增长1.3个百分点。

（6）集聚发展有效提升。2016年，省级及以上产业园区（含省级工业集中区）规模工业增加值增长9.4%，增幅比全省规模工业高2.5个百分点，增加值占全部规模工业的65.7%，比2015年提升4.2个百分点；"长株潭"城市群规模工业增速领先全省，其中长沙的增速居各市（州）第1位，株洲、湘潭的增速分列第2位和第4位，"长株潭"城市群规模工业增加值占全省的49.9%，比2015年提高1.8个百分点。

总之，湖南县域具有数量众多、层次齐全、地位突出、特色明显等特点。县域经济直接关系到全省整个经济社会的进步和人民生活水平的提高，是全省社会发展的基点、经济进步的基石、和谐稳定的基础、"富民强省"建设的基本，是区域经济发展的动力和源泉。县域经济已经成为湖南全省经济社会发展的重要部分，是消费的重要场所、就业的重要方面、资金积累的重要渠道、劳动力的重要来源，做大做强县域经济具有重大意义。

3.1.2 发展增长现状

湖南县域经济发展较快，县域地区生产总值总量大，人均地区生产总值增幅大（具体见表3-2所示）。2005年，湖南县域单位的地区生产总值总量为3 805.69亿元，到2015年，县域单位的地区生产总值总量增长为17 160.22亿元；占湖南省地区生产总值总量的比例有所下降，但如果不考虑行政区划的变化，在全省所占比重变动较小（2015年加上望城区的县域地区生产总值占全省地区生产总值的57.25%）。湖南县域地区生产总值扩大到21 824.91亿元，县域地区生产总值首次突破2万亿元大关，占全省地区生产总值的比重为69.85%，比2012年的66.60%提高了3.25个百分点，2005—2016年年均增速达9.7%。2016年，地区生产总值过200亿元的县43个，超过100亿元的县71个，较2012年分别增加20个和16个；人均地区生产总值38 054元，比2015年提高3 380元，比2012年提高11 781元。

表3-2 2005—2016年主要年份湖南县域地区生产总值情况

年份	县域地区生产总值		县域人均地区生产总值		地区生产总值增速/%
	总量/亿元	占全省比/%	总量/元	占全省比/%	
2005	3 805.69	57.62	7 692	72.83	—
2010	9 241.27	58.51	18 187	73.57	—
2012	14 754.21	66.60	26 273	78.47	12.0
2013	16 450.29	66.81	28 810	77.98	10.5
2014	18 197.10	67.30	31 831	79.04	10.2
2015	19 815.92	68.40	34 674	81.10	9.3
2016	21 824.91	69.85	38 054	82.04	8.7

数据来源：《湖南省统计年鉴》、湖南省统计信息网：http://www.hntj.gov.cn.

3.1.3 产业发展现状[①]

党的十八大召开以来，湖南省委、省政府带领全省人民，在以习近平同志为核心的党中央的一系列治国理政新思想、新理念、新战略指引下，着力推进经济发展方式转变和经济结构调整，湖南服务业发展取得丰硕成果，总量跃升

---

① 原始数据引自湖南统计信息网：http://www.hntj.gov.cn.

三次产业首位，新兴产业迅速发展，传统产业加速升级，行业结构进一步优化，在吸纳就业、促进消费、改善民生等方面发挥了重要作用，已成为拉动湖南经济增长的主要动力。

一是农业生产平稳发展，占县域地区生产总值的比重稳中有降。党的十八大召开以来，全省加大强农惠农力度，农业实现稳步发展。2016年县域第一产业增加值为3 346.22亿元，是2012年的1.2倍。2016年县域粮食产量、油料产量、猪肉产量和禽蛋产量分别为3 064.61万吨、238.49万吨、543.53万吨和119.92万吨，较2012年分别增长0.6%、16.9%、1.7%和14.8%。2005—2015年，湖南县域经济的第一产业比重由28.06%下降到16.47%。二是工业规模不断壮大，2005—2015年，湖南县域经济第二产业比重由37.75%上升到48.57%。2015年，第二产业比重超过60%的有长沙县（70.32%）、宁乡市（67.41%）、浏阳市（70.24%）、醴陵市（64.04%）、汨罗市（60.79%）、资兴市（66.13%）和冷水江市（67.40%）7个县域；第一产业比重超过25%的有祁东县（25.28%）、邵阳县（26.52%）、洞口县（33.77%）、新宁县（28.35%）、城步县（28.87%）、武冈市（35.34%）、桃源县（26.46%）、南县（29.08%）、双牌县（29.39%）、道县（26.33%）、江永县（35.57%）、新田县（26.59%）和江华县（25.87%）13个县域。2016年全省县域工业增加值9 182.94亿元，是2012年的1.4倍，2013—2016年年均增长10.1%（具体见表3-3）。长株潭地区作为全省新型工业化的引领区，其县域工业增加值由2012年的2 439.66亿元增加到2016年的3 479.50亿元，五年间增加额达1 000多亿元。三是第三产业实现较快发展。2016年县域第三产业增加值达8 171.46亿元，占县域地区生产总值的比重达37.4%，较2012年提高5.7个百分点。

表3-3　2012—2016年湖南县域工业增加值及增速

年份	2012	2013	2014	2015	2016
工业增加值/亿元	6 767.86	7 512.79	8 192.61	8 618.25	9 182.94
工业增加值增速/%	14.9	12.3	10.9	8.9	8.4

（一）总量跃升三次产业第一位，发展动能不断提升

（1）总量跃居首位，增长贡献大幅提升。2016年，湖南服务业实现增加值14 578.44亿元，同比增长10.6%，2013—2016年年均增长11.0%，分别比地区生产总值、工业年均增速高出2.0个、2.5个百分点。2016年服务业总量占地区生产总值的比重达46.7%，比2012年上升了7.7个百分点，比工业高

4.8个百分点，自2006年以来首次跃升三次产业首位，使得湖南省产业结构首次在较高水平上实现"二三一"到"三二一"的转变（图3-2）。2016年，服务业对地区生产总值增长的贡献率达59.1%，比2012年提高了16.7个百分点，引领作用明显提升（具体见图3-3）。

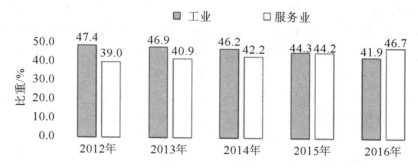

图3-2　2012—2016年工业、服务业占地区生产总值的比重

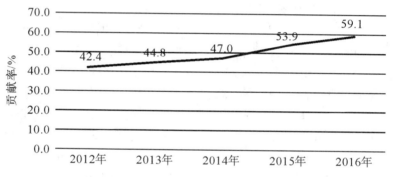

图3-3　2012—2016年服务业对地区生产总值增长的贡献率

（2）市场主体活跃，服务业领跑税收增长。随着商事制度改革的持续深入，"双创"成效显现，服务业发展潜力进一步释放。2016年全省新登记注册服务业企业10.71万户，同比增长26.3%，占全部新登记注册企业户数的比重达78.3%，是2012年新登记服务业企业数量的3.2倍（图3-4）。随着市场主体的壮大以及税费成本的下降，服务业发展活力进一步激发，成为地方财政的有力支撑。2016年，服务业共完成各项税收1 595.15亿元，占全省税收收入的49.0%，比2012年上升5.7个百分点，在工业税收下滑的形势下，服务业对全省新增税收的贡献超过了100%。其中，租赁和商务服务业、文化体育和娱乐业、科学研究和技术服务业等现代服务业税收收入同比增长分别达到48.2%、46.2%和22.3%。

图 3-4　2012—2016 年新登记注册服务业企业数量及占比

（3）从业人员稳步增加，现代服务业成就业热门。2016 年末，服务业吸纳就业人员 1 420.93 万人，占全部就业人员的 36.2%，比 2012 年末提高 1.3 个百分点，吸引就业能力稳步增长。其中，从事租赁和商务服务业、科学研究和技术服务业以及信息传输、软件和信息技术服务业等现代服务业的人员明显增加，分别为 83.62 万人、32.25 万人、65.60 万人，分别占全部就业人员的 2.1%、0.8%、1.7%，分别比 2012 年上升 1.0 个、0.3 个、0.3 个百分点，是近年来从业人员增长较快的三个行业。2012—2016 年三次产业从业人员比重变化情况见图 3-5。

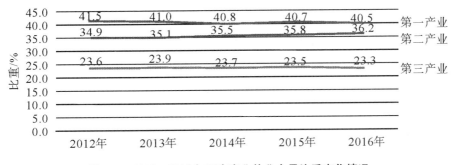

图 3-5　2012—2016 年三次产业从业人员比重变化情况

（4）投资快速增长，吸引外资能力增强。2016 年，服务业完成固定资产投资 16 119.86 亿元，同比增长 19.5%；2013—2016 年累计完成固定资产投资 51 718.51 亿元，年均增长 20.0%。2016 年，服务业投资占全部投资的比重达到 58.2%，比 2012 年提高 4.8 个百分点。从利用外资情况来看，2016 年服务业利用外商直接投资额达到 53.65 亿美元，2013—2016 年年均增长 42.5%，远高于全省利用外商直接投资年均 15.3% 的增长速度。

（二）结构调整出成效，服务业现代特征更加明显

（1）信息消费增长强劲，带动网络消费和服务高速增长。2016 年末，全省互联网上网用户 1 067 万户，比 2012 年末增长 72.2%；网民总数 3 013 万人，比 2012 年末增加 813 万人；互联网普及率由 2012 年的 33.3% 提高到了 2016 年的 44.4%。信息消费的高速增长带动网络消费、网络服务迅速发展。2016 年电子商务交易达 6 076.6 亿元，同比增长 40.8%，超过 2012 年电子商务交易额 10 倍。其中，实现网络零售交易额［B2C（企业对消费者个人）、C2C（个人对个人）］1 105.6 亿元，同比增长 41.3%。2014—2016 年，规模以上互联网和相关服务业营业收入年均增长 41.8%，远高于全省规模以上服务业年均 15.6% 的增速。

（2）"双创"激发创业热潮，新兴产业方兴未艾。2016 年，信息传输软件和信息技术服务业、文化体育和娱乐业以及水利、环境和公共设施管理业新登记注册企业分别为 1.02 万户、0.43 万户、0.09 万户，同比增长 55.6%、47.2%、45.4%。教育、卫生和社会工作也增长较快，分别为 32.3%、41.1%。新兴产业发展向好。2016 年，文化和创意产业实现增加值 1 911.26 亿元，占地区生产总值的 6.1%，比 2012 年上升 0.8 个百分点；规模以上高技术服务业、科技服务业营业收入分别增长 11.2%、16.3%，占全省规模以上服务业营业收入的比重分别上升到 41.3%、59.5%。

（3）现代金融业运行稳健，对经济增长的贡献持续增大。2016 年末，全省金融机构本外币各项存款余额 41 996.7 亿元，本外币各项贷款余额 27 532.3 亿元，保险业保费收入 886.5 亿元，2014—2016 年年均增速分别为 16.1%、15.2%、17.5%。金融业在保持稳步上扬发展态势的同时，对经济增长的贡献持续增大。2016 年，金融业实现增加值 1 272.71 亿元，2013—2016 年年均增长 16.1%，分别比地区生产总值和服务业增加值年均增速高出 7.1 个、5.1 个百分点。此外，对重点领域的支撑作用也进一步提升：一是涉农扶持不断增加，涉农贷款同比增长 14.8%，增速高出全省贷款平均增速 1.1 个百分点；二是向小微企业倾斜力度不断加大，全省小微企业贷款同比增长 24.6%，增速高出全省贷款平均增速 10.9 个百分点。

（4）交通运输建设取得新成就，服务保障能力进一步提升。2016 年末，全省铁路营业里程、公路通车里程、高速公路里程分别为 4 716 千米、238 273 千米、6 080 千米，分别比 2012 年末增长 23.3%、1.8%、53.2%。高速铁路里程 1 374 千米，比 2015 年末增加 264 千米。共有民用航空航线 199 条，其中国际航线 40 条、国内航线 159 条，分别比 2012 年增加 77 条、32 条和 45 条；国

外通航城市 25 个，比 2012 年增加 15 个。随着运输网络规模的持续扩大，服务能力也不断提升。2013—2016 年，铁路、民航客运量年均增长分别为 7.8% 和 11.4%；相继开通轨道交通运营线路 3 条，运营线路总长度 68.8 千米，运营里程 517 万列千米，累计运送旅客 29 020 万人次；全省港口完成货物吞吐量 31 678 万吨，2013—2016 年年均增长 9.7%。

（5）邮政业发展迅猛，快递业井喷式爆发。2016 年，全省邮电业务总量达 1 347.86 亿元，同比增长 50.8%，2013—2016 年年均增长 28.7%。其中，邮政业务总量 143.37 亿元，电信业务总量 1 204.49 亿元，分别比 2012 年增长 194.5%、172.1%。电子商务的迅速崛起带动快递业务量呈井喷式爆发。2016 年，快递业务量达到 48 603.48 万件，同比增长 52.9%；实现收入 51.60 亿元，同比增长 52.2%，2013—2016 年年均增长 33.0%，快递业务收入占邮政业务收入的比重达到 47.1%，比 2012 年上升 13.3 个百分点。

（6）旅游业健康快速发展，国内游热度不减。2013—2016 年，全省国内游客累计 18 亿人次。其中，2016 年国内游客突破 5 亿人次，旅游总收入达到 4 707.4 亿元，2013—2016 年年均增速分别为 16.9%、20.5%。国内旅游呈高速增长态势，2016 年实现收入 4 640.73 亿元，比 2012 年增长 113.3%。入境游客也稳步增加，2016 年全年接待 240.81 万人次，实现收入 10.05 亿美元，分别同比增长 6.5%、17.1%。

3.1.4　县域协调发展现状

（1）总体上，湖南县域经济发展水平呈现东高西低、南北差异小的区域特点。"十二五"期间，湖南县域经济发展的不平衡性较为突出。经济基础好、资源丰富的县（市、区）发展速度较快，经济总量大、财政资金雄厚；而经济基础较差、资源匮乏的县（市、区）发展速度偏慢，经济总量小、财力较为紧张。一方面，湖南入围 2016 年"全国百强"的四个县（市）均集中在长株潭地区；在湖南县域经济综合实力排名前十位中，长株潭地区有 6 个，郴州市有 3 个，岳阳市有 1 个，其余 9 个市（州）均没有县（市）进入 10 强。另一方面，全省 87 个县域中有 51 个县（市、区）被列入国家、省扶贫工作重点县以及连片特困地区。2015 年，51 个扶贫工作重点县、连片特困地区县（市、区）人均地区生产总值为 21 538 元，人均地方财政收入为 1 051 元，分别是全省县域平均水平的 62% 和 65.3%，是长沙地区县域平均水平的 23.1%、20.7%；51 个县（市、区）城镇居民人均可支配收入 19 675 元，比全省县域平均水平低 4 316 元；农村居民人均可支配收入只有 7 709 元，比全省县域平均水平低 3 753 元。2015 年，在全省 87 个县域中，地区生产总值总量最大的长沙县为 1 168.34 亿元，地区生产总值总量最小的古丈县为 22.07 亿元，两者相差 51.9 倍；人均地区生产总值最高的长沙县为 119 597 元，人均地区生产总值最低的桂东县为 11 912 元，相差 9.04 倍。

（2）地区发展水平差异大。在总量上，2015 年，在全省 87 个县域行政单位中，超千亿元地区生产总值的县域共 3 个，全部属于长沙市；县域地区生产总值不到 50 亿元的有 6 个（新晃县、保靖县、通道县、城步县、桂东县、古丈县），其中湘西占 4 个。从县域人均地区生产总值上分析，2015 年县域人均地区生产总值超过 8 万元的分别是长沙县（128 715 元）、资兴市（86 570 元）、浏阳市（85 426 元）、宁乡市（81 677 元），低于全省县域人均地区生产总值（33 181 元）的有 59 个，其中人均地区生产总值不足 1.5 万元的有新宁县（14 673 元）、龙山县（13 383 元）、永顺县（12 918 元）、邵阳县（12 866 元）、城步县（12 865 元）、隆回县（12 777 元）、桂东县（11 909 元），主要分布在湘西和湘中。从增长速度上分析，2010—2015 年，年均增长速度超过 13% 的县域有临湘市（14.3%）、宁乡市（14.15%）、浏阳市（13.97%）、韶山市（13.6%）、湘阴县（13.52%）、资兴市（13.08%）；年均增长速度低于 10% 的县域主要分布在湘西，有沅陵县（9.62%）、永顺县（9.62%）、吉首市（9.53%）、耒阳市（9.48%）、溆浦县（9.38%）、安乡县（7.4%）、泸溪县（7.13%）、保靖县（4.45%）、花垣县（1.78%）。

（3）中西部城镇化水平低。2015 年，湖南县域城镇化率 42.02%，全省城镇化人口比重为 50.89%，县域低于全省约 9 个百分点，县域城镇化潜力大。从县域行政单位分析，有 5 个县域的城镇化水平超过 60%，最高的为冷水江市，达到 76.71%；城镇化率低于 35% 的有 16 个，最低的安化县，城镇化率只有 30%（具体见表 3-4）；在区域分布上，湘东县城的城镇化水平较高，湘中、湘西县城的城镇化水平较低。

表 3-4　湖南省 87 个县域行政单位城镇化分类情况

城镇化率	县域行政单位	区域分布
60% 以上（5 个）	冷水江市、吉首市、津市市、资兴市、长沙县	湘东 1 个、湘南 1 个、湘西 1 个、湘中 1 个、湘北 1 个
50%～59.9%（5 个）	浏阳市、攸县、醴陵市、汨罗市、宁乡市	湘东 4 个、湘北 1 个

表3-4(续)

城镇化率	县域行政单位	区域分布
45%～49.9% (12个)	沅江市、邵东县、耒阳市、茶陵县、永兴县、临湘市、常宁市、韶山市、湘阴县、桂阳县、岳阳县、嘉禾县	湘东2个、湘南5个、湘中2个、湘北3个
40%～44.9% (24个)	华容县、炎陵县、蓝山县、宜章县、靖州县、临澧县、祁阳县、安仁县、桃江县、株洲县、澧县、南县、慈利县、泸溪县、道县、平江县、桂东县、临武县、宁远县、江华县、洞口县、武冈市、双牌县、祁东县	湘东2个、湘南11个、湘西3个、湘中4个、湘北4个
35%～39.9% (25个)	安乡县、石门县、桑植县、湘乡市、湘潭县、保靖县、洪江市、衡阳县、花垣县、新田县、新宁县、东安县、龙山县、衡南县、邵阳县、古丈县、衡东县、衡山县、汉寿县、永顺县、涟源市、江永县、桃源县、溆浦县、汝城县	湘东2个、湘南8个、湘西8个、湘中3个、湘北4个
30%～34.9% (16个)	辰溪县、沅陵县、新邵县、会同县、中方县、新晃县、城步县、芷江县、麻阳县、通道县、凤凰县、新化县、绥宁县、隆回县、双峰县、安化县	湘西9个、湘中7个

3.2 新时代湖南县域经济发展的影响因素分析

3.2.1 县域经济发展影响因素理论

一个国家或地区的经济发展和经济增长，通常受多种因素的影响，诸如劳动、资本的投入以及土地资源和其他自然资源的使用等。劳动和资本是影响社会经济长期发展的两个基本要素，社会经济发展程度与两个基本要素的投入数量正相关，在其他条件不变的情况下，劳动和资本投入越多，经济发展越快。其中，劳动的数量包括劳动者人数和劳动时间，资本数量包括资本积累规模及积累速度。

另外，经济发展还与劳动和资本两个要素投入使用的效率有关，使用效率越高，投入产出比越大，经济发展越快。影响要素投入使用效率的因素主要包括：技术进步、知识积累和人力资本积累、制度创新程度。技术进步越快，生产过程中新技术使用的效率也就越高，新技术带来的效益也就越大，经济增长也越多越快。知识和人力资本的积累以及制度创新又是技术进步的原动力，会极大地促进各种要素使用效率的提高，从而促进社会经济长期发展。正是因为如此，技术进步、知识和人力资本的积累以及制度创新共同成为决定经济发展的"第三因素"，劳动和资本是第一因素和第二因素。

新古典增长理论以及内生增长理论的共同观点是：一个国家或地区的经济发展无非就是资本和技术进步等要素的长期积累，而资本又包括物质资本、人力资本和金融资本。所以，新古典增长理论和内生增长理论的观点是物质资本、人力资本和技术进步对经济增长有重要的影响。而且不同区域的上述要素差异也直接导致了区域经济增长的差异。现有的大量文献研究结论也表明，产业结构、金融深化程度、城镇化水平、政府财政支出和市场化程度及经济社会制度等都会对经济增长有不同程度的影响。

3.2.2 新时代湖南县域经济发展影响因素分析

（一）分析方法介绍

关于区域经济发展影响因素的研究，现有研究文献大多以时间序列数据或者面板数据为研究对象，借助多元统计分析方法或计量经济学方法对某个经济发展或经济增长变量的影响因素及其影响程度进行分析。具体分析方法包括主成分分析方法、最小二乘法、偏最小二乘法、向量自回归和协整检验等方法，这些都是因果分析中常用的方法。

在此，我们在现有文献研究方法和常用的主成分分析方法的基础上，构建稳健稀疏主成分分析方法，对湖南县域经济发展的影响因素进行分析。稳健稀疏主成分分析方法克服了主成分分析方法中变量的"事先确定性"的不足，可以对变量进行选择，这样既可以减弱或者消除影响因素之间的多重共线性，也能使模型不易受异常值影响，提高模型的稳定性，增强模型的解释力。

稀疏主成分分析方法的基本原理：通过利用 Lasso（或弹性网）产生带有限制性稀疏因子载荷的主成分对主成分分析方法（PCA）加以改进。稀疏主成分分析方法的载荷本身具有稀疏性，这样对主成分的解释在很大程度上得以简化，从而使提取的主成分能更好地对应于某些实际的经济含义，增强解释力[①]。

可以按如下步骤进行稀疏主成分的计算：

（1）利用主成分分析方法计算出前 k 个主成分，α_1，$\cdots$，α_k。

---

① 喻胜华. 基于稳健稀疏主成分的经济增长影响因素分析 [J]. 统计与信息论坛，2017，32（3）：49-55.

（2）在给定 $A = (\alpha_1, \cdots, \alpha_k)$ 的情况下，求解如下弹性网问题：

$$\beta_j = \mathrm{argmin}(\alpha_j - \beta)' X'X(\alpha_j - \beta) + \lambda \|\beta\|^2 + \lambda_{1,j} \|\beta\|_1 \quad (3.1)$$

其中，X 是设计矩阵，$j = 1, 2, \cdots, k$，$\|\beta\|^2$，$\|\beta\|_1$ 是两种范数值，分别表示向量 β 的各分量平方和与绝对值之和。

（3）在给定 $B = (\beta_1, \beta_2, \cdots, \beta_k)$ 的情况下，对矩阵 $X'XB$ 进行奇异值分解：

$X'XB = UDV'$，并更新 $A = UV'$。

（4）重复第二步、第三步，直至完全收敛。

（5）对 β_j 进行标准化：

$$\hat{v} = \frac{\beta_j}{\|\beta\|}, \quad j = 1, 2, \cdots, k \quad (3.2)$$

从现有研究来看，大多没有考虑样本数据的实用性和可靠性，因为样本数据中存在一些异常值是很常见的，而异常值是造成协方差矩阵不稳定的因素之一，协方差矩阵的不稳定是影响相关矩阵、特征值和特征向量不稳定的直接原因，最终会导致主成分或稀疏主成分不稳健。因此，把稳健思想植入主成分分析方法而构建稳健稀疏主成分，其根本目的就是从方法技术上降低异常值对协方差矩阵的影响，而不是人为地对异常值进行删除，因为异常值也包含某种经济信息。这样既可达到分析的目的，又没有信息的丢失，保证了分析结果的客观科学性。

实践中，可以用投影寻踪的技术构建稳健协方差矩阵。首先对初始数据空间降维，使之满足条件 $n > p$，然后用 MCD（最小协方差行列式法）降维后的协方差矩阵。计算步骤如下：

（1）对原始数据进行降维。数据降维处理方法很多，投影寻踪法就是其中之一。该方法通过把高维数据向低维子空间上进行投影，达到数据降维的目的，并通过低维数据寻找出反映原始高维数据的结构或特征，最终达到研究和分析高维数据的目的。

具体降维操作如下：将原始数据矩阵 $X_{n \times p}$ 中心化并进行奇异值分解，$X - \hat{u}_0 = U_{n \times m} D_{m \times m} V'_{m \times p}$，产生新的数据矩阵 $Z = UD$，其中 Z 为 $n \times m$ 维矩阵，且 $m < p$。

（2）寻找异常点。原始经济数据受各种因素影响，或多或少存在一些与正常值偏离程度较大的异常值，而且这些异常值在对原始数据进行降维处理之前，通常难以被发现，所以需要事先寻找异常点。

操作如下：首先初步地确定为 $h(h < n)$ 个（n 是原始数据维数），然后从

降维之后的数据矩阵 Z 中再抽取 h 个样本数据，并求出其均值 μ 和协方差矩阵 S_X，再通过计算马氏距离来确定 h 个异常值点。

$$MD(i) = [(z_i - \mu)' S_X^{-1} (z_i - \mu)]^{1/2} \tag{3.3}$$

其次按马氏距离不变原则确定异常点。从计算出来的所有 n 个马氏距离值中，选择最小的 h 个距离对应的数据作为异常值点，然后根据这 h 个异常值对应的样本数据进行均值和协方差矩阵计算，并据此重新计算马氏距离，继续选择最小的 h 个马氏距离对应的样本数据，重复计算，直到选择出来的 h 个异常点不再变化。将选择出来的矩阵记为 X。

（3）利用 MCD（最小协方差行列式）方法对协方差矩阵进行估计。

（4）按照类似主成分分析方法，将估计出来的协方差矩阵进行稀疏主成分分析，得到稳健的稀疏主成分及相应的方差贡献率。

（二）变量的选取与计算

根据经济学理论并参照已有的关于影响经济发展影响因素的研究结论，结合湖南县域经济发展实际情况，从传统生产要素的构成、经济结构类型、金融发展因素和经济发展制度等方面选取影响湖南县域经济发展的因素变量以及一个县域经济发展变量（被解释量）。具体包括：

（1）被解释变量——湖南县域经济增长变量（Y）。主要数据来源为历年《湖南省统计年鉴》。

（2）解释变量：用全省县域固定资产年度投资额（X_1）、全省县域户籍人口每万人中普通高校在校学生人数（X_2）、县域就业人数占全县人口比重（X_3）、全省县域人口自然增长率（X_4）和县域科技投入经费（R&D）占地区生产总值的比重（X_5）反映传统生产要素情况；用县域非国有化率（X_6）、全省县域经济发展的对外开放程度（X_7）、县域经济发展市场化率（X_8）、县域内各级政府对经济发展的干预程度（X_9）、城乡消费价格指数（X_{10}）、县域年度失业率（X_{11}）以及县域社会保障支出额占县域地区生产总值的比重（X_{12}）反映经济发展制度因素；用全省金融机构针对县域贷款余额与县域地区生产总值之比（X_{13}）反映金融因素；分别用县域第二产业年增加值、县域第三产业年增加值与县域地区生产总值之比（X_{14}，X_{15}）、县域范围内城镇化率（X_{16}）、县域范围内城镇和农村家庭恩格尔系数（X_{17}，X_{18}）反映经济发展结构。其中，非国有化率用非国有工业总产值与全县工业总产值之比表示，对外开放程度则用县域进出口贸易总额（按同期汇率折算成人民币）与县域地区生产总值之比来表示；用县域固定资产投资中外资、自筹资金的占比来表示市场化率；政府干预程度用县域范围内各级政府的财政支出与县域地区生产总值之比来表示；失业率主要指县域范围内城镇人口失业率。具体见表3-5。

表3-5 湖南县域经济发展影响因素（指标）

影响因素（指标）	2016年	2015年	2014年	2013年	2012年	2011年
县域地区生产总值/亿元	21 824.91	19 854.35	17 854.63	16 056.32	14 439.14	12 984.84
县域固定资产投资/亿元	18 123.35	17 004.85	15 175.9	14 129.5	12 417.66	11 686.32
县域普通高校学生人数/每万人	3 260	3 020	2 830	2 580	2 430	2 300
县域就业率	61.15	59.73	58.98	57.52	54.9	53.96
县域人口自然增长率/%	6.4	6.2	6.17	6.22	6.35	6.54
*县域科技投入经费（R&D）占地区生产总值的比重/%	1.1	1.03	0.97	0.89	0.84	0.79
县域非国有化率/%	41.26	41.82	42.01	42.00	42.00	42.05
县域对外开放程度/%	8.33	11.16	14.79	13.97	14.26	12.84
县域市场化率/%	0.17	0.25	0.25	0.22	0.18	0.18
县域政府干预程度	0.338	0.346	0.346	0.346	0.347	0.329
县域消费价格指数	101.5	101.9	102.4	103.1	102.7	102.5
县域失业率/%	3.6	3.96	3.98	3.98	4.03	4.05
县域社会保障支出占地区生产总值的比重/%	4.20	4.28	4.35	4.31	4.26	4.34
县域金融机构贷款与地区生产总值之比	1.55	1.53	1.4	1.33	1.34	1.38
县域第二产业增加值与地区生产总值之比	39.8	40	41.2	42	42.9	45.6
县域第三产业增加值与地区生产总值之比	45.1	45	43.3	41.8	41.1	38.3

表3-5(续)

影响因素(指标)	2016 年	2015 年	2014 年	2013 年	2012 年	2011 年
县域城镇化率/%	45.03	43.33	41.73	40.48	39.31	36.8
县域城镇居民家庭恩格尔系数	29.7	35.8	36.5	38.1	39.4	41.2
县域农村居民家庭恩格尔系数	35.3	41.5	42.8	44.2	45.6	47.1

注：* 根据相关数据测算得到。

上述指标数据主要来源于《湖南省统计年鉴》《湖南省经济和社会发展统计公报》《湖南省经济普查公报》《专题公报》，采用的是 2011—2016 年的统计数据。另外，考虑到各指标数据的量纲不同，对原始数据进行标准化处理，以处理后的数据为研究对象。

（三）实证分析结果

先对所有指标的原始数据进行标准化处理，再进行主成分分析，处理得到相关系数矩阵的特征值和方差贡献率及累积贡献率，如表 3-6 所示。

表 3-6　主成分分析的特征值及方差贡献率

主成分	特征值	方差贡献率 /%	累积方差贡献率 /%
第一主成分	0.486 8	81.05	81.05
第二主成分	0.059 7	10.00	91.05
第三主成分	0.028 5	4.78	95.83
第四主成分	0.016 5	2.77	98.60

由表 3-6 可知，第一主成分和第二主成分的累积方差贡献率高达 91.05%，原始数据的降维效果非常好，结合两个主成分对应的特征向量，可以选择第一主成分和第二主成分构造新的综合变量如下：

$$PC1 = 0.248x_1 + 0.236x_2 + 0.225x_3 - 0.235x_4 + 0.238x_5 + 0.232x_6 + 0.227x_7 + 0.218x_8 - 0.004x_9 + 0.236x_{10} + 0.2x_{11} + 0.217x_{12} + 0.218x_{13} + 0.149x_{14} + 0.235x_{15} + 0.249x_{16} - 0.241x_{17} - 0.211x_{18}$$

$$PC2 = -0.012x_1 - 0.197x_2 + 0.228x_3 - 0.161x_4 - 0.146x_5 + 0.266x_6 +$$
$$0.102x_7 + 0.178x_8 - 0.735x_9 + 0.125x_{10} - 0.172x_{11} - 0.191x_{12} +$$
$$0.118x_{13} + 0.085x_{14} + 0.097x_{15} - 0.091x_{16} + 0.113x_{17} + 0.269x_{18}$$
$$(3.4)$$

基于第一主成分、第二主成分 $PC1$ 和 $PC2$，可进一步转换得到相应的稀疏主成分：

$$SPC1 = 0.247x_1 + 0.235x_2 + 0.225x_3 - 0.236x_4 + 0.238x_5 + 0.232x_6 +$$
$$0.227x_7 + 0.218x_8 + 0.237x_{10} + 0.2x_{11} + 0.217x_{12} + 0.218x_{13} +$$
$$0.149x_{14} + 0.235x_{15} + 0.249x_{16} - 0.242x_{17} - 0.209x_{18}$$
$$SPC2 = 0.082x_6 - 0.853x_9 + 0.064x_{18} \qquad (3.5)$$

相比于普通主成分，利用稀疏主成分方法得到的主成分结果中只含有部分解释变量，第一主成分、第二主成分都只是部分解释变量的线性组合，如第一个稀疏主成分组合表达式中就不含解释变量 x_9，而第二个稀疏主成分表达式只包含三个解释变量：x_6、x_9、x_{18}。在所有解释变量中，由于某些突发原因或其他偶然因素而导致数据异常，而这些异常值又往往对计算结果产生较大影响，所以，有必要对稀疏主成分进行稳健性检验。

$$RSPC1 = 0.248x_1 + 0.234x_2 + 0.224x_3 - 0.236x_4 + 0.238x_5 + 0.232x_6 +$$
$$0.227x_7 + 0.217x_8 + 0.237x_{10} + 0.201x_{11} + 0.215x_{12} + 0.218x_{13} +$$
$$0.149x_{14} + 0.235x_{15} + 0.249x_{16} - 0.242x_{17} - 0.209x_{18}$$
$$RSPC2 = 0.079x_6 - 0.854x_9 + 0.063x_{18} \qquad (3.6)$$

可见，无论是主成分、稀疏主成分还是稳健稀疏主成分，信息保存度较高，模型有一定的精度，累积方差贡献率分别达到 91.05%、88.12%、85.73%，三者相差不大。稀疏主成分分析方法和稳健稀疏主成分分析方法都是在普通主成分分析方法的基础上，通过牺牲较小方差贡献率来换取变量载荷的稀疏性，从而达到模型解释功能增强的目的[1][2][3]。

接下来，我们将各主成分、稀疏主成分和稳健稀疏主成分作为解释成分，分别与被解释变量（经济增长 Y）进行回归分析，结果如表 3-7 所示。

---

① 喻胜华. 基于稳健稀疏主成分的经济增长影响因素分析 [J]. 统计与信息论坛，2017，32（3）：49-55.

② 龙娟. 基于稳健稀疏主成分的中国经济增长影响因素分析 [D]. 长沙：湖南大学，2014.

③ 廖瑞华，李勇帆，刘宏. 基于稳健主成分分析与核稀疏表示的人脸识别 [J]. 计算机工程，2016，42（2）：200-205.

表 3-7　主成分、稀疏主成分、稳健稀疏主成分的回归分析

变量名称	主成分回归	稀疏主成分回归	稳健稀疏主成分回归
第一主成分	0.312 5（48.11）	0.312 1（48.36）	0.312 2（48.40）
第二主成分	−0.021 1（−1.29）	−0.028 6（−1.69）	−0.028 2（−1.71）
R^2	0.979	0.981	0.981
F	1 116.99	1 152.76	1 164.28
SSE	0.011	0.011	0.011

注：回归结果在5%的显著性水平下均统计上显著。

根据表3-7的分析结果，可以得到三个基于三种统计方法的回归方程，再把前面得到的主成分、稀疏主成分、稳健稀疏主成分分别代入三个回归方程中，即可得到被解释变量（经济增长）与解释变量（影响因素）之间的关系式，结果如表3-8所示。

表 3-8　湖南县域经济发展影响因素回归分析

变量	主成分回归	稀疏主成分回归	稳健稀疏主成分回归
x_1	0.065 2	0.064 8	0.064 9
x_2	0.065 6	0.061 7	0.061 9
x_3	0.055 5	0.060 1	0.060 9
x_4	−0.064 2	−0.062 1	−0.062 1
x_5	0.065 1	0.062 0	0.062 1
x_6	0.054 1	0.056 9	0.057 2
x_7	0.059 1	0.061 4	0.061 4
x_8	0.055 1	0.059 2	0.059 4
x_9	0.014 1	0.033 3	0.033 5
x_{10}	0.060 1	0.063 1	0.063 3
x_{11}	0.057 1	0.053 3	0.053 1

表3-8(续)

变量	主成分回归	稀疏主成分回归	稳健稀疏主成分回归
x_{12}	0.063 8	0.060 1	0.060 1
x_{13}	0.057 3	0.061 1	0.061 3
x_{14}	0.040 6	0.042 7	0.041 9
x_{15}	0.061 2	0.063 1	0.062 9
x_{16}	0.066 2	0.064 6	0.064 4
x_{17}	−0.064 9	−0.062 1	−0.062 1
x_{18}	−0.064 2	−0.061 1	−0.061 2

从回归分析的结果来看，包括物质资本、金融发展水平、城镇化率以及技术水平在内的因素对湖南县域经济发展都起到了促进作用，是湖南县域经济发展的主要推动力，而人口增长率、城乡居民恩格尔系数则对湖南县域经济发展起到了抑制作用。由表3-8可知，固定资产投资每增加1%，县域经济增长（地区生产总值）提升0.064 9%；城镇居民和农村居民家庭恩格尔系数每增加1%，县域经济增长（地区生产总值）则分别降低0.062 1%和0.061 2%。其他的依此类推。事实上，改革开放40多年来，物质资本的投入对经济发展起到了很大的推动作用，一直是推动经济增长的最重要动力。我们的实证结论也表明，物质资本对湖南县域经济增长的影响程度最大。技术进步对湖南县域经济增长的影响在所有分析指标中排在第六位，说明只要提升技术水平，湖南县域经济增长也有提升空间，而且技术进步对经济增长的拉动潜力较大。人力资本对湖南县域经济增长具有明显的促进作用，但其影响程度不及物质资本影响程度大，可能是因为用在校大学生人数占总人口比代表人力资本，不能真正反映人力资本水平。实际上，人力资本的核心是人口技能水平，除了在校大学生外，其他具有相应技术能力的人口都是人力资本应该包括的范畴，因此培养复合型人才是促进经济增长的重要手段。在政治制度因素方面，对湖南县域经济发展影响最大的要数基尼系数指标。全社会失业率对湖南县域经济发展的影响程度不大，影响程度在18个指标中排第16位。在经济制度因素方面，对外开放程度对湖南县域经济增长的影响最大，进出口额每增长1%，县域经济增长（地区生产总值）上升0.061 4%。其次是市场化指数指标、非国有化率和政府

对经济发展的干预程度。因此，湖南应该利用自身在"一带一路"和"一带一部"战略实施中的地理位置优势，加强与"一带一路"国家和"一带一部"地区的贸易往来，继续扩大对外开放。另外，也要加快全省市场化发展的进程，为新经济增长营造出一个公平的市场环境。从金融对新经济增长的影响程度来看，金融机构的贷款余额每增加 1 个百分点，湖南县域经济增长（地区生产总值）上升 0.061 3 个百分点，说明金融贷款对经济增长有促进作用。但金融市场间接对企业进行融资，而且融资程序繁琐、手续繁多、资金到位速度慢，就企业而言，这种金融市场融资方式有时无法解决企业的燃眉之急。而民间借贷虽然程序简单、手续简易，但其不规范性让企业面临过高的风险，在一定程度上同样也限制了经济的快速增长。所以要规范金融市场，充分利用金融对经济增长的杠杆作用。从经济结构因素来看，对湖南县域经济增长影响最大的是城镇化率，城镇化率对县域经济增长的影响程度仅次于物质资本，第三产业发展对湖南县域经济增长的促进作用明显高于第二产业。湖南省应该进一步开发和规范旅游市场，特别是利用湘西独特的旅游资源进一步增强第三产业对经济发展的拉动作用。

3.3　新时代湖南县域经济发展评价

3.3.1　新时代湖南县域经济发展质量评价

（一）新时代湖南县域经济发展评价指标体系

县域经济基本竞争力是指在县级行政区域内，县级经济单位在市场机制中，获取市场份额和资源以推动发展的综合能力。需要考虑经济因素、自然条件因素、人口因素、社会因素，包括经济规模、发展现状、发展速度、发展潜力等。我们将"县域经济基本竞争力"作为一级指标，从县域经济发展基础、县域经济发展结构、县域经济发展制度、县域经济发展效果、县域经济发展环境五个维度（二级指标）来衡量县域经济发展质量，共选取 21 个指标组成湖南县域经济发展质量综合评价指标体系（表3-9）。

表 3-9　湖南县域经济评价指标体系

一级指标	二级指标	三级指标	指标类型
A1 县域经济发展质量评价	B1 县域经济发展基础	C11GDP 总量（X_1）	正向指标
		C12GDP 增长率（X_2）	正向指标
		C13 人均 GDP（X_3）	正向指标
	B2 县域经济发展结构	C21 第三产业比重（X_4）	正向指标
		C22 工出口总额占 GDP 比重（X_5）	正向指标
		C23 进出口增长率（X_6）	正向指标
	B3 县域经济发展制度	C31 财政总收入（X_7）	正向指标
		C32 公共财政预算支出（X_8）	适度指标
		C33 城镇失业率（X_9）	逆向指标
		C34 固定资产投资额（X_{10}）	适度指标
		C35 固定资产投资增长率（X_{11}）	正向指标
	B4 县域经济发展效率	C41 移动电话普及率（X_{12}）	正向指标
		C42 电视综合人口覆盖率（X_{13}）	正向指标
		C43 万人拥有病床数（X_{14}）	正向指标
		C44 城市化率（X_{15}）	正向指标
		C45 居民消费价格指数（X_{16}）	逆向指标
		C46 城镇居民人均可支配收入（X_{17}）	正向指标
		C47 农村居民人均可支配收入（X_{18}）	正向指标
	B5 县域经济发展环境	C51 万元 GDP 能耗（X_{19}）	逆向指标
		C52 空气质量优良率（X_{20}）	正向指标
		C53 城市生活垃圾无害化处理率（X_{21}）	正向指标

（二）新时代湖南县域经济发展质量评价方法

1. 因子分析法

设某被评价对象有 p 个原始评价指标 X_1，X_2，…，X_P，对原始评价指标进行标准化处理后的指标表示为 x_i（$i = 1, 2, \cdots, p$），所有评价指标同时受 $m(m < p)$ 个不同公共因子的支配，另外，每个评价指标还受一个特殊因子的制约，这样，经过标准化后的变量 x_i 可用公共因子 F 和特殊因子 u 通过线性组合来表示，即

$$x_i = a_{i1}F_1 + a_{i2}F_2 + \dots + a_{im}F_m + u_i \ (i = 1, 2, \cdots, p) \qquad (3.7)$$

其中 F_1，F_2，$\cdots$，F_m 为 m 个公共因子，这些公共因子只是抽象概念层面存在的影响因素，是不可观测的。公共因子的系数 a_{i1}，a_{i2}，$\cdots$，a_{im} 叫因子负荷或载荷（也称为因子权数），因子负荷 a_{i1}，a_{i2}，$\cdots$，a_{im} 表示第 i 个样本在 m 个方面的响应能力，u_i 则表示第 i 个样本公共因子没有包括的部分，只对第 i 个样本起作用，称为特殊因子，通常还假定特殊因子服从正态分布，即 $u_i \sim N(0, \psi_i^2)$。对评价对象进行因子分析的目的就是要估计公共影响因子 F_j 的个数及每个公共因子的影响程度，即 a_{ij} 的值，同时估计特殊因子正态分布的方差值，然后从某个具体角度（比如经济角度）给因子 F_j 一个合理的解释。如果难以直接找到合理的解释，就进行因子旋转，以求旋转后能得到合理的解释。

通过分布假设、负荷值的估计得到因子模型（3.7）后，其载荷矩阵 $A = (a_{ij})_{p \times m}$ 的原始结构会比较复杂，不便于因子解释。为了便于表达和实际意义的理解，可以用公共因子线性组合表达标准化指标，即使得矩阵 A 中各列元素向更小（最小为 0）和更大（最大为 1）两极分化，但保持同一行中各元素平方和（公共因子方差）不变。这一目的可以通过因子轴旋转的变换方法加以实现。另外，通过因子轴的旋转，同时还可以求得易于对公共因子进行命名和经济解释的结果。假设通过对公共因子 F 进行因子轴旋转后得到新的公共因子 G，则式（3.7）变为：

$$x_i = b_{i1}G_1 + b_{i2}G_2 + \dots + b_{im}G_m + u_i \ (i = 1, 2, \cdots, p) \qquad (3.8)$$

类似于式（3.7）中的 a_{ij}，式（3.8）中的 b_{ij} 仍然被称为公共因子 G 的因子载荷。

无论是因子旋转前的式（3.7）还是因子旋转后的式（3.8）对应的因子模型，都是将评价指标表示为公共因子的线性组合。这样一来，就可以根据评价指标的样本观测值估计算出各个公因子的值，该因子值称为因子的得分。即

$$G_j = \beta_{1j}x_1 + \beta_{2j}x_2 + \dots + \beta_{pj}x_p \ (j = 1, 2, \cdots, m) \qquad (3.9)$$

式（3.9）也称为因子得分函数，根据该函数表达式可以计算出所有样本的因子得分，以便进行深入研究和分析。

2. 因子分析模型中各系数或统计量的统计含义

（1）因子载荷 a_{ij} 的统计意义

根据因子模型（3.7），因子载荷 a_{ij} 就是 x_i 与 F_j 得到的相关系数，它表示评价对象的指标 x_i 对公共因子 F_j 的依赖程度，也反映了评价对象的第 i 个评价变量 x_i 对于第 j 个公共因子 F_j 的相对重要性，即 x_i 与 F_j 的密切程度。

（2）变量共同度的统计意义

m 个公共因子对第 i 个变量的方差产生的贡献率称为该变量的共同度，记为 h_i^2（因子载荷矩阵 A 各行元素的平方和），记为：

$$h_i^2 = \sum_{i=1}^{p} a_{ij}^2 \ (\text{j}=1, \ 2, \ \cdots, \ m) \tag{3.10}$$

为了更好地理解 h_i^2 的统计意义，我们可以计算每一个变量 x_i 的方差并进行分解：

$$Var(x_i) = Var(\sum_{j=1}^{m} a_{ij}F_j + u_i) = h_i^2 + \sigma_{ii}^2 \tag{3.11}$$

因为变量方差 $Var(x_i)=1$，所以

$$h_i^2 + \sigma_{ii}^2 = 1 \tag{3.12}$$

根据式（3.12）可知，变量 x_i 的方差事实上是由两部分组成的，即式（3.12）中的第一部分 h_i^2，该部分表示第 i 个标量在 m 个公共因子上的载荷的平方和，它反映全部公共因子对变量 x_i 的影响程度，也是因子分析中的一个重要统计指标值，度量了全部公共因子对 x_i 的总方差的贡献程度；式（3.12）中的第二部分 σ_{ii}^2，该部分表示特殊因子 u_i 所产生的方差，它只与变量 x_i 本身的变化有关，不受其他变量的影响，也称剩余方差。

显然当 $h_i^2=1$ 时，表明 x_i 的几乎所有原始信息都可以通过选取的公共因子进行解释和说明；反之，当 $h_i^2=0$ 时，表明每一个公共因子对 x_i 的影响程度都很小，全部公共因子的共同影响程度也不大，这时 x_i 主要由特殊因子 u_i 来描述。

（3）公共因子 F_j 的方差贡献的统计意义

在因子载荷矩阵 A 中，如果用 $g_j^2 = \sum_{j=1}^{m} a_{ij}^2$（i=1, 2, $\cdots$, p）表示各列元素的平方和，那么 g_j^2 的统计含义就是表示第 j 个公共因子对分量所提供方差之和，称为方差贡献。它也是衡量公共因子相对重要性的指标，但是 g_j^2 的统计含义恰好与 x_i 的共同度 h_i^2 的统计意义相反。

3. 因子分析法的基本步骤

（1）因为评价对象中各个评价指标的量纲可能不同，所以首先需要对评价指标的样本值进行无量纲或标准化处理。标准化处理也就是通过数学变换消除不同量纲的影响。

（2）根据标准化处理后的评价指标样本数据，计算所有变量（评价指标）的相关系数矩阵，并根据相关矩阵计算所需的统计量（方差、累计方差值等），确认因子模型的恰当性。

（3）如果因子模型恰当，则可以以此确定描述数据所需要的因子数并进行因子的计算提取；

（4）如有需要，可以对因子进行旋转处理，使旋转后的因子能更好地进行经济现象解释；

（5）计算所有样本因子得分，并用于进一步的统计分析。

（三）湖南县域经济发展质量综合评价过程

1. 数据来源

本书所采用的指标数据来自《湖南统计年鉴》《湖南省经济和社会发展统计公报》，数据选取时间区间为 2011—2016 年，从县域经济发展基础、县域经济发展结构、县域经济发展制度、县域经济发展效果、县域经济发展环境五个维度来衡量县域经济发展质量，共选取 21 个指标作为综合评价数据。

2. 原始数据处理

（1）评价指标原始数据的正向化

在我们选取的衡量湖南县域经济发展的 21 个评价指标中，既包含有正向指标，也包含有逆向指标，还有适度指标，不同类型指标值的大小对应不同的经济优劣程度。为了使经济增长质量各评价指标值以及经济增长质量综合评价值具有更科学、更合理、更客观的解释力，评价指标的类型必须统一，因而首先要将逆向指标与适度指标进行正向化，即对数据通过某种数学变换处理将这逆向指标和适度指标转化为正向指标。

本书采用倒数逆变换法对逆向指标进行正向化处理：$y_i = \dfrac{1}{x_i}$，而适度指标的正向化处理公式为：$y_i = \dfrac{1}{|x_i - \hat{x}_i|}$，其中，$\hat{x}_i$ 为指标 x_i 的最优适度数值，该值可以根据经验或历史数据的具体情况而定。

（2）评价指标原始数据的标准化

从评价指标体系的构成来看，湖南县域经济发展质量的评价指标类型广泛，不仅包含经济指标，还包括政策制度、社会发展和生态环境类型的指标，这些不同类的评价指标值也没有统一的计量口径和统一的统计单位，即存在量纲差异。指标数据量纲差异的存在，导致应用原始数据无法进行加总和比较。所以只有对原始数据进行标准化（无量纲化）处理后才能消除不同量纲和不同数量级的影响，评价结果才会科学、客观、合理。

标准化处理公式为：

$x^* = \dfrac{x - \bar{x}}{\sigma}$，其中，$\bar{x}$ 和 σ 分别表示指标均值和标准差。

3. 湖南县域经济发展质量综合评价

（1）湖南县域经济发展的整体评价

因子分析样本选取有两种方法：①某一对象多年的样本数据，利用时间序列的理论，在趋势分析中寻找相关关系，称为纵向比较；②多个对象的样本数据，分析同一时点不同主体之间的相关关系，称为横向比较。本书实证分析选取的样本数据为湖南省 2011—2016 年相应指标的样本数据。

对于原始指标值，首先需对各指标样本数据值进行标准化处理，然后需对指标体系中的逆向指标进行正向化，正向化的方法是指标与适度值差值的绝对值取倒数。本书筛选出的 21 个指标体系中的逆向指标分别为万元 GDP 能耗、城镇失业率、居民消费价格指数，适度指标包括公共财政支出和固定资产投资额。数据预处理之后的指标值可以直接应用。

利用因子分析方法并借助统计软件 SPSS 进行经济增长质量综合评价。首先得到经过标准化处理后的样本数据相关系数矩阵，然后计算相关矩阵对应的特征值 λ_i（i=1，2，…，21）。从表 3-10 中前四个特征值可以看出，前四个因子的累计方差贡献率达到 85.91%，根据"累积方差贡献率达 85% 标准"，可以断定前四个因子已经提供了原始数据的足够信息。

表 3-10　解释方差总和

因子	初始特征值			旋转平方载荷的总和		
	特征值	方差贡献率/%	累积方差贡献率/%	特征值	方差贡献率/%	累积方差贡献率/%
F_1	5.737	31.58	31.58	4.397	28.42	28.42
F_2	4.658	25.64	57.22	3.463	22.38	50.80
F_3	2.847	15.67	72.89	2.870	18.55	69.35
F_4	2.365	13.02	85.91	2.562	16.56	85.91

为了明确各因子的经济含义，使各个因子能够从经济角度得到合理的解释，我们通常需要对初始因子载荷矩阵采用方差最大正交旋转法进行因子轴旋转，得到新的因子矩阵，以加强因子的经济解释能力。结果见表 3-11。

表 3-11　旋转后因子负荷矩阵

评价指标	因子			
	F_1	F_2	F_3	F_4
GDP 总量（X_1）	0.573	0.545	-0.212	0.476
GDP 增长率（X_2）	0.428	0.480	-0.191	0.125
人均 GDP（X_3）	0.721	0.431	-0.152	-0.221
第三产业比重（X_4）	-0.689	0.384	-0.123	0.187
出口总额（X_5）	0.668	0.513	-0.268	0.208
进出口增长率（X_6）	-0.076	0.126	-0.053	-0.177
财政总收入（X_7）	0.612	0.390	0.142	0.212
公共财政预算支出（X_8）	0.100	0.534	0.495	0.150
城镇失业率（X_9）	-0.038	0.258	0.555	0.138
固定资产投资（X_{10}）	0.090	-0.286	-0.809	0.291
固定资产投资增长率（X_{11}）	0.332	0.367	-0.797	-0.333
移动电话普及率（X_{12}）	0.120	0.325	0.257	0.212
电视综合人口覆盖率（X_{13}）	0.330	-0.057	0.326	0.235
万人拥有病床数（X_{14}）	0.131	0.465	0.241	-0.235
城镇化率（X_{15}）	0.269	0.296	-0.166	0.360
居民消费价格上涨（X_{16}）	-0.433	0.621	0.510	0.533
城镇居民人均可支配收入（X_{17}）	0.501	0.554	0.112	0.422
农村居民人均可支配收入（X_{18}）	0.037	0.618	0.331	-0.137
万元 GDP 能耗（X_{19}）	-0.336	0.320	-0.109	0.630
空气质量优良率（X_{20}）	0.265	-0.137	-0.211	0.607
城市生活垃圾无害化处理率（X_{21}）	0.436	0.223	0.115	0.530

　　这里，根据统计分析经验和分析具体情况，我们设定系数绝对值大于 0.6 的系数值为显著。从表 3-11 所列示的因子载荷矩阵可知，公共因子 F_1 中系数绝对值大的主要有人均 GDP、第三产业比重、进出口额、财政收入，称为经济增长结构因子；F_2 中载荷较大的指标有城镇化率、城镇居民人均可支配收入、农村居民人均可支配收入，称为经济增长效果因子；F_3 中载荷系数绝对值相对较大的有城镇失业率、固定资产投资率和固定资产投资增长率，称为经济增长制度因子；F_4 中载荷较大的有万元 GDP 能耗、空气质量优良率，称为经济增长环境因子。设

$$F_1 = 0.108\ 4X_1 + 0.133\ 1X_2 + 0.063\ 1X_3 - 0.127X_4 + 0.123\ 9X_5 - 0.015X_6 +$$
$$0.002\ 4X_7 + 0.02X_8 - 0.008X_9 + 0.018X_{10} + 0.065\ 2X_{11} + 0.023\ 9X_{12} +$$
$$0.064\ 8X_{13} + 0.026\ 1X_{14} + 0.053\ 2X_{15} - 0.084X_{16} + 0.129X_{17} +$$
$$0.007\ 4X_{18} - 0.066X_{19} + 0.052\ 4X_{20} + 0.084\ 5X_{21} \tag{3.13}$$

　　在式（3.13）中，各指标变量 X_i 的系数表示因子得分系数（如表 3-12 所

示），进一步可计算出每一个公共因子的得分（F_2、F_3、F_4 公式方法同 F_1，略）。对各公共因子的得分进行汇总得到总得分：

$$F = 0.284\ 2F_1 + 0.223\ 8F_2 + 0.185\ 5F_3 + 0.165\ 6F_4$$

表 3-12　因子得分系数矩阵

评价指标	因子			
	F_1	F_2	F_3	F_4
GDP 总量（X_1）	0.108 4	0.103 7	-0.042 0	0.091 6
GDP 增长率（X_2）	0.133 1	0.092 4	-0.038 0	0.024 9
人均 GDP（X_3）	0.063 1	0.083 6	-0.030 0	-0.044 0
第三产业比重（X_4）	-0.127 0	0.074 9	-0.025 0	0.037 2
出口总额（X_5）	0.123 9	0.098 2	-0.053 0	0.041 3
进出口增长率（X_6）	-0.015 0	0.025 1	-0.011 0	-0.035 0
财政总收入（X_7）	0.002 4	0.142 1	0.028 3	0.042 1
公共财政预算支出（X_8）	0.020 0	0.118 5	0.095 0	0.029 9
城镇失业率（X_9）	-0.008	0.051 0	0.105 4	0.027 5
固定资产投资（X_{10}）	0.018 0	-0.056 0	-0.145 0	0.057 4
固定资产投资增长率（X_{11}）	0.065 2	0.071 8	-0.143 0	-0.065 0
移动电话普及率（X_{12}）	0.023 9	0.063 9	0.050 8	0.042 1
电视综合人口覆盖率（X_{13}）	0.064 8	-0.011 0	0.064 1	0.046 6
万人拥有病床数（X_{14}）	0.026 1	0.089 7	0.047 7	-0.047 0
城市化率（X_{15}）	0.053 2	0.058 3	-0.033 0	0.070 5
居民消费价格上涨（X_{16}）	-0.084 0	0.116 4	0.097 6	0.101 6
城镇居民人均可支配收入（X_{17}）	0.129 0	0.105 2	0.022 4	0.081 9
农村居民人均可支配收入（X_{18}）	0.007 4	-0.004 0	0.065 0	-0.027 0
万元 GDP 能耗（X_{19}）	-0.066 0	0.131 9	-0.022 0	0.101 1
空气质量优良率（X_{20}）	0.052 4	-0.027 0	-0.042 0	0.114 1
城市生活垃圾无害化处理率（X_{21}）	0.084 5	0.044 2	0.022 9	0.101 1

运用因子分析法对湖南县域经济发展质量进行综合评价的因子得分情况如表 3-13 所示。

表 3-13　因子得分表

年份	F_1	F_2	F_3	F_4	F	
	经济发展结构	经济发展效果	经济发展制度	经济发展环境	综合因子	
	得分	得分	得分	得分	得分	排名
2016	2.705 22	1.185 73	0.942 79	-0.122 13	1.188 81	2
2015	0.866 72	2.688 63	2.753 46	1.701 72	1.640 60	1

表3-13(续)

年份	F₁ 经济发展结构	F₂ 经济发展效果	F₃ 经济发展制度	F₄ 经济发展环境	F 综合因子	
	得分	得分	得分	得分	得分	排名
2014	0.461 88	0.317 21	0.728 65	1.183 85	0.533 468	3
2013	0.597 37	0.502 74	1.181 50	0.197 98	0.440 939	4
2012	0.067 71	0.144 08	-0.185 69	0.475 36	0.095 762	6
2011	0.451 02	0.598 03	-0.529 71	0.328 39	0.218 139	5

本节运用因子分析方法得出湖南县域 2011—2016 年的经济发展质量综合评价指数。评价结果表明,湖南县域经济发展质量总体呈上升趋势。从表3-13可知,经济发展结构、经济发展制度和经济发展环境对湖南县域经济发展总体质量有较大影响,其中人均 GDP、万元 GDP 能耗、第三产业占 GDP 比重、出口总额、空气质量优良率、城市垃圾无害化处理率是促进湖南县域经济发展质量提高的关键因素。从分指标来看,湖南县域经济发展结构、经济发展效果、经济发展环境水平得分基本是逐年提高的,经济发展制度则出现发展不连贯情况。从 2011 年开始,湖南县域经济发展质量呈现较快速度、较高水平的发展,尤其是经济发展结构、经济发展效果、经济发展环境都有明显提高。

结合湖南县域经济发展质量评价结果,本书提出以下措施建议:继续转变经济发展方式,充分利用好湖南紧邻东盟的地理优势,加强与东盟国家的贸易往来,增加出口,提升经济发展活力;加快产业结构调整,积极促进第三产业发展,譬如借助自身良好的旅游资源,从法制层面加强旅游管理,发展旅游业,将它作为县域经济发展的支柱产业;大力发展信息、金融等新兴产业,带动第三产业发展,提升经济发展质量;继续加大科技投入,开发和引进先进技术,提高能源利用效率,改善生态环境,走可持续发展的道路,立足湖南青山绿水资源,大力发展生态农业。

(2)湖南县域经济发展的比较评价

类似前文,本书对 87 个县域经济从空间角度进行综合评价,并根据优势值取值范围,按照等距(取 0.2 为间距)原则将县域经济发展状况分为极发达县域(0.8~1.0)、发达县域(0.6~0.799 9)、水平较高县域(0.4~0.599 9)、较落后县域(0.2~0.399 9)和落后县域(0.000 1~0.199 9)五种类型(具体见表3-14)。其中极发达县域有 3 个,发达县域有 1 个,水平较高县域有 21 个,较落后县域有 61 个，落后县域有 1 个。从 98 个县域经济发展状况的分类看（图 3-6），极发达与发达县域均分布在湘东区域，湘南、湘西、湘中地区的绝大多数县域是较落后的，湘北地区 54% 的县域是落后地区，因此，总体上看，湖南县域经济都欠发达，特别是湖南的中西部地区县域经济发展水平相对落后。

表 3-14　湖南县域经济发展综合评价值

县域	评价值	类型	县域	评价值	类型	县域	评价值	类型
长沙县	0.965 6	极发达县域	茶陵县	0.369 2		中方县	0.267 4	
浏阳市	0.893 6		桃江县	0.368 7		靖州县	0.266 5	
宁乡市	0.808 9		桃源县	0.368 4		溆浦县	0.266 1	
醴陵市	0.630 4	发达县域	衡山县	0.367 7		沅陵县	0.262 8	
冷水江市	0.594 3		株洲县	0.367 0		隆回县	0.258 1	
攸县	0.566 4		汉寿县	0.358 2		新宁县	0.257 1	
资兴市	0.546 7		南县	0.356 2		新化县	0.252 9	
耒阳市	0.508 9		嘉禾县	0.350 4		辰溪县	0.251 5	
汨罗市	0.492 4		祁东县	0.349 6		双牌县	0.251 2	
韶山市	0.483 2		宜章县	0.346 9		新田县	0.245 1	
桂阳县	0.479 8		道县	0.340 2		安化县	0.242 9	
吉首市	0.468 2		东安县	0.336 2		江永县	0.242 0	
邵东县	0.463 1	水平较高县域	石门县	0.331 0		泸溪县	0.237 9	
津市市	0.463 1		安乡县	0.326 6		凤凰县	0.237 0	较落后县域
永兴县	0.452 8		蓝山县	0.323 6		龙山县	0.236 9	
湘阴县	0.444 6		宁远县	0.316 3	较落后县域	花垣县	0.235 3	
沅江市	0.440 3		平江县	0.307 0		芷江县	0.231 9	
华容县	0.428 9		炎陵县	0.302 0		绥宁县	0.231 8	
湘潭县	0.427 5		临武县	0.301 3		汝城县	0.228 2	
湘乡市	0.426 8		洞口县	0.298 3		桂东县	0.227 9	
常宁市	0.423 4		武冈市	0.297 8		保靖县	0.226 7	
衡南县	0.420 2		涟源市	0.293 2		会同县	0.222 8	
岳阳县	0.405 2		慈利县	0.292 1		永顺县	0.220 3	
衡阳县	0.402 5		安仁县	0.287 7		麻阳县	0.217 0	
澧县	0.402 5		邵阳县	0.280 6		桑植县	0.213 7	
衡东县	0.399 2		新邵县	0.276 6		新晃县	0.203 2	
临湘市	0.392 2	较落后县域	洪江市	0.273 3		古丈县	0.202 3	
祁阳县	0.386 2		双峰县	0.272 8		城步县	0.202 1	
临澧县	0.377 2		江华县	0.270 7		通道县	0.188 8	落后县域

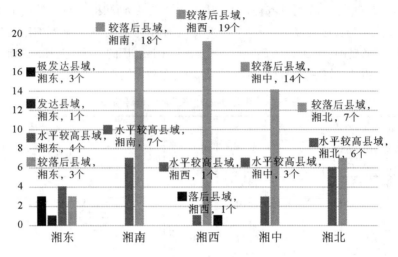

图 3-6　湖南县域经济发展水平的区域分布

3.3.2　新时代湖南县域经济的空间相关性及区域间差异性分析

（一）县域经济发展的空间相关性及区域间差异性的分析方法

为了分析湖南县域经济发展的空间相关性和区域间差异性，我们借助空间统计综合指数和空间统计计量方法和模型，对近年来湖南县域经济发展水平进行统计分析，分析其空间相关性和区域间差异性。首先运用空间统计 Moran´s I 指数以及 Moran 散点图对湖南县域经济发展在地域区位层面存在的空间相关性进行分析研究，然后根据湖南县域经济发展的实际情况设定统计分析方法，采用普通线性模型和空间统计模型对县域经济发展特征进行分析，以揭示湖南县域不同地区间经济发展存在的差异及差异产生的原因。

1. Moran´s I 指数

空间自相关分为全程空间自相关和局部空间自相关。全程空间自相关可以研究在整个研究范围内指定属性的自相关性，局部空间自相关则是分析在特定的局部地点指定属性的自相关性。如果属性之间具有正自相关性，则其相邻位置值与当前位置的值会呈现出较高的相似性。空间自相关性可以通过 Moran´s I 指数度量。

（1）空间权重矩阵

如何利用数学方法建立空间数据和非空间数据之间的关系？空间权重矩阵是一种有效的表达空间数据和非空间数据关系的方式。空间权重矩阵就是用量化的方法表示数据之间的空间结构。事物空间上的相互影响是通过彼此之间的相互联系而得以实现的，空间权重矩阵就是这一作用过程的实现方法。构建空间权重矩阵是研究空间事物相关性的基本前提之一。空间权重矩阵是 N×N 的数据表，N 表示数据集中的要素数量，因此给定行列组合后，其对应的值即为权重，这种权重可根据研究对象是否邻接或对象间的地理间隔距离标准来度量。如果要考虑对象属性对数据关系的影响，还可以根据对象的属性值和空间权重矩阵共同定义一个加权矩阵。空间权重矩阵的一般形式可表示为：

$$
W = \begin{bmatrix} w_{11} & w_{12} & \cdots & w_{1n} \\ w_{21} & w_{22} & \cdots & w_{2n} \\ & \cdots & \cdots & \\ w_{n1} & w_{n2} & \cdots & w_{nn} \end{bmatrix} \tag{3.14}
$$

根据对象间的邻接标准或距离标准，当空间对象 i 和空间对象 j 相邻或在确定距离范围内时，空间权重矩阵的元素以 $w_{ij} = 1$，其他情况为 0，可以定义空间权重矩阵元素为：

$$
w_{ij} = \begin{cases} 1(i\ \text{与}\ j\ \text{相邻或在确定距离内}) \\ 0(i=j\ \text{或其他情况}) \end{cases}
$$

如果考虑对象属性影响，则采用对象的属性值 x_j 和空间权重矩阵共同定义空间权重矩阵，其对应的空间权重矩阵的元素可表示为：

$$
w_{ij}^* = \frac{w_{ij}x_j}{\displaystyle\sum_{j=1}^{n} w_{ij}x_j} \tag{3.15}
$$

根据上述空间权重矩阵的定义，W 是一个对称矩阵，如果 i 与 j 相邻或在确定的距离范围内，则 $w_{ij} = 1$，否则取值为 0。

（2）Moran´s I 指数

Moran´s I 指数是应用较为广泛的一个空间统计参数。对于全程空间自相关性，Moran´s I 指数定义为：

$$
\text{Moran´s I} = \frac{\displaystyle\sum_{i=1}^{n}\sum_{j\neq i,\,j=1}^{n} w_{ij}(x_i - \bar{x})(x_j - \bar{x})}{S^2 \displaystyle\sum_{i=1}^{n}\sum_{j\neq i,\,j=1}^{n} w_{ij}} \tag{3.16}
$$

对于局部位置 i 的空间自相关性，Moran´s I 指数定义如下：

$$
I_i(d) = Z_i \sum_{j\neq i,\,j=1}^{n} w_{ij}' Z_j \tag{3.17}
$$

其中，n 是观察值的个数；x_i 是第 i 个位置或对象的观察值；$Z_i = \dfrac{x_i - \bar{x}}{\sigma}$ 是 x_i 的标

准化变换，$\bar{x} = \dfrac{1}{n}\sum\limits_{i=1}^{n} x_i$，$S^2 = \dfrac{1}{n}\sum\limits_{i=1}^{n}(x_i - \bar{x})^2$。$w_{ij}^{'}$ 按照行和归一化后的权重矩阵（每行的和为 1）为非对称的空间权重矩阵。

按照 Moran's I 指数的定义，其值介于 -1 到 1 之间。当指数值等于 0 时，表示不存在空间自相关性或自相关性是随机的，当指数值大于 0 而且显著时，表示存在正向空间自相关性，当指数值小于 0 而且显著时，表示存在负向空间自相关性。

2. 空间联立自回归模型

联立自回归(SAR)模型是最基本的空间回归模型。考虑到空间相关性，可以提出两种假设：

Y 是空间自相关的，模型形式表示为空间滞后模型：

$$y = \rho Wy + X\beta + \varepsilon \qquad (3.18)$$

误差是空间自相关的，模型的形式表示为空间误差模型：

$$y = X\beta + u, \ u = \lambda Wu + \varepsilon \qquad (3.19)$$

其中，ρ 表示空间相关参数，反映空间自相关性对模型的影响大小，W 表示空间权重矩阵，λ 表示空间误差参数，u 表示一个空间自相关干扰向量矩阵。λ 和 ρ 的值越大，则空间自相关性对模型的影响也越大。对于空间数据，如果假设回归模型中的 $\rho = \lambda = 0$，则空间联立自回归模型转化为经典的线性回归模型，即假设对象间不存在空间自相关性。

实践中常用的空间计量模型包括空间滞后模型和空间误差模型。由于空间因素的存在，空间计量模型的估计和检验也会受到很多影响，这样，传统的计量分析技术对空间计量模型就不再适用。实践中通常采用广义矩方法、空间两段最小二乘法和极大似然估计法（MLE）作为估计空间计量模型的常用方法。在检验研究对象是否存在空间自相关性，以及空间相关分析是采用空间误差模型还是空间滞后模型时，可以运用 Moran's I 指数检验法、拉格朗日乘数形式的 $LMERR$、$LMLAG$ 以及稳健的 $R - LMERR$，$R - LMLAG$ 等检验方法来完成。如果 $LMERR$ 检验 $LMLAG$ 检验在统计上更显著，则采用空间误差模型，否则就采用空间滞后模型。如果 $LMERR$ 检验与 $LMLAG$ 检验的统计显著性没有明显差异，则进一步根据 $R - LMERR$、$R - LMLAG$ 的统计显著性确定采用空间误差模型还是空间滞后模型。关于空间计量模型的整体拟合优度，通常是看调整后的 R^2 值、似然值、似然比率、赤池信息准则值和施瓦茨准则值。似然值越大，赤池信息准则值和施瓦茨准则值越小，说明模型拟合越好。在对经典线性模型拟合优度进行比较时，似然值越大，模型拟合度越好。

（二）湖南县域经济发展的空间相关性及区域间差异性分析

1. 样本数据及计算

为了分析湖南县域经济发展的空间相关性和区域间差异性，我们选取湖南98个县域为研究对象，以各县域地区生产总值代表经济发展，所有指标数据均来源于《湖南统计年鉴》或根据《湖南统计年鉴》公布的数据计算获得。样本数据为2016年一个年度的截面数据。分析方法采用标准线性模型和空间滞后模型两种模型分析，分别采用普通最小二乘法（OLS）和极大似然估计法（MLE）对两种模型进行估计。

2. 湖南县域经济发展的空间相关性分析

（1）湖南县域经济发展空间相关性概述

考虑到计量分析的便利，我们对湖南98个县域以所属市（州）为对象，图3-7是湖南14个市（州）的县域经济总量及地理分布示意图。首先，从图3-7可以看出，湖南省经济发展水平最高的是长沙市，其2016年县域地区生产总值总量为3 600.3亿元，占全省地区生产总值总量的19.48%，其次是衡阳市、岳阳市、郴州市和常德市，它们的县域地区生产总值总量都超过1 500亿元，这些县级市都有优越的地理条件，衡阳、郴州紧邻广东，是湖南的南大门，岳阳、常德则是湖南环洞庭湖发展重点地区；株洲、邵阳、怀化、永州的县域地区生产总值总量都超过1 000亿元；张家界、湘西的县域经济相对落后，其县域地区生产总值总量分别为249.25亿元和555.1亿元。其次，从湖南县域经济总量分布情况可以看出，湖南省14个市（州）的县域经济增长水平具有较高的空间集聚性，而且是以省会长沙为核心，向周边市（州）呈放射状、阶梯形分布。总体来看，14个市（州）中县域经济发展水平相对较高的地方基本上集中在长株潭和环洞庭湖地区，县域经济发展水平相对较差的地方则主要位于大湘西地区。相关数据初步表明，湖南县域经济发展呈现出较高的空间相关性，湖南县域经济发展水平明显受到邻接地区的影响。

分地区县域经济总量:
(单位: 亿元)

长沙: 3 600.3
株洲: 1 321.97
湘潭: 745.7
衡阳: 1 885.9
邵阳: 1 245.11
岳阳: 1 775.84
常德: 1 545.4
益阳: 869.75
张家界: 249.25
永州: 1 013
郴州: 1 633.93
娄底: 993.57
怀化: 1 050.24
湘西: 555.1

图 3-7　湖南省分地区各市 (州) 县域经济总量 (2016 年)

（2）湖南县域经济发展的 Moran 散点图分析

为了更好地分析湖南县域经济发展的空间相关性，我们进一步采用相对地区生产总值发展水平 [$Ln(GDP)$] 绘制各县域 $Ln(GDP)$ 的 Moran 散点图 (图 3-8)。从图 3-8 可以更加进一步反映湖南省各市 (州) 的县域经济发展水平在空间上的相关性。图 3-8 分为四个象限，第一象限表示本地属性 (县域经济发展水平) 高水平与相邻属性高水平相邻，第二象限表示本地属性低水平与相邻属性高水平相邻，第三象限表示本地属性低水平与相邻属性低水平相邻，第四象限表示本地属性高水平与相邻属性低水平相邻。就我们分析的湖南省 14 个市 (州) 而言，其县域经济发展水平聚集类型为 [详见表 3-15，为简单起见，以市 (州) 为地域单位]：在第一象限分布的地区包括长沙市、株洲市、岳阳市、衡阳市、郴州市，这一区域为经济增长水平较高市 (州) 的聚集区；第二象限分布的地区包括湘潭市、张家界市、永州市、娄底市、益阳市，该区域表示本地县域经济发展水平相对较低，但与县域经济发展水平较高的地区相邻；分布在第三象限的地区包括邵阳市、湘西土家族苗族自治州、怀化市，这一区域为县域经济发展水平较低市 (州) 的聚集；第四象限包括常德市，其本身的县域经济发展水平较高，但周边地区的县域经济发展水平相对较低。

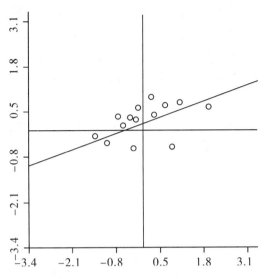

图3-8　湖南省各市（州）县域的 Moran 散点图

表3-15　湖南县域经济发展空间集聚类型

集聚类型	象限	市、州
高-高	I	长沙市、岳阳市、株洲市、衡阳市、郴州市
低-高	II	湘潭市、张家界市、永州市、娄底市、益阳市
低-低	III	邵阳市、湘西土家族苗族自治州、怀化市
高-低	IV	常德市

经计算，地区 $Ln(GDP)$ 的 Moran's I 指数值为 0.516 1，空间正相关性表现得较明显、相关程度较高。该结论也进一步说明了湖南省不同市（州）县域经济发展确实存在地理空间上的相关性。所以，在分析湖南省整体经济发展水平的差异时，空间相关因素的影响不容忽视。

3. 湖南县域经济发展区域间差异性分析

由前面的分析可知，湖南县域经济发展存在较明显的空间相关性和区域间差异性。按照 Anselin（2004）的判断准则，我们选择空间滞后模型［式（3.18）］进行经济发展的区域间差异性分析较合适。

结合前面的分析，分别对模型 $y = X\beta + \varepsilon$ 进行最小二乘法回归（OLS）分析和引入空间变量后构建空间统计模型 $y = \rho Wy + X\beta + \varepsilon$ ［式（3.12）］进行空间统计分析。其中，y 表示湖南省各市（州）地区生产总值的对数值，即 $Ln(GDP)$，X 表示湖南县域经济发展的影响因素向量，β、ρ 为待估参数，W 表示空间权重矩阵。这里我们分别采用地理权重矩阵和地理权重矩阵基础上的经济加权矩阵。具体定义如下：

（1）地理权重矩阵：$W = (w_{ij})_{n \times n}$，$w_{ii} = 0$；如果地区 i 与 j 相邻，$w_{ij} = 1$；否则 $w_{ij} = 0$。对于湖南省 14 个市（州）而言，其地理位置的邻接关系如表 3-16 所示。

表 3-16 湖南省 14 个市（州）在地理位置上的相邻关系

编号	地区	相邻地区	编号	地区	相邻地区
1	长沙	2，3，6，9，13	8	张家界	7，12，14
2	株洲	1，3，4，10	9	益阳	1，6，7，12，13
3	湘潭	1，2，4，10	10	郴州	2，4，11
4	衡阳	2，3，5，10，11，13	11	永州	4，5，10
5	邵阳	4，11，12，13	12	怀化	5，7，8，9，13，14
6	岳阳	1，9	13	娄底	1，2，4，5，9，12
7	常德	8，9，11	14	湘西	8，12

（2）经济权重矩阵：用 $\widetilde{W}$ 表示经济权重矩阵，该矩阵是对地理权重矩阵进行经济影响加权而得到的权重矩阵。其定义为：$\widetilde{W} = W \times E$，其中 W 为地理权重矩阵，E 是量化地区间经济差异的权重矩阵。

本书中地区间经济差异用各市（州）实际地区生产总值占 14 个市（州）县域地区生产总值之和的比重表示，即

$$\widetilde{W} = W \times diag(\frac{g_1}{\bar{g}}, \cdots, \frac{g_n}{\bar{g}}) \tag{3.20}$$

其中，g_i 表示地区 i 的 GDP，$\bar{g} = \frac{1}{n} \sum_{i=1}^{n} g_i$ 表示所有地区的平均地区生产总值。

为了使模型更具有解释力，使分析结果更加科学、客观，我们对比分析了模型的合理性，采用普通最小二乘法（OLS）和极大似然法（MLE）分别对非空间统计模型 $y = X\beta + \varepsilon$ 和带不同空间权重矩阵的空间滞后模型 $y = \rho Wy + X\beta + \varepsilon$ 和 $y = \rho \widetilde{W}y + X\beta + \varepsilon$ 进行估计和检验，结果如表 3-17 所示。

表 3-17 湖南县域经济发展空间计量分析结果

影响因素	非空间统计模型	空间统计模型	
		空间邻接权重 W	经济加权权重 $\widetilde{W}$
x_1	0.065 2（0.051 1）	0.070 8（0.040 8）	0.071 9（0.041 5）

表3-17（续）

影响因素	非空间统计模型	空间统计模型	
		空间邻接权重 W	经济加权权重 $\widetilde{W}$
x_2	0.065 6（0.042 5）	0.062 7（0.043 3）	0.063 1（0.041 3）
x_3	0.055 5（0.056 9）	0.062 2（0.045 7）	0.063 9（0.049 6）
x_4	-0.064 2（0.067 8）	-0.063 1（0.061 3）	-0.059 9（0.062 5）
x_5	0.065 1（0.069 4）	0.062 8（0.067 7）	0.064 1（0.068 2）
x_6	0.054 1（0.032 6）	0.057 2（0.032 3）	0.058 3（0.031 7）
x_7	0.059 1（0.051 4）	0.063 2（0.050 6）	0.064 1（0.051 1）
x_8	0.055 1（0.063 1）	0.060 2（0.062 2）	0.061 4（0.060 5）
x_9	0.014 1（0.075 8）	0.042 3（0.069 7）	0.043 5（0.068 4）
x_{10}	0.060 1（0.049 6）	0.071 3（0.040 2）	0.073 4（0.039 3）
x_{11}	0.057 1（0.045 2）	0.065 3（0.043 5）	0.063 1（0.042 1）
x_{12}	0.063 8（0.053 6）	0.063 1（0.052 4）	0.062 9（0.051 9）
x_{13}	0.057 3（0.084 1）	0.061 6（0.081 1）	0.062 3（0.082 3）
x_{14}	0.040 6（0.079 9）	0.045 7（0.075 9）	0.046 9（0.076 1）
x_{15}	0.061 2（0.068 7）	0.070 1（0.069 8）	0.068 9（0.070 1）
x_{16}	0.066 2（0.090 1）	0.065 2（0.089 8）	0.063 4（0.088 6）
x_{17}	-0.064 9（0.084 4）	-0.061 0（0.083 5）	-0.060 8（0.082 6）
x_{18}	-0.064 2（0.076 3）	-0.063 1（0.075 8）	-0.061 9（0.749 0）
R^2	0.968 5	0.986 7	0.987 1
ρ		0.272 1（0.009 6）	0.281 9（0.009 4）
$Sigma2$		0.001 1	0.001 1
$Log-L$		803. 553 1	804. 125 4

注：（ ）内数字表示对应的 p 值。

表3-17 的结果表明，无论是空间邻接加权矩阵模型还是经济加权模型，其拟合性能较普通线性模型都有所提高，模型的拟合效果更好。首先表现在解释变量的显著性水平上，相对于非空间统计模型，空间计量模型中大部分解释变量的显著性概率有所降低；其次，空间计量模型中修正的 R^2 得到了提高，而且根据空间统计模型的对数似然值判断标准（对数似然值是空间计量模型最重要的模型，似然值最大的模型拟合优度最好）拟合优度衡量指标，经济加权矩阵对应的空间计量模型的对数似然值 $Log-L$ 大于空间邻接加权矩阵对应空间计量模型的对数似然值 $Log-L$，所以经济加权矩阵对应的空间计量模型有着更好的拟合优度。因而我们可以断定经济加权矩阵对应的空间计量模型

的拟合优度在三个模型中最好，解释力最强、最合理。

由表3-17的分析结果可知，对湖南县域经济发展区域间差异性影响较显著的因素包括物质资本存量（固定资产投资）、高技术人才（县域每万人口中普通高校在校生人数）、就业率、科研投入、对外开放程度、三次产业比、城镇化水平，非物质资本存量、技术水平的进步、经济发展过程中的对外开放度和社会城镇化发展水平等因素对县域经济发展的区域间差异性具有一定的影响。事实上，物质资本是所有影响经济增长的因素中最重要的要素，不同地区或部门对物质资本投入数量的多少和物质资本投入质量的高低都直接影响该地区或部门的生产规模大小、生产方式的选择，最终也会影响其产出效率。同样，在一个地区的经济发展过程中，其对外开放程度越高，它的国内外贸易往来也越多，经济发展无疑会越活跃，经济发展也就越快；城镇化水平对一个地区的经济发展影响较大，是因为城镇居民整体消费水平高于农村，城镇居民数量越多，社会消费总需求就越大，对经济发展的拉动作用自然也越大；科技投入、技术进步也是经济发展的主要拉动因素，R&D投入越多，技术水平越高，经济发展速度也越快。这些都直接影响着区域经济发展在地理空间上的相关性和区域间差异性。

3.4 新时代湖南县域经济发展面临的挑战和存在的问题

3.4.1 面临的挑战

（1）经济新常态下稳增长与调结构面临两难抉择。大多数县域经济发展既面临"三期叠加"的矛盾，也面临这样或那样的特殊困难，特别是在稳增长与调结构上面临两难抉择。加大转方式、调结构的力度需要深化改革、强化市场约束、促进优胜劣汰，长期来看无疑有利于保持发展活力、控制风险，短期内则有可能导致县域经济增速下滑，加大风险和矛盾；而如果把短期内经济增速看得过重，则势必放慢促改革、转方式、调结构的步伐，长期来看就有可能导致县域经济陷入增长下滑、风险加剧、改革难以为继的恶性循环。

（2）产业升级换代下产业转移与低端产业面临艰难选择。加快传统产业的升级换代，对于保持经济好中求快，提升产业发展水平，进一步加快转变经济发展方式，在新的起点上推动县域经济科学发展具有重大意义。从全省范围看，湖南具有良好的资源禀赋和产业基础，生产要素成本低，配套能力强，并且具有和南部珠三角地区地缘接近的区位优势，是珠三角向中西部产业转移和经济辐射的"桥头堡"。近年来,湖南始终把发展外向型经济作为县域经济可持续发展的重点来抓,产业转移规模保持快速增长态势。在湖南各县域承接的转移产业中,有科技含量高的高端产业,但也有处于产业链和商品链低端的一般制造业和传统加工贸易业。在产业升级换代的背景下,将面临产业转移与低端产业的艰难抉择。简单依靠土地、劳动力等要素成本低的优势过度承接低端产业,不但无法缩小湖南县域经济与沿海发达县份的经济差距,而且还有可能陷入"增长中的贫困"这一低水平的经济循环;而一味排斥转移低端产业,则有可能丧失这个难得的发展机遇,最终对县域经济发展不利。

3.4.2 存在的主要问题及对策

(一)问题

(1)县域经济综合实力有待提升。从综合竞争力来看,根据国家工信部所属的赛迪智库发布的《2017年中国县域经济百强白皮书》,湖南仅有长沙县、浏阳市、宁乡市、醴陵市四县(市)入围全国县域经济百强,分列第7位、第17位、第26位、第96位,与东部沿海省份相比总量相差较大。从经济规模来看,2016年,湖南省仅有长沙县、浏阳市和宁乡市的地区生产总值达到1 000亿元以上,仅有醴陵市达到500亿元,仅有耒阳市达到400亿元,由此可见湖南县域经济规模相对偏小。从城乡居民收入来看,2016年,县域城镇居民人均可支配收入26 128元,农村居民人均可支配收入12 510元,城镇居民人均可支配收入是农村居民的2倍多,差距还是比较大的。

(2)县域经济与城市经济发展不协调。根据对湖南省14个市(州)县域经济的考察可以发现,县域经济发展速度明显低于城市经济,县域经济在所在市(州)的经济总量中的占比相对较小、差距较大,且这种差距还在逐步拉大,虽然县域经济的绝对量也在增长,但其相对量呈现下降趋势。同时,县域经济与城市经济仍然存在"两张皮"的问题。一方面,城市对县域的辐射带动作用不强,辐射的传导机制尚未真正形成,城市与县域在产业整合、分工协作等方面还没有形成有效的协作机制和紧密的产业链与配套关系;另一方面,城市与县域仍然相互独立,客观上仍然存在着城市与县域争人才、争项目、争资金、争资源等问题,县域受自然、交通等条件限制,很难争得过城市。因此,缺人才、缺资金、缺政策、缺项目是县域经济普遍面临的问题,严重制约了县域经济的发展。

(3)县域经济区域发展不平衡。湖南省经济基础好、经济总量大、发展势头强的县域,基本集中在长株潭、环洞庭湖、湘南等地区板块。2016年,在湖南县域经济地区生产总值排名前 20 位中，长株潭地区有 7 个，环洞庭湖地区有 5 个，湘南地区有 7 个。其他县域由于经济基础较差、资源匮乏、财力紧张，发展速度越来越跟不上。全省 87 个县域中还有 51 个县（市、区）被列入国家、省扶贫工作重点县以及连片特困地区，其人均地区生产总值和人均地方财政收入，均仅为全省县域平均水平的 60% 左右。2016 年地区生产总值总量最大的长沙县为 1 280.3 亿元，总量最小的古丈县为 23.7 亿元，两者相差 53 倍。

（4）产业结构调整压力较大。县域经济发展肩负着壮大经济总量和优化发展质量双重任务，县域服务业发展相对滞后，经济转型面临攻坚。2016 年，湖南县域三次产业结构为 15.3：47.2：37.4，尽管较往年产业结构数据有所优化，但与全省相比，第二产业占比高 5 个百分点，第三产业占比低 9 个百分点；与全国平均水平相比，第一产业和第二产业占比分别高出 6.7 个和 7.4 个百分点，而第三产业占比低 14.2 个百分点。部分县域经济仍以传统农业为主，现代农业刚刚起步，片面追求产量和产值的增长，而对农产品质量、产品结构和农业效益等关注不够。此外，农业的种养、加工、流通等环节相互脱节，利益联系不紧密，导致效率低下。部分县域经济处于工业化初期，经济结构单一，深加工能力不强，县域工业生产的基本方式仍然是粗加工为主要形式的粗放式经营，深加工企业很少，具有特色的深加工企业更少；产品档次不高，科技含量低，主导产品和优势产品少，难以形成积累和提升自我发展能力，严重制约了县域工业的发展。

（5）开放发展程度不高。以醴陵市为例，2015 年地区生产总值为 580 亿元，在全国县域经济中排名第 96 位，但 2016 年进出口额仅为 21 亿元，外贸依存度为 3.62%，且出口业务占 95% 以上，进出口比例严重失调。出口产品主要为资源型产品。缺乏高新技术、高附加值的出口产品，容易受国际贸易市场波动的影响。县域经济产业结构不优，支撑外贸工业发展的大项目少，对外贸易基础薄弱，生产技术受限，导致产业结构不优，生产出的产品层次不高，行业竞争无序。此外，部分县域领导干部开放意识不强，围绕财税抓经济的思路还没有根本改变；外贸配套平台建设滞后，外汇、退税等县域分支机构不够健全，企业办事不方便。

（二）对策

县域经济发展必须深入贯彻落实新发展理念，从推进新型工业化、调整产业结构、提高产业技术水平、发展新兴产业、加大教育投入、改善县级财政状况、加强对务工人员的职业技术培训、加快农村劳动力的转移等方面着手，推进县域经济又好又快发展。

（1）改革行政管理体制，优化县域经济发展环境。要改革完善县域经济发展考核评价机制，纠正单纯以经济增长速度评定政绩的偏向，侧重从经济发展、经济结构、民生改善和生态建设等多个方面对县域经济发展进行综合考评，将县域经济发展考评工作纳入常规统计工作之中，同时加强县域经济发展考评结果的开发与应用，引导各县域加快转变经济发展方式，推动实施乡村振兴战略，实现城乡统筹发展。要进一步加强政府职能转变，减少行政审批环节，真正改变目前县级政府"有限权力"却"无限责任"的不合理状况，进一步下放行政审批权限。要结合政府职能转变，大力推进"放管服"改革，着力简化项目审批流程，精简优化政府机构设置，尽量减少政出多门、多头管理，有所为有所不为，将有序地"放"与有重点地"管"有机结合起来，确保释放活力与加强监管同步推进。

（2）重视县域特色发展，重点推进工业化进程。湖南各县域经济资源禀赋贫富不均，发展的区位条件千差万别，各有优势，发展各具特色。政府对县域经济发展应根据各县域的特点出发，从政策指导、发展规划、分类支持等方面区别对待。首先，县域经济的发展要从全省的高度出发，根据各县的实际特点，如资源禀赋、传统优势、经济结构、产业结构等，对其进行定性分类，并据此出台相关的政策性文件，鼓励县域经济的差异化错位发展。其次，县域经济的发展要重视长远发展规划。长远发展规划的制定既要根据当地实际情况与特色，又要突出其主导产业，着力发展绿色、环保、科技产业。再次，要加快工业园区建设，实行退出机制，引导和鼓励县级财政向工业园区建设倾斜，重点建设一批产业集群水平高的工业园区，促进县域经济的发展。最后，要紧紧围绕战略性新兴产业、工业主导产业和现代服务业，做好招商引资与项目规划，加快引进一批投入产出比率大、集约用地水平高、财税增长快、技术支撑强的项目。

（3）加大财税金融支持，突破县域发展的资源限制。湖南县域经济发展水平不高，财力和人力资源制约是其发展瓶颈。因此，县级政府一方面应在财政上给予大力支持，建设县级融资平台；另一方面又要加强县级政府人才队伍建设，增加县域经济活力，提高经济发展效率。政府应进一步调整省、市、县的财权、事权分配格局，推进行政扁平化发展，合理调高划给县域的增值税、所得税比例，重新确定利益分配关系，适当扩大县级的税收规模，增强县级财力。针对融资难的问题，政府应制定县域融资政策，大力建设县级融资平台，强化县域金融服务功能。要探索出台吸引高端人才的政策措施，创新人才引进机制，大胆使用"季节性人才"；积极发挥专家"外脑"作用，邀请专家学者、咨询公司为县域经济发展把脉开方；大力发展职业教育，切实培育县域技能型人才。

（4）加大对外开放力度，提升县域经济发展水平。要牢固树立开放意识，坚定不移实施开放带动战略，将开放作为推动县域经济发展的战略举措。要进一步完善招商引资政策，搭建招商引资平台，创新招商引资方式，扩大招商引资规模，提高利用外资质量。注重引进合作意愿强烈、外贸经验丰富、管理机制灵活的中小型民营企业。注重引资与引智结合，加强培养和引入适应县域经济发展需要的各类外贸人才，为县域开放型经济发展提供强有力的组织保证和人才保障。要将外贸出口作为开放型县域经济发展的增长极，积极扩大外需市场，鼓励开展加工贸易，实现对外贸易从劳动密集的制造环节，向产业价值链的上下游攀升，积极培育县域出口龙头企业，打造自主出口品牌，争取形成一批外贸市场竞争力强的县域支柱产业和品牌产品。要充分考虑自身的优势特色以及与邻近区域的合作互补，主动融入区域经济，主动参与区域内产业分工和协作，实现区域共赢互补。积极推进以产业为引领、以城市为载体、以人为根本的"三位一体"产城融合模式，为开放型县域经济发展奠定良好基础。

3.5 新时代湖南县域经济发展的难题

3.5.1 发展定位与发展路径

县域经济发展定位与发展路径在很大程度上决定了县域经济的发展水平和发展质量，进而决定了县域经济发展的基本竞争力。在新时代，湖南县域经济发展要转变发展理念，坚持以创新、协调、绿色、开放、共享五大发展理念为引领，因地制宜，明确发展定位与发展路径。

当前，湖南县域经济发展过程中存在定位不准、路径不优的问题如定位意识模糊或定位准确度不高；粗放型发展方式依然存在、创新发展不足等。

3.5.2 城乡统筹与区域协调

自改革开放以来，我国实施了以发展工业化与城镇化为主要路径的经济社会发展道路。然而，伴随着我国工业化与城镇化进程的不断发展，我国面临着传统农业逐渐衰落、农村逐渐衰败、农村劳动力人口流入城市并导致农村"空心化"等问题，城乡差距、区域差距、乡村产业凋敝等问题依然存在，并困扰着中国成功跨越"中等收入陷阱"以步入更高收入国家行列。如，城乡产业发展不平衡和农村产业发展不充分，农村产业发展缺乏活力；城乡产业关联度不高；多年的城乡发展偏向和工业优先发展的策略，使得城乡产业还处于市场联系不顺畅、产业关联度不高和产业一体化发育程度较低的问题。

3.5.3　生态保护与绿色发展

县域作为县级行政区划的地理空间，包含广阔的草地、山林、溪流、江河、湖泊与农田等自然生态资源，是城乡的重要生态屏障，是建设美丽中国的主战场。在加快县域经济发展中要注重经济与人口、资源和环境的协调，要坚守生态底线，坚持绿色发展。从改革开放到现在，经过40余年的发展，湖南县域经济发展已经取得了令人瞩目的成绩，但成绩的背后大多是以牺牲环境为代价的。在经济和社会发展的新时代，如何既保持经济的持续发展，又保护好生态环境，是一个县域政府必须面对的现实问题。

3.5.4　人力资本与创新驱动

当前，影响经济社会协调发展的城乡差距、区域差距，在很大程度上是由科技差距造成的，而且主要是由县级基层科技差距造成的。县级科技工作作为建设创新型国家的重要环节，主要承担着科技成果转化和推广应用的艰巨任务。事实表明，没有科技创新能力的提升，没有科技的进步，县域经济是不可能持续快速发展的。科技创新能力和水平已经成为衡量一个企业、一个地方核心竞争力的关键；成为推动经济、社会协调发展的关键；成为决定县域经济能否快速、可持续发展的关键。因此，在新时代，湖南要实现城乡统筹，实现乡村振兴，促进县域经济可持续发展，关键在于各县域能否充分发挥科技进步的支撑和带动作用。推进科技创新，已成为有效解决湖南各县域人力资本与创新驱动难题的关键。

3.5.5　产业发展与特色经济

2016年3月，我国《国民经济和社会发展第十三个五年规划纲要》正式发布，其中特别提出：培育发展充满活力、特色化、专业化的县域经济，提升承接城市功能转移和辐射带动乡村发展能力，依托优势资源，促进农产品精深加工、农村服务业及劳动密集型产业发展，积极探索承接产业转移新模式，融入区域性产业链和生产网络。可见，发展特色县域经济是"十三五"时期我国推动城乡协调发展的重要抓手，推进产业结构优化则是实现上述目标的基本方略。

近年来，湖南县域产业获得了快速发展，县域产业结构不断优化，县域产业竞争力不断增强。尽管如此，湖南县域经济产业发展仍存在诸多问题，如产业结构层次总体偏低、区域产业发展不协调等。

3.5.6　发展环境与资源要素

经济新常态的一个重要方面是，支撑未来中国经济发展的自然环境承载力已经达到自然的极限，以往"三高"（高能耗、高污染、高投入）的粗放型发展方式已经难以保证经济的可持续发展。新常态要求的经济绿色化，本质是实现经济发展和生态保护的和谐统一，用生态绿色的方式推进经济结构的转型和升级，形成绿色生产和生活方式。如何解决资源要素的合理分配和实现发展的同时保护好环境，是新时代湖南县域经济健康有序发展的重要前提，也是新时代湖南县域经济发展的难题。

4 新时代湖南县域经济发展比较分析

4.1 湖南县域与全国百强县平均水平的比较

近年来，湖南把做大做强县域经济作为富民强省的重要抓手，因地制宜加快县域经济创新发展。2018 年和 2019 年，全省经济十强县中有长沙县（2018年全国第 7 位、2019 年全国第 9 位）、浏阳市（2018 年全国第 15 位、2019 年全国第 14 位）、宁乡市（2018 年全国第 18 位、2019 年全国第 20 位）和醴陵市（2018 年全国第 76 位、2019 年全国第 91 位）名列全国百强县，其余经济强县正在加快发展，力图进入全国百强县行列。本章重点对湖南经济十强县的相应指标与全国百强县进行对比，通过比较分析找出湖南县域经济未来发展的努力方向和思路以及全国百强县经济发展对湖南县域经济发展的启示。

4.1.1 全国百强县经济发展特点

对比分析湖南经济十强县与全国百强县经济发展，发现全国百强县经济发展具有以下突出特点：

（一）经济总量较大

2016 年全国百强县平均人口规模为 88 万人，县域生产总值平均 821.8 亿元，分别是湖南十强县平均水平的 1.1 倍和 1.3 倍。全国百强县一般公共预算收入平均 65.3 亿元，是湖南十强县平均水平的 1.3 倍。全国百强县金融机构各项贷款余额平均为 669 亿元，是湖南十强县平均水平的 2.5 倍。全国百强县中排第一位的江苏省昆山市可以用"富可敌省"来形容，其县域生产总值为3 160.3 亿元，是长沙县的 2.5 倍。

（二）人均水平较高

2016 年全国百强县人均生产总值为 93 524 元，是湖南十强县平均水平的 1.2 倍。全国百强县的人均财政收入为 7 436 元，是湖南十强县平均水平的 1.2 倍。全国百强县的城镇居民人均可支配收入为 38 889 元，是湖南十强县平均水平的 1.2 倍。江苏省昆山市人均生产总值和人均财政收入分别为 191 116 元和 19 286 元，分别是湖南十强县平均水平的 2.5 倍和 3.1 倍。

（三）质量结构较优

2016 年全国百强县第二、三产业增加值占县域生产总值的比重为 94.2%，比湖南十强县平均水平高 3.5 个百分点；一般公共预算收入与县域生产总值的比值为 8%，与湖南十强县平均水平基本相当。江苏昆山市第二、三产业增加值占县域生产总值的比重和一般公共预算收入与县域生产总值的比值分别为 99% 和 10.1%，分别比湖南十强县平均水平高 8.3 个和 2 个百分点。

（四）发展动力较强

2016 年全国百强县全社会固定资产投资额平均为 540.9 亿元，是湖南十强县平均水平的 1.1 倍；全社会固定资产投资额比 2015 年增长 9.6%，比湖南十强县增速快 1.7 个百分点。全国百强县全社会消费品零售总额平均为 298.9 亿元，是湖南十强县平均水平的 1.7 倍；全社会消费品零售总额比 2015 年增长 21.7%，比湖南十强县增速快 8.2 个百分点。江苏昆山市全社会固定资产投资额和全社会消费品零售总额分别为 757.4 亿元和 815 亿元，分别是湖南十强县平均水平的 1.6 倍和 4.7 倍。

由此可见，全国百强县具有经济总量较大、人均水平较高、质量结构较优和发展动力较强等特点，湖南经济强县要入围全国百强县，就必须从以上四个方面取得突破和实效（见表 4-1）。

表 4-1　2016 年湖南县域主要指标与全国百强县对比情况

类别	指标	单位	全国百强平均	湖南十强平均
总量指标	地区生产总值	亿元	821.8	615.4
	一般公共预算收入	亿元	65.3	49.7
	金融机构各项贷款余额	亿元	669.0	270.3

表4-1(续)

类别	指标	单位	全国百强平均	湖南十强平均
均量指标	人均生产总值	元	93 524	77 120
	人均财政收入	元	7 436	6 224
	城镇居民人均可支配收入	元	38 889	32 039
	农村居民人均可支配收入	元	20 213	20 534
质量指标	第二、三产业增加值占县域生产总值的比重	%	94.2	90.7
	一般公共预算收入与县域生产总值的比值	%	8.0	8.1
活力指标	全社会固定资产投资额	亿元	540.9	472.8
	全社会固定资产投资额增速	%	9.6	7.9
	全社会消费品零售总额	亿元	298.9	172.9
	全社会消费品零售总额增速	%	21.7	13.5

注：数据来源于2016年全国各县市统计公报、快报数据。

4.1.2 湖南十强县与全国百强县综合实力差距比较

全国县域经济专门研究机构、社会智库中郡所发布的《2016县域经济与县域发展报告》竞争力排名显示，湖南十强县中有四个县入围百强县，分别是长沙县第7位、浏阳市第19位、宁乡市第35位和醴陵市第73位。按照《全国县域百强综合实力指标体系》，对2016年度各县市综合指数进行测算（原郫县改为郫都区，不纳入计算，加入湖南资兴市进行测算）。测算结果显示，湖南的长沙县排第5位、浏阳市排第15位、宁乡市排第29位、醴陵市排第88位、资兴市排第100位。根据测算方法，把湖南十强县中桂阳县、湘潭县、冷水江市、永兴县和攸县进行综合实力指数测算，计算出湖南十强县平均指数，与全国百强县平均指数进行对比研究（见表4-2），以找出差距。

（一）湖南十强县综合实力差距分析

从测算结果来看，湖南十强县平均综合实力指数为52.5%，比全国百强县平均综合实力指数低10.9个百分点。从总量指标来看，湖南十强县平均指数为19.8%，比全国百强县平均低7.6个百分点，其中经济总量指数低于全国百强县平均5.5个百分点。从均量指标来看，湖南十强县平均指数为12.9%，比全国百强县平均低3个百分点，其中经济均量指数低于全国百强县平均2.7个百分点。从质量指标来看，湖南十强县平均指数为 12.6%，比全国百强县平均低 0.1 个百分点，其中县财贡献指数（一般公共预算收入与县域生产总值的比值）低于全国百强县平均 0.4 个百分点。从活力指标来看，湖南十强县平均指数为 4.3%，比全国百强县平均低 0.6 个百分点，其中消费指数低于全国百强县平均 0.4 个百分点。

表 4-2　2016 年湖南十强县与全国百强县综合实力指数对比

单位:%

对比项目	全国百强县平均指数	湖南十强县平均指数	资兴市	桂阳县	湘潭县	冷水江市	永兴县	攸县
经济总量	23.3	17.8	11	9.2	8.5	7.6	8.2	10.2
金融总量	4.1	2	0.8	1.1	1.5	1	0.7	1.1
经济均量	10.8	8.1	11.7	4.7	3.6	8	5.5	5.3
城乡居民收入	5.2	4.8	4.1	4.1	3.7	4.5	3.8	5
经济结构	2.9	2.8	2.8	2.7	2.5	2.9	2.8	2.6
县财贡献	4.5	4.1	5.3	3.5	3.3	3.4	3.3	3.7
县域民享	2	2.2	1.5	2.8	3.1	1.6	2.2	2.9
城乡差距	2	2	2	2	2	2	2	2
金融风险	1.3	1.6	2.1	2	1.5	1.1	2.2	2
经济增长速度	1.6	2	1.5	1.5	2.8	1.4	1.7	0.8
居民收入增长速度	0.9	0.9	0.9	0.9	0.9	0.7	0.9	0.8
投资	2.6	2.4	1.9	1.9	1.7	1.6	1.7	1.7
消费	2.3	1.9	1.3	1.4	1.3	1.3	1.3	1.5
总指数	63.4	525	46.9	37.7	36.5	37.1	36.2	39.7

注：数据来源于 2016 年全国各县市统计公报、快报数据。

（二）湖南十强县中后五县入围全国百强县的差距分析

从 2016 年度测算结果来看，湖南十强县中已有五县入围全国百强县，其余五县要入围全国百强县还存在一定的差距。桂阳县、湘潭县、冷水江市、永兴县和攸县综合实力指数分别为 37.7%、36.5%、37.1%、36.2%、39.7%，分别比全国排名第 100 名的资兴市低 9.2 个、10.4 个、9.8 个、10.7 个、7.1 个百分点。从综合指数看这五县，攸县与全国百强县的差距最小，永兴县与全国百强县的差距最大。

（1）总体经济实力不强。桂阳县、湘潭县、冷水江市、永兴县和攸县总量指标指数分别为 10.2%、10%、8.5%、8.9%、11.3%，分别比资兴市低 1.6 个、1.8 个、3.3 个、2.9 个、0.5 个百分点。从总量指标指数看，攸县与资兴市的差距最小，冷水江市与资兴市的差距最大。2016 年攸县一般公共预算收入为 24 亿元，比资兴市少 6 亿元。冷水江市差距更大，一般公共预算收入为 17 亿元，比资兴市少 13 亿元；县域生产总值为 288.8 亿元，比资兴市少 35.6 亿元。

（2）人均水平差距较大。桂阳县、湘潭县、冷水江市、永兴县和攸县总量指标指数分别为 8.8%、7.3%、12.5%、9.3%、10.3%，分别比资兴市低 7 个、8.5 个、3.4 个、6.6 个、5.5 个百分点。从均量指标指数看，冷水江市与资兴市的差距最小，湘潭县与资兴市的差距最大。冷水江市经济均量指数为 8%，比资兴市低 3.7 个百分点，主要是因为冷水江市人均生产总值为 83 966 元，比资兴市少 9 663 元；人均财政收入为 4 943 元，比资兴市少 3 729 元。湘潭县经济增量指数和城乡居民收入指数分别为 3.6% 和 3.7%，分别比资兴市低 8.1 个和 0.4 个百分点，主要是因为湘潭县人均生产总值为 38 474 元，还不到资兴市的一半；人均财政收入为 2 226 元，还不到资兴市的三分之一。

（3）经济结构有待改善。桂阳县、湘潭县、冷水江市、永兴县和攸县质量指标指数分别为 12.9%、12.4%、11.1%、12.5%、13.3%，分别比资兴市低 0.8 个、1.3 个、2.6 个、1.6 个、0.4 个百分点。从质量指标指数看，攸县与资兴市的差距最小，冷水江市与资兴市的差距最大。攸县和冷水江市县财贡献指数分别为 3.7% 和 3.3%，分别比资兴市低 1.6 个和 2 个百分点，主要是因为攸县和冷水江市地方财政一般预算收入与县域生产总值的比值分别为 6.4% 和 5.9%，分别比资兴市低 2.9 个和 3.4 个百分点。

（4）经济增长速度偏慢。冷水江市和攸县速度指标指数分别为 2.1% 和 1.6%，分别比资兴市低 0.3 个和 0.8 个百分点。冷水江市县域生产总值、城镇居民人均可支配收入和农村居民人均可支配收入增速分别为 7.1%、6.5% 和 7.5%，分别比资兴市低 1.2 个、2.6 个和 0.5 个百分点。攸县主要是地方财政一般预算收入增速为负 9.5%，比资兴市低 15.5 个百分点。

（5）经济动力亟待加强。湘潭县、冷水江市和永兴县活力指标指数分别为 3%、2.9% 和 3%，分别比资兴市低 0.2 个、0.3 个和 0.2 个百分点。湘潭县、冷水江市和永兴县全社会固定资产投资额分别为 200.4 亿元、218.7 亿元和 286.5 亿元，分别比资兴市少 119.3 亿元、101 亿元和 33.2 亿元。

4.2 全国百强县发展对湖南县域经济发展的启示

全国百强县经济发展经验给我们启示：要全面推进湖南县域经济发展，必须进一步转变观念，牢固树立科学发展观、全面统筹观、正确政绩观，以工业化为核心，带动农业产业化和城镇化发展，以发展民营经济、开放经济、特色经济、劳务经济为重点，大力实施科教兴县战略，注重经济增长方式向集约型转变，增强经济发展后劲，提高可持续发展能力，推动县域经济健康、协调、快速发展。

（一）促进产业集聚，做大经济总量

加快产业集聚是提升湖南经济强县实力的有效途径。从拥有百强县较多的江苏（31 个）、浙江（21 个）和山东（21 个）来看，做大做强经济强县的主要途径就是大力发展支柱产业，促进产业集聚，提高产业配套能力，培育具有竞争能力的产业集群。如排名全国百强县榜首的江苏省昆山市具有电子信息、精密机械、精细化工、民生用品等区域特色鲜明的产业集群。

因此，要大力扶持龙头企业加快发展，带动优势产业和支柱产业做大做强，有效培育产业集群和优势产业链，同时要加快经济强县产业园区建设，为产业集群集聚发展提供坚实平台。

要进一步优化营商环境，努力增强产业园区的产业集聚功能，支持区块链企业尽快做大做强。要进一步明晰园区发展定位，做好支撑服务，推动产业转型升级，服务政府管理和社会治理，服务军民融合。要着力打造产业高端平台，完善平台建设，加强产业研究，为科研院所、高校、企业、金融机构等做好牵线搭桥工作。要进一步增强产业集聚功能，建立专业管理团队，做好精准服务，从道路交通、设施配套、人才政策等方面加强公共服务职能，创造一流的营商环境，提供优质服务，支持园区企业尽快做大做强。

（二）抓产业结构调整，促产业转型升级

支持经济强县走转型发展之路，积极引导企业运用高新技术和先进适用技术改造提升传统产业；鼓励企业在关键技术、关键工艺和关键设备上进行技术创新，切实帮助县域中小企业解决科技开发不足的现实问题。要从囿于传统产业向精准选择新兴产业转变，从资源要素依赖向创新驱动发展转变。依靠技术创新，促进产业上水平、企业创精品，提高经济强县的发展质量和经济效益。

（1）推动产业链建设突破。按照产业链建设的实际状况，采取不同的路径和方式，加快推进产业"建链、补链、强链"，实现产业链资源的优化整合。加快推进新一代信息技术、新材料、生物产业等产业"建链"，整合利用全球创新资源和市场资源，深度参与和融入全球产业链。加快推进高端装备制造、节能环保、住宅产业化等产业"补链"，填补产业技术、关键产品和区域布局等缺失环节，构建完整产业链条。加快推进有色、钢铁、石化、建材、食品等产业"强链"，立足产业技术和特色优势，加快促进产业链向中高端延伸。加快围绕产业链部署创新链、完善资金链，全面提升产业链发展水平和竞争优势。

（2）推动创新能力突破。加快完善科技创新政策支撑体系、技术服务体系和城市群协同创新体系。加强多层次工程（技术）研究中心、工程（重点）实验室和企业技术中心建设，组建新型产业技术创新研究院等创新平台，创建国家制造业创新中心。构建以企业为主体、市场为导向、产学研用相结合的产业技术创新联盟。完善科技成果转移转化制度，改革科技成果处置管理方式，提高科研人员成果转化收益比例，最大限度地激发各类人才创新活力和成果转化动力。完善人才培养、引进和激励机制，加强科技人才、企业管理人才和高技能人才的培养。推进"双创"示范基地和支撑服务平台建设，完善促进"双创"的政策体系，形成全社会支持"双创"的良好氛围。深化科技计划管理改革，建立普惠性政策支持体系，完善技术服务体系，强化知识产权保护和运营，营造良好的创新生态。

（3）推动产业融合突破。大力推进工业化与信息化深度融合，主攻智能制造，支持建设自动化车间和智能工厂，支持"工业云"平台建设，发展基于互联网的个性化定制、众包设计、云制造等新型制造模式，培育大规模个性化定制、远程运维等新业态。加快推进制造业与服务业融合，支持有条件大型装备制造企业向具备系统集成、设备总成、工程总承包能力的提供商转型，由生产环节向研发设计、售后服务、运营管理等领域延伸，积极发展智能家居服务、"互联网+服务"等服务业新模式，促进服务业服务质量和水平的提升。大力推进先进技术与传统产业融合，通过采用高新技术和先进适用技术，对传统优势产业进行改造，促进传统产业向智能化、高端化、绿色化方向发展。

（4）推动品牌建设突破。大力实施质量强省战略，加快质量湖南建设，培育和弘扬精益求精的工匠精神，引导企业深入开展全面质量管理，加强从原料采购到生产销售全流程质量管控，加强质量安全保障体系、质量追溯管理体系建设。支持企业努力争创名品、名企、名牌，打造一批质量稳定可靠的产品，培育壮大一批标志性领军企业，创建一批有特色有影响的知名品牌。加快推进标准化建设，建立健全工业标准体系，围绕新兴产业培育和传统产业改造提升，加快新兴产业标准的研制和传统产业标准的修订。加快服务业标准化步伐，着眼服务业的提质增效，以促进制造业与服务业融合发展和经营管理模式创新为重点，加大服务标准制定实施力度。支持企业参与国家标准和国际标准的制定实施，鼓励企业将发明专利转化为国家、行业或地方标准。

（5）推动产业集聚突破。按照产业园区化、园区专业化、发展高新化的总体要求，推动园区规划布局、产业发展、基础设施全面转型升级。明确主导产业定位，制订发布全省产业园区主导产业指导目录，实施园区产业倍增计划，积极推进服务业示范集聚区创建，实现产业园区建设的差异性和错位发展。强化园区内外公共服务设施的优化布局和无缝对接，推动园区基础设施升级。鼓励园区建设研发设计、检验检测等创新服务机构和公共平台，建立健全园区公共服务支撑体系，提升园区承载能力。加快培育壮大市场主体，推动大企业和中小企业协调发展，促进龙头企业活力更加强劲、中小企业"专精特新"更加鲜明，积极推动以产业链为纽带、资源要素集聚的产业园区建设。

（6）推动对外合作突破。进一步加大利用外资和引进技术的力度，鼓励技术引进和合作研发，积极开展产业链招商，吸引外资企业来湘投资兴业、建设区域总部，支持跨国公司设立研发、结算、数据、采购中心，加大境外高端人才引进力度。抢抓国家"一带一路"倡议、"一带一部"部署、长江经济带、国际产能和装备制造合作等重大战略机遇，加强项目谋划，积极开展与巴西、尼日利亚、俄罗斯等东南亚、中亚、南美、非洲等国家和地区的产能合作，推动特色优势产业拓展境外市场。支持有实力、有条件企业在境外建立生产研发基地，承揽国际工程项目，跨国兼并收购重点企业。推动企业在境外建设合作园区，建设一批国际合作创新中心，实施一批国际科技合作和产业化项目。

（三）抓民生民本工程，促和谐社会建设

目前，一方面湖南县域经济发展的总体水平还比较低，与外省特别是先进省份差距很大；另一方面省内县域间发展极不平衡，差距还在继续扩大，湖南县域经济发展既面临转型又面临发展的双重任务。改善民生是当前现实需要，也是实现缩小差距、共同富裕长远目标的必然选择，更是构建和谐社会的根本要求。要借鉴长沙县的经验，走"以改善民生来缩小差距、促进富裕来提高社会和谐化程度"的转型之路。一方面加大边远区县的基础设施和产业设施投入，另一方面调整市级对市县税收分成比例，确保财力向湘西北、湘西南"两翼"市县和相对困难市县倾斜。

（四）抓特色经济培育，促县域实力增强

县域经济的竞争实力来自特色经济的发展实力。在市场经济条件下，走特色经济之路，是增强县域经济竞争力，实现县域经济可持续发展的有效途径。县域经济要有地域特色，在发展思路上，应因地制宜，一县一策，谋求各具特色的发展道路。

1. 坚持把培育壮大特色经济作为发展县域经济的主攻方向

湖南县域经济中存在较多的"小而全"经济模式，这种经济模式在市场起决定性作用的前提下，存在较多的弊端，如难以形成规模经济、难以获得平均利润、难以保证产品质量、难以采用先进的科学技术等。改变"小而全"的经济模式，必须立足本地，抓住特色，制定符合本地特色的发展思路，找准重点，宜工则工、宜农则农、宜商则商、宜游则游，突出"湘"字号特色品牌，走专业化、规模化、品牌化的路子，促进县域产业从多样化转向特色化。

2. 坚持把壮大民营经济作为县域经济发展的根本出路

湖南省国土面积较大，地形地势复杂，大多数县远离中心城市，大中城市的辐射作用难以企及偏远县市。从湖南省98个县（市）的地区生产总值、财政状况等反映经济发展的指标来看，98个县（市）级财力力量都比较弱，多属"吃饭"财政，没有多余的力量发展经济，而中央和省级财政对县级的转移支付也很有限；县域经济工业发展水平较低，国有企业数量较少，投资力量较弱，也难以带动县域经济发展。由于多数县地处偏远，市场规模狭窄，投资环境较差，在吸引信贷资金、吸引外资上也不具有优势。因此，民营经济是县域经济发展的主力军，县域经济应该依靠民间投资加快发展。针对当前民营经济发展的实际情况，要坚持放开、放活、放手、放胆的方针，加快民营经济发展，努力在民营企业规模上实现突破，在民营企业转变发展方式上实现突破。要鼓励和支持更多的外出务工人员返乡创业、经商，给予他们全方位的支持和扶持，壮大民营经济群体规模。省市有关部门应加强对民营企业转型升级的指导和服务，帮助民营企业家拓宽眼界，推动民营企业转型升级。同时，促进民营经济的发展壮大，不仅是放权、降低成本和放开门槛，而且要求各级政府部门要从不同层面给予支持，也包括政法系统要为民营企业合法合理的财富提供保障，让民营企业、民营企业家放心、宽心、舒心。

3. 坚持把创新创业驱动作为培育发展县域特色产业的动力

创新是国家生生不息的灵魂，也是企业永葆青春的灵魂。要坚持把技术创新作为县域经济发展、转型升级的中心环节。当前，湖南县域创新工作中普遍存在的主要问题是创新意识淡薄，劳动力素质较低；科技推广应用水平不高，资源浪费严重；创新人才缺乏，缺乏足够的创新投入等。我们必须牢固树立科技是第一生产力的观念，大力实施"创新兴县（市）"战略，依靠创新推动县域经济发展。要通过不断的技术创新，有效提升产业竞争力和产品档次。省市科技主管部门要制定促进县域经济科技创新的组织规划，帮助县（市）组织开展科技创新，推动县域产业技术进步，促进中小企业在现有基础上增强技术创新能力，提高市场竞争能力。

5 转变发展理念，破解发展定位与发展路径难题

县域经济发展定位与发展路径在很大程度上决定了县域经济的发展水平和发展质量，进而决定了县域经济发展的基本竞争力。在新时代，湖南县域经济发展要以党的十九大精神为统揽，以习近平新时代中国特色社会主义思想为主导，紧扣当前主要矛盾新变化，转变发展理念，坚持以创新、协调、绿色、开放、共享五大发展理念为引领，因地制宜，明确发展定位与发展路径，推动湖南县域经济提速发展、跨越发展。

5.1 提升政府决策水平，增强政府治理能力

政府决策是指国家行政机关在法定的权力和职能范围内，按照一定的程序和方法做出的处理国家公共事务的决定。政府治理就是指政府在管理活动中，为了达到一定的目标，对各种发展目标和规划以及政策和行动方案等做出评价和选择。

县级政府是我国有着特殊职能的行政层级，具有承上启下的关键作用。它不仅是党和国家以及上级政府方针、政策的执行机关，而且也是本县域经济发展和社会管理的决策机关。县级政府决策理念是否科学、合理，决策水平的高低及治理能力的强弱直接影响着县域经济的科学发展及县域人民生活水平的提高。

5.1.1 湖南县域政府决策存在的主要问题

近年来，随着国家对政府决策的不断重视，湖南县域各级政府决策理念和决策水平较以往有了很大进步：决策理念日趋科学、合理，决策水平不断提

升，有效地促进了县域经济的快速发展。然而，在新时代，湖南县域经济发展政府决策依然存在诸多问题，主要表现在以下几个方面：

（一）县级政府决策中程序意识不强

政策科学认为：完整的决策程序能够有效保障决策科学合理化程度，我们应制定严格的决策程序制度，严格规范决策程序。而当前湖南部分县级政府官员较缺乏程序意识，决策过程中也没有必要的程序控制，没有遵循决策程序的科学原则。往往一项决策的出台不是通过完整的决策程序合理验证得出，而是领导干部想当然，"拍脑袋"得出来的，决策的科学性和决策的质量可想而知。未经科学论证与评估的决策造成重大损失的事例在县级政府中屡见不鲜，特别是县域经济的发展定位和发展路径出现问题，有的造成的损失非常巨大甚至到了难以弥补的境地。

毋庸置疑，权力的扩大伴随着相关责任与义务的增大，合理利用自身权力的同时，还须承担起与之相关的责任与义务。在当前湖南某些县域地方政府的决策中枢系统中，职责关系混乱，程序意识淡薄，缺乏科学明确的职责关系理念。相当一部分的地方政府官员只看到自身权力扩大带来的优势，忽视权力的实质是为人民服务的理念，刚愎自用，不明自己的职责所在。殊不知权为民所赋，"水能载舟亦能覆舟"。有部分地方政府领导官员空有一身为人民服务的理想，却缺乏正确科学的指导思想，很少做到"食民之禄，担民之忧"，出现了一些好心办坏事的现象。

（二）政府决策咨询存在各种不足

一是县级政府决策咨询意识不强。树立正确而科学的决策咨询意识，是地方政府决策实现科学化、民主化的重要保障条件，也是社会主义民主政治建设的重要任务，更是新时代乡村振兴的刚性需求。因此，各县级政府必须要充分发挥专家在决策中的辅助咨询作用，为政府决策出谋划策。当前，湖南部分县级政府存在着这样的现象：咨询人员不是被作为政策参谋来使用，而是被当成秘书班子来使用，他们往往只负责处理一些会议安排事项、通知发放事项等琐碎事务。某些地方政府官员热衷于"屋里拍脑袋，会上拍胸脯，错后拍屁股"。而决策风险责任机制不健全，决策主体不明确，导致专家成为其逃避责任的挡箭牌。有些地方政府决策者更是咨询意识淡薄，不注意发挥专家的辅助作用，专家日益沦为摆设。更有些政府决策者"老虎屁股摸不得"，在听取专家咨询论证、政府决策咨询论证时只愿听取"顺应"自己的，屏蔽那些忠言逆耳的正确意见，甚至对质疑自己决策意见的咨询专家冷眼相看，不予重用。

二是地方政府决策咨询机构水平不高。目前，湖南许多县域决策咨询机构为政策的制定起到了一定的辅助作用。但是仍有不少咨询报告内容空洞，脱离实际，可操作性低，前瞻性的报告更是少之又少。同时，决策咨询方法也不够合理，大多数决策咨询更多的是运用定性分析方法，很少采用定量分析方法。决策咨询工作只是作为一种可有可无的形式，咨询的流程也仅仅就是召开一次专家会议，咨询工作便告结束。决策咨询机构的设置不完善，组成人员配比不合理。离退休人员成了一些地方咨询机构的主要组成人员，虽然他们阅历多而广、知识文化深厚，但创新意识不强，精力不济，惯于墨守成规。而有的地方的咨询机构则成为刚上岗的年轻人的锻炼场所，这些人虽然创新意识强，但是他们存在知识积累有限、认识缺乏深度等局限。大多数咨询机构缺乏对咨询专家团体的知识结构的合理安排，而仅仅关注专家个体素养，结果出现了个体的最优化选择导致了整体的较差组合，从而影响了决策咨询的合理化。同时，还存在着决策的信息化程度不高、网络化程度不够、咨询机构不完善、民间咨询机构发展缓慢等问题。

三是地方政府决策咨询机构缺乏独立性。从咨询机构的本质属性而言，它应该是一个相对独立的研究机构。可有的咨询人员不敢独立思考，随声附和，人云亦云，盲目顺从决策领导的观点，缺乏坚持真理的勇气和科学求实的品质，停留在论证或支持别人意见的从属地位，不敢发表逆耳之言，不敢发表不同意见，反映上去的情况也不是原汁原味的，形成的观点也没有前瞻性，甚至提出的建议也不具备可行性。

（三）县级政府依法决策理念落后

法治不仅能够对公民的权利进行保护，也能对公务员权力进行监督和制约。基于此，政府应该树立依法决策理念，而这一点恰恰是当前县级政府所普遍缺乏的。在政府决策过程中，县级政府有法不依、违法不究的事例屡见不鲜，甚至有一些政府官员为了自身利益，带头违法情况也时有发生。例如，在作为民生关注重点的房地产问题上，中央积极出台多个遏制房价过快增长的房产政策，打压房产泡沫，目的是让普通群众能够买得起房、住得上房。可有些地方政府为了提高所谓的"GDP"，绞尽脑汁钻政策的空子，打擦边球，想尽一切办法，高价出让土地使用权给房地产开发商，致使国家出台的房产政策落不到实处，出现了房价不降反升的现象。究其原因，是一些政府主体没有树立依法决策的理念。

（四）县级政府决策制度建设不够完善和成熟

一是依法决策制度不完善，决策法治化程度低。县级决策制度建设滞后，县级各职能部门也存在这样的问题。有的重大决策未经严格的决策程序，或者决策程序走过场，对决策没有周密的事前审议和协商，便仓促做出。有的地方，"一个领导一个决策、一个思路、一个程序"，决策制度化和规范化程度不够。二是重大决策程序中的公众参与形式化、道具化，尚缺乏一套能使公众参与政府决策的权利得以实现的有效机制。尽管公众参与在政治层面和法律层面得到了高度重视，但是在实际操作上，重大公共决策领域中的公众参与仍存在许多问题。有的决策者或机构会通过一定手段合理规避公众参与，例如征求意见时间短、表述不清楚、参与的广泛性不够等。三是公共决策信息公开不足。许多政府信息公开侧重于决策结果公开，回避满足公众需要和公众关心的实质信息公开、决策过程公开。

5.1.2　提升湖南县域政府决策水平的相关对策与建议

（一）提升县级政府决策者的素质

决策质量的好坏在很大程度上依赖于决策者自身素质的高低，决策者自身素质是决定政策成功与否的重要因素，是衡量一个政府是否真正为人民服务的决定性条件。县级政府决策活动的推动和实现主要依靠决策主体，决策主体是直接影响县级政府决策的首要因素。目前，在湖南县级政府中，决策者自身素质良莠不齐，部分县级政府决策人员素质有待进一步提高。比如政治思想、专业素养、管理水平、知识积累、心理素质等方面。一些决策者做出的决策，都是以自身的或他人的经验为主，不但没有系统知识的指导，没有掌握科学规律，没有掌握科学的决策方法，更加没有决策者们应当具备的民主、公开、公共性理念等，在各种重大问题的处理上有失偏颇，直接影响到决策的最终结果，造成一些不必要的决策失误。

（二）创新县级政府决策理念

思想的解放是社会变革的首要因素，理念创新是一切创新的先导。当前湖南县级政府决策失误和失效现象时有发生，造成县域经济发展定位不准、目标不明、路径不优，究其根本，就在于决策理念的滞后与陈腐。因此，在新时代，湖南县级政府应加强决策理念的创新。

一是树立县级政府决策权力理念。决策权力是指决策主体在决策的过程中对他人的控制力、制约力和影响力。在县级决策理念中，要树立县级政府决策权力的人民理念。领导干部作为权力的行使人，其权力是人民赋予的，决策者是人民的公仆，要在党和政府的统一领导下，遵照为人民服务的宗旨，担负起党和人民赋予的责任。领导干部要把握好人民赋予的权力，做好人民的公仆，就必须心系群众，时刻为群众着想。在县级政府决策过程中，不但要抓住机遇，抓住优势，因势利导，发展经济，而且要时刻想着人民群众，看看人民群众接受不接受、拥护不拥护、执行不执行。时刻想着人民群众，不仅要为现在着想，而且要为未来着想，尤其是未来科技教育、可持续发展，把实现大多数人的最大利益作为自己的人生追求目标。

二是树立民主、公开的决策理念。在过去，决策被认为是政府官员的事情，决策制定者和决策承受者之间缺乏基本的沟通，公众的诉求得不到表达，公众对决策的制定与执行过程产生的影响几乎可以忽略不计，决策缺乏"民主与公开"。民主和公开都是科学决策中必不可少的决策理念。只有民主，决策主体才能不断开拓自己的思维，拓宽自己的眼界，才能广泛听取公众的意见，才能制定出最符合广大人民利益的决策，才能在所辖范围内广布实施。而只有公开，决策主体才能真正约束自己的自私自利行为，将从制定到实施决策的各个环节在透明的环境下进行，公开接受民众的监督，公开各种信息资源，不但有利于处理好干群关系，更可以在决策实施的过程中得到民众的理解和支持，从而使决策得到最大限度的实施。因此，在决策的过程中，应该善用民主和公开的理念，集中全体民众的智慧和积极性，共同推动决策的实施，促进县域经济高效发展。

三是树立责任与法治的决策理念。责任理念是主体对自身所做行为负责的一种主观意识，它能够对主体行为产生约束和激励作用。现代政府应当是"责任政府"，不再是以前那种只管决策而无须负责的政府，必须承担与其权力相应的责任。正如欧文·E.休斯所认为的，对于任何主张民主的社会来讲，责任机制都是一个基本要素。任何政府的运行都需要一套责任机制，只有这样，经济社会发展的齿轮才能有效运转。作为县域范围内的决策主体，县级政府更应该树立决策的责任理念，责任与权力相匹配，权力的大小与责任的大小相当。在责任理念指导下的县级政府决策，就要求县级政府明确自己的责任与职权范围，管对事情、管好事情。只有这样，才能使县级政府决策主体做出有利于维护广大人民群众根本利益的决策。

四是树立咨询与程序的决策理念。社会的发展与前进，是全体人民群众共同努力创建的结果，决策作用于人民，但也必须来源于人民、适用于人民。由此，做决策，就要求政府必须加强对人民的咨询工作。做出决策，必须是在了解人民情况的基础上，不能脱离民众，否则只会让决策成为空想。在做好咨询工作的同时，政府也要注意人民利益的均衡以及社会发展的前瞻性，并据此进行对策性研究。同样，在实施决策的过程中，政府也要充分了解决策实施的情况，广泛听取民众的意见反馈，以达到监督和控制决策效果的目的。这种咨询意识是可以优化决策的。第一，向专家咨询所得的适当信息，可以通过汲取专业的知识及过往的经验与教训来有效避免只靠决策主体决策所产生的问题，并可有效节约决策主体精力；第二，积极听取民众的反馈意见，是明确决策应当解决的问题的关键，在决策的执行过程中所获取的信息反馈，更可以使决策在执行的过程中得到管控，并可为以后的决策积累经验；第三，咨询研究机构、社会听证会、调研机构等都是能有效获取咨询意见的方式，都能客观、有效、及时地为决策主体提供相应的咨询意见。决策程序是从方法到步骤方方面面形式的总和，是政府实施决策行为所依据的法规条例。决策根源于民众并作用于民众，其制定与执行都应有民众参与。民众的参与，将使得决策的制定更加优化，这种优化反映了公平性、科学性，可使民众受益，最终更会使决策主体受益。

(三) 健全县级政府依法决策机制

党的十八大报告指出：坚持科学决策、民主决策、依法决策。党的十八届四中全会做出的决定明确提出：把公众参与、专家论证、风险评估、合法性审查、集体讨论决定确定为重大行政决策法定程序。第一，作为县级党委和政府，要健全依法决策机制、完善党委和政府决策程序、议事规则。重点是要推进县级决策合法性审查机制建设，完善法律顾问制度，确保决策依法合规，推进县级公共决策科学化、民主化、法治化。第二，作为重大行政决策法定程序之首，针对重大公共决策，建立有序、有效和可操作的公众参与制度是当务之急。针对县域决策，从决策质量和公众接受认同两个维度，梳理出侧重于科学决策的重大事项、侧重于民主决策的重大事项，精细化地分类推进决策科学化、民主化。第三，健全信息公开机制。按照以公开为常态、不公开为例外原则，推进决策公开，及时向群众传递决策信息。第四，建立县级重大公共决策绩效评估机制。在重大决策实施后，应当确定机构和人员，通过抽样检查、跟踪调查、效果评估等方式，定期对决策的执行情况进行跟踪与反馈，及时发现决策存在的问题，适时调整和完善有关决策，减少决策失误造成的损失。在对决策绩效进行评估的基础上，对县级重大决策失误实行问责制，探索建立和完善级重大决策终身责任追究与倒查制度。

(四) 营造良好的决策环境

决策环境是指与政府决策有着直接或间接联系的以及对政府决策有着直接或间接影响的各种主客观因素。政府决策及参与决策的所有人员，都生存于一定的环境之中，其决策心理、行为必然要受到相应环境的影响。一方面，行政决策环境决定、限制和制约着行政决策；另一方面，行政决策也必须适应行政环境，换而言之，决策行为就是决策主观条件与客观环境相结合的产物。这就是说，不能把决策科学化仅仅看成是决策者的事，似乎只要决策者提高素质并采用科学的方法，就一定能做出正确的决策，就完全可以避免决策失误。这种看法是片面的。决策者生活在一定的社会环境中，他的决策行为必然要受到社会环境的制约。决策行为实际上是决策者个人的主观因素（动机、智慧、能力、性格、气质等）和社会环境（体制、制度、形势、舆论、气氛等）两方面因素的结合。应当看到，决策的科学化不仅仅取决于决策者（即决策者的主观因素方面，也不是不受约束的），决策环境同样与决策科学化的关系极为密切。因此，营造一个良好的决策环境是十分必要的。良好的政策环境是一个科学正确决策形成的先决条件。必须充分发挥民主集中制，真正做到人人畅所欲言，集思广益。在决策子系统内部，提倡大胆探索创新、小心求证、公平竞争方针，贯彻"百花齐放，百家争鸣"方针。县级政府领导者应充分发挥自身领导作用，摒弃"一把手"负责到底不良作风，提高自身素质，做到"海纳百川，有容乃大"。俗话说"众人拾柴火焰高"，要充分相信群众的力量，发挥他们自身的积极性与创造力，建立起长效的民主决策机制。

5.2　发挥区域比较优势，科学定位县域发展

县域经济是整个国民经济系统中的一个重要组成部分，如何既根据国家的产业政策又根据本地实际情况促进县域经济的发展，是一个亟待解决的理论与现实问题。特别是在建立社会主义市场经济体制过程中，县级在充分利用市场机制的基础上，根据区域优势制定与实施本地经济发展战略，就显得尤为迫切。

认识区域优势是发展县域经济的起点。区域优势，是指一定空间范围内的有利条件和优越地位，是县域经济发展的物质基础和重要条件，在很大程度上决定着经济发展的方向，预示着县域经济的发展潜力。

加快发展县域经济，必须顺应经济社会发展的趋势，以市场为导向、以资源为依托、以效益为核心，立足于充分发挥比较优势，科学定位县域发展，积极构建特色产业和优势产业，确立科学的发展思路和重点，采取有力措施，加快资源优势向产业优势和经济优势转化，促进县域经济的可持续发展。

5.2.1　当前湖南县域经济发展科学定位存在的主要问题

（一）定位意识模糊

的确，县域经济的发展必须充分发挥其比较优势，充分利用其资源禀赋条件，因地制宜，科学定位，坚持特色发展、差异发展，实现错位发展。然而，目前湖南许多县域，特别是湘西南一些县域在制定其发展战略时，科学定位意识模糊，不注重对本地比较优势的研究和特色经济的打造，盲目跟风，产业发展雷同，不仅没有与本区域经济联系起来，而且也没有与周边区域经济形成统一互补的有机体，这就容易使县域经济陷入困境。

（二）定位准确度不高

湖南区域辽阔，各县域在地理区位、资源禀赋、经济基础等经济发展的先决条件上存在重大差异，决定着不同县域在经济发展速度、经济实力等方面存在差异和差距。县域差距的存在是一种客观必然，缩小差距非短期可成。县域经济发展应遵循科学定位、分类指导的原则，不同县域应根据自身条件科学定位职能，选准正确的发展方向，因地制宜地促进县域经济发展。准确的县域经济发展定位不但有利于县域资源的优化配置、提高配置效率，而且还有利于县域经济的科学发展。然而，受各种因素的影响，目前湖南部分县域经济发展在其定位上仍然存在定位缺乏科学性、准确度不高的问题，导致县域经济发展资源配置效率不高、竞争力不强。

5.2.2　提升湖南县域经济发展科学定位水平的对策与建议

（一）深刻把握县域经济发展原则

由于各县（市）地理区位分布、经济基础不同，县域经济在发展的速度上存在着不同程度的差异。但是，只要认清县（市）情特点，把握和尊重县域经济在市场经济条件下的发展规律，就能引导县域经济朝着持续、快速、健康的方向发展。从多年工作的实践看，笔者认为县域经济发展应遵循以下原则：

一是要遵循一切从实际出发的原则。针对不同县（市）实际，一切从实际出发，正视客观存在的多样性，因地制宜，发展县域经济。在政策导向上，应鼓励有条件的县（市）率先发展；加大对落后地区及山区欠发达县（市）的扶持力度。在发展路径的选择上，应根据不同县（市）的实际情况，合理确定战备定位，明确发展方向，发挥比较优势，走出一条各具特色的发展路子。在工作方法上，要"抓住两头，促进中间"，壮大和提升一批中等发展水平的县（市），帮扶一批经济欠发达的县（市）。

二是要凸显县域经济特色，坚持发挥比较优势，强化市场导向原则。县域经济要发展，关键是要发挥市场经济条件下各生产要素的比较优势，克服比较劣势，依托本地优势生产要素，参与市场交换和市场竞争，形成具有特色的产业和产品体系。各县（市）要依托各自自然条件、资源和产业基础，选择特色优势项目，培育出一批小产品大群体、小商品大市场的特色产业群，重点扶持一批把潜在特色资源转化为现实增长点的项目，立足市场导向发展特色产业项目，牢固树立市场经济观念，强化市场导向原则。发挥市场机制的基础性调节作用，实现各种经济资源的有效配制，促进要素市场半径来进行区域优势化组合，创造出要素流动和优化配置的环境。

三是要发挥城市对农村的带动作用，实施城乡统筹、区域合理分工和可持续发展原则。各县必须统筹城乡经济发展，充分发挥城市对农村的带动作用和农村对城市的促进作用，实现城乡经济一体化发展，着力提高县域城镇化发展水平；通过加快城镇化和工业化，带动农业和农村经济发展，为农村富余劳动力向非农业和城镇转移创造条件；加大对农业的支持和保护力度，提高农业综合生产能力，要增强开放意识，确立区域合理分工原则；要跳出县域看县域，正确审视自己，找准自己的比较优势，借助外力、借助"外脑"，在对外开放合作中不断增强自己的竞争力，实现县域经济跨越式发展；既要立足县域实际，促进内部资源、生产要素和市场的优化配置，又要眼光向外，利用县域外部的各种资源、生产要素和市场，坚持对外开放与对内开放并重方针，实施"引进来""走出去"双向并举战略，促进县域经济的发展；特别是要处理好与大城市的分工协作关系，承接起大城市的辐射带动，大力引进大城市转移或外溢的产业和企业，积极开展与大城市大企业的生产合作，"借鸡生蛋"发展自己。要努力保持政策的持续性，实施可持续发展战略，提高县域经济发展能力，促进农业产业化和现代化，全面繁荣农村经济，稳定增加农民收入，富裕农民生活，实现农村全面振兴。

（二）科学谋划县域经济发展的战略定位

尽管各地县情实际不同，但在发展方向、战略定位上都有规律可循。按照科学发展观的要求，结合县域经济的特点，既要立足本地资源禀赋、客观实际和比较优势来定位，又要按照市场法则和发展潮流来定位，着力壮大特色经济、做强板块经济、主攻外向经济、发展生态经济、提升劳务经济，推动县域经济跨越式前进、追赶式发展。

一是要根据资源禀赋定位，立足自身优势，发展特色经济。按照有较高生产效率、较强竞争实力、能形成较大规模、市场有较大弹性、具有明显资源和区位优势、能带动和促进县域其他相关产业技术进步和发展的标准，恰到好处、取长补短、扬长避短地进行整合，选择和培育主导产业，打优势仗，走特色路，开展错位竞争，形成区域特色产业，把资源优势培育成比较优势，发展成经济优势，形成竞争优势。

二是要根据市场法则定位，立足区域统筹，发展板块经济。市场竞争的基础在规模。培育有竞争力的主导产业，必须打破行政区划界限，实行区域统筹，整合自然、人力、文化、信息等各种资源和交通、金融等生产要素，积极寻求交通同管、电力同网、金融同城、信息同享、环保同治，发展区域产业，构筑区域经济板块。

三是要根据客观实际定位，立足外向带动，发展外向经济。对县域来说，靠贷款投入，金融体制改革，机构网点上收，县域产业不是金融扶持的重点；靠自主投入，自身积累有限，"滚雪球"式的投入难以适应快速发展的需要；同时，经济的发展，将进一步冲破区域界限，因此不能习惯于小农眼光。面对国际市场，要站在全国、全球的高度来配置资源。打破县域经济的"瓶颈"制约，必须坚定不移地走开放开发之路，从本地实际出发，推出在市场上有竞争力、本地有资源、生产有基础的项目，既要引进外商投资，又要走联合开发之路，理智地、积极地迎接经济发达地区的辐射，吸引国内资金，带动本地经济发展。

四要根据发展潮流定位，立足未来趋势，发展生态经济。可持续发展问题已成为全球普遍关注的问题。要促进县域经济的可持续发展，蓄积更大的后发优势，必须努力发展生态经济。发展县域生态经济，必须顺应发展趋势、顺应消费潮流，打绿色生态牌，走产业化之路，建设绿色基地，开发绿色产品，兴办生态旅游，发展生态企业，打造生态环境，提高生态环境的利用效率，靠生态效益带动经济效益和社会效益的提高。

5.3　转变发展方式，创新发展路径

转变发展方式，创新发展路径，实现转型发展，是新时代湖南县域经济发展的根本出路。湖南在发展县域经济的过程中，应严格遵循建设两型（资源节约型、环境友好型）社会的基本要求，建立健全全面、协调、可持续发展的县域经济转型发展模式，既要大力加强经济建设，又要注重生态环境保护，

不断提高人们的生活质量和健康水平；既要考虑当前发展的需要，又要考虑未来的发展趋势；既要考虑经济增长因素，又要重视资源环境的承受能力，统筹好城乡发展、区域发展、经济社会发展、人与自然和谐发展，实现经济、社会、文化、政治建设协调发展。

进入新时代，县域经济转型发展必须有新思路、新战略、新机制、新举措。湖南在选择县域经济转型发展路径时，应该以创新、协调、绿色、开放、共享五大发展理念及科学发展观为指导，重点在于转方式、调结构，将经济发展和经济转型有机结合，做到在发展中促转型、在转型中谋发展。但是，县域经济在不同的发展阶段，其选择的发展路径也不尽相同。当前，湖南县域经济转型发展的重点在于促进县域经济农业现代化、工业化、城镇化以及县域经济结构的调整。

5.3.1 县域经济结构的转型发展

县域经济结构的转型发展，必将有力地促进县域经济结构、产品结构、产业结构、消费结构等实现转型升级，最终实现县域经济由量变向质变转变。经济结构调整在微观上以市场为导向，在宏观上以政府行政命令为指导，因此，明确经济结构调整的基本方向与路径对县域经济发展十分重要。

（1）确立产业重点。经济结构调整的基本理论前提，是确定县域经济发展战略的重点。目前，湖南各县域选择发展战略重点的情况并不一致，有以第一产业为发展战略重点的，也有以第二产业为发展战略重点的，还有以第三产业为发展战略重点的。笔者认为，县域经济应该遵循以第一产业为发展基础，以第二产业和第三产业为突破口，一、二、三产业协同发展的模式。2012年，湖南省三次产业结构为：13.6∶47.4∶39，到2018年，湖南省三次产业结构为8.5∶39.7∶51.8，第一产业对经济增长的贡献率为4.0%，第二产业对经济增长的贡献率为40.9%，第三产业对经济增长的贡献率为55.1%。湖南省第一产业对经济增长的贡献率逐渐降低，第二、三产业尤其是第三产业对经济增长的贡献率较大。在新时代，湖南县域经济要实现现代化，就必须大力发展第三产业。

（2）农业是县域经济的基础。湖南县域农业人口占总人口的80%以上，农业在湖南县域经济中处于基础性地位，一、二、三产业均和农业有着极大的关联。在湖南省的县域特别是湘西南县域中，支柱产业和基础产业仍然是农业，县域财政收入的最重要来源还是农业收入，农业是保障人民基本生活条件的基础，是各县域经济建设的出发点。因此，在湖南省，发展县域经济的最基本任务是实现农业现代化，应该把发展农业经济和加快实现农业现代化放在重要的位置上。

（3）发展农业产业化。农业产业化的主要内涵是以市场为导向、以经济效益为中心、以主导产业产品为重点，优化组合各种生产要素，实行区域化布局、专业化生产、规模化建设、系列化加工、社会化服务、企业化管理，形成种养加、农工贸、产供销、农工商以及农科教一体化的经营体系，实现农业现代化的经营方式和产业组织形式。农业产业化能够促进传统农业向现代农业转变，加速实现农业现代化。湖南省是人口大省，人均耕地资源少，且各县域资金稀缺，故从湖南各县域的实际情况出发，应该充分利用劳动力资源丰富的优势，以龙头企业和市场纽带将农户集中起来，运用现代化的农业生产方式，不断提高农业生产效率，努力促进农民增收，最终实现农业现代化。

（4）全力发展特色经济。县域经济既是传统农业经济，亦是地方经济，各县域资源禀赋、自然条件、经济发展水平千差万别，是各具优势、劣势的杂糅体，所面临的机遇和挑战也不尽相同，在发展过程中，也往往各有特色。例如，长沙县因机械、汽车工业而闻名，浏阳市围绕烟花爆竹、苗木花卉而发展，冷水江市依靠能源、原材料而立足，还有烟叶大县桂阳，醴陵市重点发展陶瓷生产，益阳市有丰富的苎麻、楠竹、芦苇和有色金属等资源，可以围绕这些资源发展经济，这些县域都选择发展具有比较优势的产业。湖南优势突出，经济全球化、经济区域化和中部崛起，给湖南发展特色经济带来了前所未有的机遇。怎样抢抓机遇，以特色经济促县域经济腾飞，是湖南县域经济发展过程中要认真研究的一个重要课题。发展特色经济，首先应该找准各县域的特色，深挖各县域的特色，丰富特色内涵，在充分论证的基础上，将县域特色转化为县域特色经济；其次要不断发展壮大特色经济，拓展特色经济，实现县域特色产业全产业链、大规模化生产，更多地创造就业机会；最后要不断扩大特色经济在市场中的份额，通过发展特色经济，实现县域经济的跨越式发展。

5.3.2 县域经济的工业化转型发展

"无农不稳、无工不富、无商不活。"县域经济发展的关键和重点，是大力发展县域工业，工业化是县域经济发展的长期任务，是农业现代化的基础。把农业产业化与工业化、传统工业化与新型工业化有机结合起来，是县域经济工业化转型的有效途径。

（1）县域工业化以农业产业化为重要依托。关于农业产业化的提法，国内有专家持有异议，认为农业本来就是产业。其实不然，原因主要有三：第一，它是农民的创造；第二，它是约定俗成的，已成为中国经济中的"流行词"；第三，它有确切的含义，那就是中国特色。农业产业化是以工业化理念，运用物质技术手段和经营管理方法来经营农业，即实现农业市场化。县域工业化和农业产业化相互影响。一方面，县域农业产业化是工业化的依托，由于缺乏资金、人才、技术等资源因素，只能从县域土地和劳动力等优势资源出发，以农业产业化推动县域工业化发展；另一方面，县域工业化是农业产业化的推动力，县域工业化为农业产业化发展提供人才、资金和技术等要素服务。湖南县域工业化发展以农业产业化为重要依托的事实，既符合湖南省省情，又符合国家中部发展战略要求。

（2）把传统工业化与新型工业化有机结合起来。湖南提出要实现"工业化、城市化、农业产业化"、实施"工业强省"的发展战略。"新型工业化"绝不是一句口号，尤其是在中西部地区和农村地区，它必须从现实条件出发，不能脱离各地工业化的实际，不能脱离现有工业化的基础，更不能与现有工业化相对立。湖南省走新型工业化之路，要在传统工业化的发展基础上，遵循资源节约型、环境友好型发展要求，运用先进的科技，以传统工业推进新型工业化发展，以新型工业化带动传统工业化，把传统工业化与新型工业化有机结合起来。

（3）湖南县域的新型工业化道路。笔者认为，根据湖南省的实际情况和现阶段经济发展水平，湖南省要推进县域新型工业化道路，应从以下几个方面入手：第一，坚持以特色产业为导向，整合和发展区域产业。尤其是在现阶段的湖南县域经济发展中，要注重将传统产业与现代管理和技术相结合，创造具有竞争力的特色产业和特色产品；第二，重点解决县域工业企业融资难问题，完善县域金融体系，使金融机构本土化，促进直接融资与间接融资协调发展；第三，重点推进民营经济发展，改善民营经济发展环境，提高政府服务经济的能力，为民营经济发展创造基础平台；第四，坚持创业型经济发展与招商引资同步发展；第五，积极推动产业创新升级，增加技术创新投入，通过先进的技术、设备和工艺，提高产品质量，推动技术进步。

5.3.3　县域经济的城镇化转型发展

县域是推进新型城镇化的主战场。大、中、小城市的建设发展用地主要来自县域，农业转移人口市民化的转出地应当说都在县域。城镇化是拉动经济增长的强大引擎，扩内需的最大潜力在于城镇化。加快农民市民化步伐，就县域而言，必须积极稳妥推进城镇化，建设好县城和中心镇，加快新农村建设步伐，努力形成县域城镇结构合理、功能完善的新格局。

湖南是一个农业大省，农业人口居高不下，城镇化发展一直落后于全国平均水平。2000年，湖南省的城镇化率仅为29.75%。湖南省在大力发展经济建设的同时，不断推动城乡和区域经济协调发展，至2017年，城镇化率提高到54.62%，但仍然低于全国平均水平（58.52%）。有学者预测，湖南省城镇镇化率以后每年将增长0.9%~1.2%，到2025年，湖南省城镇化率可达60%左右。湖南省城镇化的重要基地不是一般的小城镇，而是县城和重点小城镇。预计到2025年，湖南省87个县域的100多个重点小城镇总人口将达2 000万人以上，届时将有2 000多万人在湖南省的县城和重点小城镇生活、居住和工作，县城和重点小城镇将成为湖南省农村工业化、城市化的中心。

湖南发展县城和重点小城镇，推进农村城市化，需要重点做好以下几个方面的工作：

（1）转变发展方式，更新发展战略。要转变中国城镇化的发展方式，就必须按照科学发展观的要求，认真落实科学发展观，这是转变中国城市发展方式的重要前提，也是中国发展方式转变的重要前提。转变发展方式，更新发展战略，要充分认识到城镇化在县域经济发展过程中的重要作用。县域是实现城镇化的重点对象，要实现城镇化，既要发挥大中城市对县域的拉动作用，又要增强县域自身的发展能力。要把农村城镇化提上国家战略的高度，采取适当的措施，让城市特别是大城市的发展回归理性，让农村城镇的发展进入正常的轨道。在发展县城和重点小城镇的过程中，要统筹规划，制定出具体的行动纲领及相关的扶持政策，实现由重点发展小城镇向发展重点小城镇的认识转变。

（2）以产业转移促进人口转移。进入21世纪以来，我国大城市发展迅猛，高速增长，城市面貌日新月异。但同时，大城市飞涨的房价、日益膨胀的人口、短缺的水资源、拥堵的交通也着实让人头痛。如何治理城市病？如何控制大城市的人口过快增长？笔者认为，大城市应当充分发挥自身优势，大力发展商务、物流、交通、通信、金融保险、科学、教育、文化等第三产业，大力发展总部经济、研发中心、高端制造业，有步骤地转移大量的一般制造业，特别是劳动密集型、高耗能、高污染、高投入型制造业。在现行产业政策下，农业是难以赚钱的。中国的人均耕地面积很小，在人多地少的背景下，农民种田仅能维持温饱，对大多数农民来讲，待在农村很难有美好前途，这就迫使农民到城市里寻找就业机会。在农民蜂拥进入城市的大背景下，要有效控制大城市人口过快增长，国家就应为此立法，强制城市安置其"长期、稳定"就业者为市民，为其提供"户籍""住房"等。如果无法安置，就应当将相关产业连同人口（包括相关的家人）转移到能一同接纳的中小城市和城镇，这才是抑制大城市人口膨胀的有效办法，也是解决中国城镇化以及中国发展诸多问题的根本办法。这有利于农村城镇化，有利于大城市的正常发展，有利于中国发展方式的转变，同时也符合科学发展观的基本要求。

（3）加大对县城等农村城镇的投入，优化县域投资环境。发展县城和重点小城镇，推进农村城镇化，必须加大对县城和重点小城镇建设的投入，优化县域投资环境。首先，国家、湖南省政府和各市级政府必须在财政政策上做出调整，加大对城市建设和县城建设的投入，对县城和重点小城镇建设给予资金支持和政策扶持；其次，在建设县城和重点小城镇的过程中，要强化对资金的管理，尽量减少中间环节，提高资金的使用效率；再次，应该赋予县域更大的发展权，逐步实行省直管县制度；最后，在建设县城和重点小城镇过程中，要发挥县级政府的主导作用，从各方面对其给予支持，提高县城和重点小城镇的集聚能力。

5.3.4 县域经济的农业转型发展

农业现代化是县域经济发展的必由之路，要实现县域经济的农业转型发展，各县域可以依托其资源禀赋，选样适合当地的现代农业发展模式，根据变化了的内部和外部环境，创立现代农业生产方式，建立现代化农业组织管理制度，通过农业现代化提升县域经济，不断促进县域经济可持续发展。造成县域农业比较效率低的根本原因，在于农业产业化程度不高。各县域应该根据自身的资源优势，促进优质农业资源向产业化转变，以农业产业化带动农业大省经济发展。党的十六大召开以来，湖南省将推进农业产业化列为政府工作重点，开展了一系列推进农业现代化的工作，例如，重点发展现代农业产业、重点培育龙头企业、创新农业经营机制、提高农业科技水平等。全面发展以农业现代化为基础，以非农产业为主导，三大产业协同发展的新型经济。"十三五"期间，湖南省继续提出以"推进新型工业化、农业现代化、新型城镇化、信息化，建设资源节约型、环境友好型社会"为主要内容的"四化两型"发展战略。突出高新化发展，着力推广应用新技术，推进新型工业化；以现代科技和先进生产方式推进农业发展方式转变，加强科技创新和推广，推进农业现代化；以资源节约、环境友好、经济高效、社会和谐推进新型城镇化；大力发展电子信息产业和网络通信技术，推进信息化。通过"两型"带动湖南农业现代化，以新兴工业化提升农业现代化，重点推进农业产业化，探索具有湖南特色的农业产业化经营模式。

党的十九大报告提出实施"促进农村一、二、三产业融合发展，支持和鼓励农民就业创业，拓宽增收渠道"的乡村振兴战略，为湖南在新时代解决好"三农"问题指明了发展路径。湖南农村特色文化、民族文化和地域文化十分厚重，但县域经济层次低是湖南经济发展的一块短板，因此，创新全省乡村旅游发展模式，不但能提高农业附加值、实现农民就业和自主创业，而且还能调整农村产业结构、转变农业发展方式、培育县域经济增长点。当前和今后，湖南县域经济在农业转型发展过程中，应重点做好以下几个方面的工作：

（1）发挥生态资源优势，发展"旅游+生态"模式。当前，湖南乡村旅游发展面临难得的历史机遇，"旅游+""生态+"已经成为农业供给侧结构性改革的重要内容。湖南发展"旅游+生态"模式，就是要打造生态旅游项目，在湘西南地区应开发森林旅游，推进森林公园、林果业采摘园、生态养生养老基地等项目建设；在全省建设全域旅游的乡村生态游线路，实施生态循环工程，扶持生态文化村、生态文化示范社区、生态文化示范企业等建设项目，打造生态文明试验示范区，实现农村生态资源与乡村旅游的融合发展。

（2）拓展特色农业功能，发展"旅游+农业"模式。农业供给侧结构性改革要求拓展农业的多种功能，农业旅游是拓展农业功能的一种新型旅游模式。湖南要发展"旅游+农业"模式，必须将农业文化创意作为乡村旅游发展新动力，通过建设农业文化体验基地、农业旅游示范区等创意农业项目，打造适应个性化、体验性和内涵丰富的农业旅游产品；要按照地域特色、产业特点发展集循环农业、创意农业、农作体验、文化企业、休闲旅游、田园景区于一体的特色休闲农业，形成休闲观光农业产业带、现代生态农业产业带和体验农业产业带，推动湖南农业向三产化、旅游化方向发展。

（3）挖掘农村文化潜力，发展"旅游+文化"模式。湖南民俗文化资源丰富，民俗文化在农村文化产业中占有重要位置。湖南发展"旅游+文化"模式，必须以乡村景观、乡村环境、乡村建筑、乡村艺术等民俗文化资源为基础，通过民俗文化、农耕文化、牧业文化示范园区建设，把乡村古建筑修葺、特色民俗开发、景观小品营造、传统村落与传统民居保护等历史文化传承、开发与全域旅游发展结合起来，推进乡村特色旅游产品与文化旅游产品的互补，打造地方特色文化旅游品牌；要发展农村手工艺文化、农村戏曲和习俗文化、乡村观光旅游等产业形态，将乡村旅游节会、传统体育竞技比赛、特色农产品展览、民间传统演艺等文化创意产业与乡村旅游开发融合起来，实现全省民俗文化与乡村旅游的互动发展。

（4）完善小城镇基础设施，发展"旅游+城建"模式。小城镇的集聚效应和带动功能为乡村旅游业发展提供了有力支撑，在促进商贸旅游文化融合发展方面具有一定优势。湖南发展"旅游+城建"模式，要以推进产业融合与产业聚集为目标，通过推进古镇景观文化建设和实施特色旅游名镇示范品牌工程，促进小城镇与文化、科技、生态、旅游的融合发展；湖南在小城镇改造中应注重保护历史文化遗产、民族文化风格和传统风貌，在对传统民居进行修缮保护时，要把保存城镇独有、典型文化记忆与旅游功能提升结合起来；要加大对小城镇旅游基础设施投入力度，出台服务于乡村旅游开发的金融、医疗、教育、商业等产业配套政策，完善小城镇社区的公共配套网络，强化发展的支撑功能，推动小城镇向宜居、宜旅、宜业方向发展。

（5）利用互联网技术，发展"旅游+网络"模式。互联网旅游的发展改变了传统旅游业格局，在线度假旅游市场发展创造了乡村旅游的新价值形态。湖南乡村旅游要创新发展思路与发展机制，必须将互联网与乡村旅游联合起来。湖南发展"旅游+网络"模式，要重点推进农村信息工程项目建设，健全公共服务体系，促进乡村自然资源、文化资源与互联网技术的融合发展。为了使互联网与乡村旅游结合成为湖南省乡村旅游推广的新常态，必须利用互联网技术优势，通过整合信息资源对乡村旅游资源进行开发和创新，开发能激发游客购买意愿的旅游产品，设计出有特色体验的旅游智慧产品；要完善乡村旅游前的线上服务，通过线上线下的高效管理，提升乡村旅游服务质量，推进湖南乡村旅游信息化发展。

6 实施乡村振兴，破解城乡统筹与区域协调难题

改革开放以来，我国实施了以发展工业化与城镇化为主要路径的经济社会发展道路。然而，伴随着我国工业化与城镇化进程的不断发展，我国面临着传统农业逐渐衰弱、农村逐渐衰落、农村劳动力人口流向城市、农村逐步"空心化"等问题，城乡差距、区域差距、乡村产业凋敝等问题依然存在，并困扰着中国成功跨越"中等收入陷阱"以步入更高收入国家行列。党的十九大报告指出，"中国特色社会主义进入新时代，我国社会主要矛盾已经转化为人民日益增长的美好生活需要和不平衡不充分的发展之间的矛盾"。城乡发展不平衡和农村发展不平衡不充分仍是我国面临的重要问题。为促进农村发展，首次提出实施"乡村振兴战略"，"要坚持农业农村优先发展，按照产业兴旺、生态宜居、乡风文明、治理有效、生活富裕的总要求，建立健全城乡融合发展体制机制和政策体系，加快推进农业农村现代化。""乡村振兴战略"的提出，预示着我国乡村发展迈入了快速发展的历史时期，为新常态下破解城乡不平衡、缩小区域差距，实现城乡融合与区域协调发展提供了新的理论指导。

6.1 乡村振兴战略是新时代重大战略决策和"三农"工作的总抓手

2018 年，中共中央政治局在进行第八次集体学习时，习近平总书记强调指出，乡村振兴战略是党的十九大提出的一项重大战略，是关系全面建设社会主义现代化国家的全局性、历史性任务，是新时代"三农"工作的总抓手。

6.1.1 乡村振兴战略是着眼于实现一百年奋斗目标的重大战略决策

当前，中国特色社会主义进入新时代，我国社会主要矛盾也转化为人民日

益增长的美好生活需要和不平衡不充分的发展之间的矛盾。而"最大的发展不平衡，是城乡发展不平衡；最大的发展不充分，是农村发展不充分"①。要"如期实现第一个百年奋斗目标并向第二个百年奋斗目标迈进，最艰巨最繁重的任务在农村，最广泛最深厚的基础在农村，最大的潜力和后劲也在农村"②。因此，实施乡村振兴战略，是解决人民日益增长的美好生活需要和不平衡不充分的发展之间矛盾的必然要求，也是着眼于实现"一百年"奋斗目标的必然要求和重大战略决策。

6.1.2 乡村振兴战略是新时代做好"三农"工作的总抓手

习近平总书记在主持中共中央政治局第八次集体学习时强调指出，"乡村振兴战略是党的十九大提出的一项重大战略，是关系全面建设社会主义现代化国家的全局性、历史性任务，是新时代'三农'工作的总抓手"。习近平总书记从党和国家事业发展的高度，强调了乡村振兴的重要意义。

中国是个农业大国，重农固本是安民之基、治国之要，事关国家稳定发展富强。党的十八大召开以来，以习近平同志为核心的党中央高度重视"三农"工作，始终把解决好"三农"问题作为全党工作重中之重，将"乡村振兴战略"作为国家战略提出，并将其写入党章，为新时代"三农"工作指明了方向、明确了任务。

党的十九大报告提出，实施乡村振兴战略，要按照产业兴旺、生态宜居、乡风文明、治理有效、生活富裕的总要求，加快推进农业农村现代化，让农业成为有奔头的产业，让农民成为有吸引力的职业，让农村成为安居乐业的美丽家园，这为新时代"三农"工作的开展提供了具体路径与明确目标，适应了广大农民对美好生活的需要，将有力地推动"三农"工作的开展，实现"农业强、农村美、农民富"的目标。

6.2 实施乡村振兴战略，促进城乡产业互动

改革开放以来，乡村逐渐凋敝的重要原因，是农业现代化进程缓慢、农业效

---

① 韩长赋. 大力实施乡村振兴战略 [M] //党的十九大报告辅导读本. 北京：人民出版社，2017：209-215.

② 中央农村工作会议在北京举行 习近平作重要讲话 [EB/OL]. 新华网. http://www.gov.cn/xinwen/2017-12/29/content_5251611. htm.

率低、农村产业链短，城乡产业缺乏互动，生产要素缺乏城乡的双向流动，乡村产业缺乏活力。坚持农业农村优先发展的乡村振兴战略，要通过以城带乡、以工促农、城乡互动的路径促进一、二、三产业的融合，实现乡村产业兴旺。

6.2.1 城乡产业发展存在的突出问题

习近平总书记强调，新时代我国社会主要矛盾是人民日益增长的美好生活需要和不平衡不充分的发展之间的矛盾。从现实情况看，我国发展中最大的不平衡就是城乡之间的不平衡，城乡产业的不平衡和农村产业发展的不充分，农村产业发展缺乏活力。

（一）城乡产业发展不平衡

一个国家或地区的劳动力、资金、各种自然资源与物质资料是有限的、稀缺的，国家或区域的发展政策致使资源在各产业之间的配置不平衡。长期以来，我国实施的是"工业优先、城市偏向"的发展政策，使得资源配置严重向城市、工业倾斜，使得城乡产业发展不平衡。

一是乡村人口向城镇转移，出现乡村"空心化"现象，农业生产人口总体素质低。改革开放以来，大量乡村人口向城镇转移，使得乡村人口锐减。据统计（见图6-1），1978年我国乡村人口为79 014万人，占全国总人口的82.08%，到2018年乡村人口减少到56 401万人，占全国总人口的40.42%。大量乡村青壮年劳动力人口的城镇化转移，使得乡村留守人口多是妇女、儿童与老人，呈现乡村"空心化"现象，并逐渐从人口空心化演化为人口、土地、技术、产业、服务、文化和公共设施整体空心化，农业边缘化，影响乡村经济社会发展，导致一些乡村经济社会陷入整体性衰落与凋敝，尤其是经济相对落后地区的农村地区更甚。大量农村青壮年劳动力的城镇化转移，导致农村中有技术、懂经营、善管理的年轻人日益稀少，使得农村人口总体数量减少、素质降低，农业基础设施建设和维护乏人，农业生产的机械化与集约化程度难以提升，造成大量耕地抛荒或利用不足，影响现代农业转型和发展[1]。

二是第二产业发展迅速，第一产业发展缓慢。据国家统计局数据，1978—2018年，我国GDP的年均增长速度为9.49%，其中第一产业、第二产业和第三产业的增长速度分别为4.47%、10.77%和10.50%，第一产业的发展速度显著低于第二产业和第三产业的增长速度（见图6-2），但在1981—1984年，第一产业出现了高速增长，并且在1981—1982年高于第二产业的增长速度，这

---

[1] 范东君. 农村空心化挑战及其化解之道 [N]. 光明日报, 2015-06-03 (13).

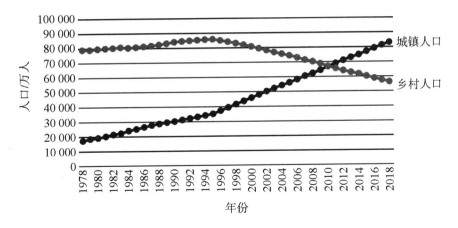

图 6-1　1978—2018 年城乡人口变化

资料来源：历年《中国统计年鉴》与 2018 年统计公报。

主要得益于农村土地承包制度的改革，大大地释放了农业生产潜力。由于三次产业增长速度的差异，使得三次产业在 GDP 中的比重也发生了变化。1978—1985 年，我国三次产业结构比重是二、一、三，1978 年的第一产业占比为 28.19%；1986—2007 年则为二、三、一，2007 年的第一产业占比为 10.77%；2007 年后的三次产业结构比重为三、二、一，2017 年的第一产业占比为 7.9%（见图 6-3）。第一产业的发展缓慢，表明农业发展滞后，农业生产效率低。

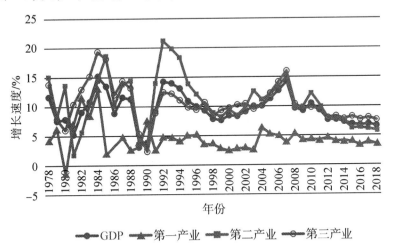

图 6-2　1978—2018 年国内生产总值与三次产业增长速度变化

资料来源：历年《中国统计年鉴》与 2018 年统计公报。

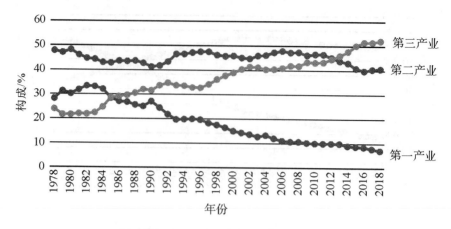

图 6-3　1978—2018 年三次产业构成变化

资料来源：历年《中国统计年鉴》与 2018 年统计公报。

三是城乡二元体制的障碍，使得生产要素向城镇单向流动。城乡二元体制障碍的存在，导致城乡基础设施、文化、卫生、教育和市场机制与管理等方面的差异，使得各种产业要素如资金、技术、人才等向城镇流动，造成要素在二、三产业集中，导致以农业为主的乡村在产业发展过程中被人为地分离、孤立，农业劳动生产率低下，产业化经营程度不高，弱质性明显，制约乡村产业的发展。如 1995—2016 年（见图 6-4），城镇固定投资占全社会固定投资的比重均保持在 80% 左右，2010 年后该比重均超过 95%。大量农村地区的固定投资较少，造成基础设施与基本建设欠账多，产业发展环境的硬件急需改善。

城镇固定投资占全社会投资比重

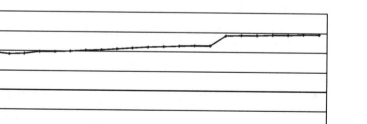

图 6-4　1995—2017 年城镇固定投资占全社会固定投资比重变化

资料来源：历年《中国统计年鉴》。

（二）城乡产业结构趋同

长久以来，由于我国城乡二元经济结构的客观存在，我国的城市和乡村彼此分割，各为一体，缺乏在工业行业上进行沟通和融合，各自沿着工业化方向并行发展。改革开放以来，乡镇企业在农村异军突起，获得了迅猛发展，致使"城市—工业，农村—农业"的产业格局逐渐演变成了"城市工业与农业、乡村工业与农业"的双重二元结构，城乡产业缺乏合理分工，在行业上不能合理错位，城乡产业结构的同构性不可避免，从而使得城市中存在过多的劳动密集型、粗加工型产业，造成环境污染等问题；同时，城乡产业同构加剧了城乡产业之间的低水平竞争，使得资源不能在城乡之间有效分配，城乡产业链不能很好地融合，阻碍了城乡产业的升级①。

（三）城乡产业关联度不高

《中共中央关于制定国民经济和社会发展第十三个五年计划的建议》中指出，在工业化、城镇化深入发展中要统筹城乡发展，要坚持工业反哺农业、城市支持农村，推进城乡一体化发展。城乡一体化包含着政治、经济、文化、生态等多方面的内容，产业作为经济发展的基础，城乡产业一体化和相互融合发展是城乡一体化发展的重要环节，但由于多年的城市发展偏向和工业优先发展的策略，使得城乡产业还处于市场联系不顺畅、产业关联度不高和产业一体化发育程度较低的现状。

一是以传统型农业为主的乡村制约乡村二、三产业的发展。在我国广大乡村，主要还是以传统型农业为主，农业现代化水平不高，农业的生产规模小、效率低，农业产品并不能完全满足其他部门的需要，不能满足人们对美好生活需要的品质要求。同时，由于乡村基础设施不完善、农村流通体系不健全，导致农产品加工与流通受阻，制约乡村二、三产业的发展。

二是工业化水平不高制约工业反哺农业和支持服务业发展。经过多年发展后，我国虽然已经进入工业化中期阶段，并且工业在三次产业中所占比重较高，但层次较低，集中在低附加值产业，高附加值产品所占份额很小，这说明工业发展还没有走出传统制造业的状态，多数企业停滞在微笑曲线（见图6-5）的中间部分，而没有向"专利、创新"与"品牌、服务"端移动。工业发展的潜力没有被充分挖掘，创造性动力缺失，导致技术进步缓慢，这就意味着无法为农业、服务业提供先进的技术支撑，制约着城市工业与乡村农业的融合发展。

---

① 佟光霁，李存贵. 中国城乡产业协调发展的路径探析 [J]. 学术交流，2011 (4)：94-98.

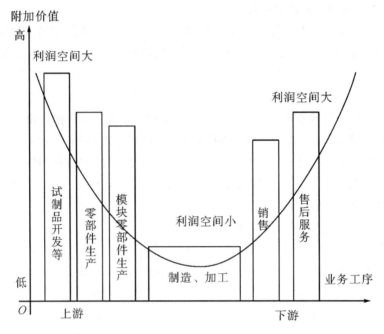

图 6-5　微笑曲线

6.2.2　乡村振兴战略为城乡产业互动提供机遇

城乡产业互动是城乡产业之间或产业内部相互促进、作用、融合，使得工业化与农业产业化相互促进发展，并通过农业产业化推进农业和农村工业化的发展趋势。"坚持农业农村优先发展"的乡村振兴战略，提出了"产业兴旺、生态宜居、乡风文明、治理有效、生活富裕"的总要求，为城乡产业互动提供了机遇。

（一）乡村振兴战略的提出与实施为城乡产业互动提供政策支撑

乡村振兴战略是多年来促进农业农村农民发展政策的升级版，为城乡产业互动提供政策支撑。2017 年中央农村工作会议制定了中国特色社会主义乡村振兴道路，即"城乡融合发展之路、共同富裕之路、质量兴农之路、乡村绿色发展之路、乡村文化兴盛之路、乡村善治之路、中国特色减贫之路"，这七条道路不仅指向中国乡村高质量发展的辉煌前景，也必将出台系列政策促进以工补农、以城带乡的发展，推进城乡一体的基本公共服务体系形成，实现新型工业化、信息化、城镇化、农业现代化的同步发展，加快形成工农互促、城乡互补、全面融合、共同繁荣的新型工农城乡关系。

（二）乡村振兴战略促进城乡要素双向流动

城乡融合是乡村振兴的基本路径，城乡要素的双向流动是乡村振兴的重要内容，没有城乡要素的双向流动就不可能有乡村产业兴旺、生活富裕。乡村振兴战略的实施目的，不是城乡融合的城乡一样化，而是消除城乡隔离的"二元结构"，拆除城乡之间的藩篱，实现生态环境共治、基础设施相通、公共服务共享、市场规则相同，生产要素在城乡之间顺畅流动。在城镇化前期，乡村剩余劳动力向城镇流动，从事非农产业，提高全社会劳动生产率，促进城市经济增长。在城镇化中后期，农村剩余劳动力逐步减少，劳动力红利逐步消失。由于优质劳动力大部分已定居城镇，农村劳动力质量亟待提升，会出现农村凋敝现象。与此同时，也会出现"大城市病"与"小城镇病"（发展不足），客观要求对大城市功能进行疏解，从而减缓"大城市病"和消除"小城镇病"。由"聚集效应"向"涓滴效应"转化，需要城乡融合发展，促进城镇质量提升与乡村振兴。随着乡村振兴战略的实施与推进，农村基础设施的改善，城市资金、人才、技术回流乡村，特别是在政策资金的杠杆作用下，回流速度会加快，使得乡村农业产业化得到发展，乡村文明不断进步，生态环境改善，乡村宜居态势改善，出现城乡要素互为补充、双向流动。

在实施乡村振兴战略、实现城乡融合发展中，特色小村镇为城乡融合与要素流动提供了着力点与通道。如有浓郁关中风情的陕西袁家村，古朴的房屋、悠长的小巷、流淌的清泉和各种各样的商铺，每年都吸引着无数游客前来休闲体验；袁家村地道的关中美食、浓郁的民俗文化风情等民俗产品也进入城市，融入城市生活①。

（三）乡村振兴战略为城乡产业持续发展提供支撑

由二元经济理论可知，在二元经济中，工业与农业是相互依存的，工业的发展有利于农业生产率的提高和农村剩余劳动力的转移，工业的发展也需要农业收入水平提高来增加对工业品的需求。乡村振兴战略的产业兴旺、生活富裕要求不但推进乡村产业的发展，也有利于城市产业的持续发展。因为乡村振兴是一个庞大的系统工程，其中蕴含着很大的发展机遇。如对于农业机械的需要、乡村环境整治、新型职业农民的培养、乡村道路建设、农产品流通网络的建设等，机械工业、科技教育与环保产业等大有文章可做，市场潜力巨大②。并且，没有农村农业的发展和农民的富裕，就难以形成较充分的城市产品需

---

① 杜瑶. 特色小镇连城乡 ——乡村振兴战略观察之一 [N]. 陕西日报，2017-12-04（12）.

② 宋德勇，姚洪斌，郭涛. 工业与农业相互依存的内生增长模型：工业反哺农业的理论基础 [J]. 经济学家，2007（4）：88-96.

求，影响城市产业的发展。因此，乡村振兴战略不但促进农村产业发展，也有利于城市产业的持续发展。

6.2.3 乡村振兴战略下城乡产业互动路径

城乡产业互动以融合、共生与互补、互利为特征，以要素双向流动和产业链延伸为核心，是生产力内在扩张和乡村产业兴旺的必由之路，是整合城乡经济、促进城乡经济全面协调持续发展的有效途径。乡村振兴战略为产业联动提供了政策支撑、制度利好的外部性保障，改善了产业互动的制度环境，激活了城乡产业互动资源，增加了产业互动的内生力。实施乡村振兴战略，推进城乡产业互动，就要顺应城乡经济社会发展规律，构建有利于要素流动城乡统一市场体系，注重乡村本原产业发展和乡村生态文明建设，加强农业产业内部产业链的一体化与城乡产业链的双向延伸。

（一）建立和健全城乡统一的市场体系，促进生产要素在城乡产业间双向流动

实施乡村振兴战略，是党的十九大做出的重大决策部署，是实现全面乡村振兴、全面建设社会主义现代化国家的重大历史任务，是新时代解决"三农"问题的总抓手。要按照《中共中央 国务院关于实施乡村振兴战略的意见》的要求，破除体制机制弊端，建立和健全城乡统一的市场体系，发挥市场在资源配置中的决定性作用和政府的宏观调控作用，推动要素在城乡间自由流动、平等交换。首先，建立和完善农村土地使用权流转制度。在落实农村土地承包关系稳定并长久不变政策的基础上，守住耕地用途不变红线，积极探索与创新农村土地流转制度以及农村宅基地所有权、资格权、使用权"三权分置"制度，发挥市场配置农村土地资源的基础性作用，盘活土地资源，实现农业土地的适度规模效应与农村宅基地和农民房屋使用权的财产收益。其次，加快城乡间资本、人才、信息和技术市场一体化建设，保障要素所有者的合理收益，促进资本、技术和信息等生产要素在城乡产业之间自由流动、合理配置。再次，完善城乡统一的商品市场，调整现有农村市场结构，促进工业产品与农村消费市场的有效对接，形成综合性市场和专业市场相结合、批发市场与零售市场相衔接、城市市场与乡村市场相呼应的格局，着力构建城乡之间消费品、农业生产资料和农产品双向流通、高效顺畅的流通网络体系。最后，积极推进户籍制度改革，努力破除农村户口、城镇户口的分割，取消地域、身份、户籍、行业等政策限制，逐步消除劳动力就业时人为设置的各种障碍，提供城乡劳动力公平就业的上岗机会，促进城乡就业人口在城乡产业间的自由流动与转移。

（二）提升乡村产业层次，促进乡村产业内部互动

乡村产业发展承载着政治、经济、社会、文化和生态协调发展的重任。虽然目前乡村仍以分散居住方式为主，产业以农业为第一产业，但居住呈现集中趋势，产业呈现由传统农业向现代农业转变，提升乡村产业层次，实现农业现代化与乡村一、二、三产业融合是乡村振兴的城乡产业互动道路。

乡村产业层次的提升与农业现代化需要城市向农业、农村输入大量的机械、化肥、燃料、电力等各种形式的工业辅助物，更需要城市技术人才、资金的乡村方向流动，推动工业化与农业现代化融合与互动。

乡村产业内部互动，推动一、二、三产业的融合，是城乡产业互动的重要路径。通过土地流转与规模化经营，形成农民专业经济组织和农业龙头企业，通过利益联结机制实现农业生产的产前、产中、产后等环节的有效链接，形成农产品从生产、加工、储藏、运输到市场销售的配套服务，实现乡村农业向加工业、交通运输服务业的融合。坚持乡村绿色发展之路，实现人与自然的和谐共生，把绿色发展与特色文化贯穿于农村一、二、三产业融合发展各环节，实现绿色种植、绿色饲养、绿色加工、绿色生活，将绿色产业、绿色生态资源与休闲、旅游、文化、康养等产业深度融合，构建乡村产业绿色发展的生态链、产业链、价值链，增强乡村产业发展动力，提升乡村产业层次，实现城乡产业互动，促进乡村增收[1]。以科技兴农为路径，建设适度规模的乡村科技园区，提高乡村产业的科技含量，通过加大经营理念、经营管理、信息管理等能力的培训力度，显著改善农业经营主体获取、吸收与创新技术和新知识的能力，调整乡村产业技术结构，提高城乡产业一体化发展的水平。

（三）依靠优势，实现城乡产业链的双向延伸

城乡根据各自资源的特点和优势，实现城乡产业链条的双向延伸，在优势互补与融合中构建城乡产业互动机制。一是城市二、三产业向乡村延伸。城市应利用其在资金、技术、人才等资源集聚方面的优势，重点发展技术密集、附加值高的高科技产业和现代服务业，而将依靠农村丰富的劳动力资源和自然资源的农副产品加工业或其他资源加工业以及装配加工、物流配送、仓储运输业等向乡村延伸，引导乡村工业与城市工业进行合理分工、错位发展，解决城乡产业同构的问题；同时，引导以金融保险、教育培训、信息咨询为代表的城市现代服务业向乡村扩散、延伸，鼓励相关企业积极拓展农村市场。二是农业产业链双向延伸。农村在生态、资源等方面具有比较优势，应在大力发展特色优

---

① 余欣荣. 大力促进农村一二三产业融合发展［J］. 求是，2018（4）：20-22.

势产业的基础上，提高农业的产业化经营水平，推动农业产业链条向二、三产业特别是旅游业延伸。通过来料来样加工、虚拟生产等形式开发特色加工，与城市企业形成良好配套；依托农村秀美的自然风光、独具特色的民俗文化和淳朴的生产生活方式，发展"农家乐"、生态园、田园采摘等形式各异的乡村旅游，实现产业的良性互动，进而实现城乡经济的共同繁荣。

6.2.4 乡村振兴战略下城乡产业互动机制

实现城乡产业互动，促进农村一、二、三产业融合发展，是新时代做好"三农"工作的重要任务，关系到乡村振兴战略的成功实施，关系到农村产业发展和农民增收，要牢固树立新发展理念，不断深化农业供给侧结构性改革，创新机制，加强资金与人才的供给。

（一）政策推动机制

世界各国城乡产业统筹发展的经验表明，政府在城乡产业互融互动中扮演着极其重要的引导者和推动者角色，因此，要深刻理解与实践党的十九大报告精神与2018年中央农村工作会议精神，着力改革，创新政策驱动。一是要建立并不断完善促进城乡产业互动发展的法律法规。二要发挥产业规划的统领作用，实现城乡产业的错位互补发展，促进第三产业的集中集群发展和有机融合。三是要在城乡居民就业政策、社会保障体系、土地产权制度与政策、财税金融政策等方面进行改革与创新，逐渐破除影响城乡产业要素自由流动的制度性障碍。四是要做好服务型政府，提供公共产品，统筹城乡基础设施建设。政府应坚持"以工促农、以城带乡"的战略导向，通过改善服务质量、财政拨款、贷款与税收优惠等政策形式，将公共服务和基础设施的建设重点由城市转向农村，加快推进农村的道路交通、信息通讯、供水供电等基础设施建设，加强城乡联系，促进城乡产业互动。作为全国百强县的浏阳市，是一个以花炮生产为主导产业的特色县，近年来建设了一个个美丽乡村、幸福屋场，出台了"最多跑一次"等一项项改革政策服务措施，促进了乡村振兴与发展。五要制定好人才支持政策，培养和造就一支懂农业、爱农村、爱农民的"三农"工作队伍，为实现城乡产业互动与乡村产业发展提供人才支撑。邵阳县曾是国家级贫困县，工业不发达，农村人口多。为此，县政府多次邀请湖南省农科院、林科院、湖南农大、中南林业科技大学等院所的专家指导培训油茶种植人才、介绍新技术和新品种，大力发展油茶产业，成为"中国油茶之都"，促进了乡村产业发展和农民增收。

（二）市场驱动机制

城乡产业的良性互动一方面要依靠政府的有效引导和推动，另一方面也需要依托市场机制驱动城乡产业融合互动。依靠市场机制，使市场在资源配置中起决定性作用，坚持依靠市场主体、围绕市场需求发展生产，发挥企业在利用市场手段和价格信号中的重要作用，按照自愿与利益共享原则，创新城乡产业互动的组织形式，构建和不断创新以"龙头企业+基地（合作社）+农户"为基本模式的农业产业化经营体制，与农户分享农产品加工转化链条上的利润，形成以工补农、以商促农、以城带乡的利益分配机制，构建互惠互利、共荣共生的城乡经济联合体，促进城乡产业互动。湖南邵东廉桥镇是一个因"药"而建、因"药"而兴、因"药"而美的特色小镇。该镇利用当地的中药材产业优势，建立"公司+合作社+基地农户"的合作模式，通过股份合作、订单合同、服务协作、流转聘用等利益联结模式，建立了龙头企业与农户风险共担、多方共赢的利益共同体。全镇拥有登记中药材合作社 8 家、家庭农场 2 家。2012—2017 年，全镇农村居民人均可支配收入由 12 986 元增至 22 037元，年均增长 11.2%①，实现了通过市场发展特色产业的农村发展之路。南京市龙池街道的现代化农业园，通过"龙头企业运作+能人大户"，将特色产品市场化，充分带动了农业产业结构的调整与现代农业的发展。

（三）资金支持机制

城乡产业的协调发展需要大量的资金，因此建立良性循环的资金支持机制尤为重要。一方面，要增加产业互动的投资主体，除了继续争取国家的政策性投入和金融机构的信贷支持以外，还可以组建农业投资公司这类机构，加大对农业产业化和龙头企业的资金支持力度，还要充分利用国际和国内资本市场来募集所需资金；另一方面，也是最重要的，要向城乡产业互动项目本身要效益，以产出的效益来吸引更多资金，变单方面的资金投入为双向的良性循环。

（四）人才保障机制

当前，在城乡产业互动发展过程中，特别是城市二、三产业向乡村延伸过程中遇到的最大障碍莫过于缺乏高素质的人才支撑。无论是农业的产业化经营，还是乡村二、三产业的发展，都需要一大批"有文化、懂技术、会经营"的新型农民。因此，要建立和完善农村人力资源的培养和流动机制，培养新型职业农民和新型农业经营主体带头人，支持和鼓励农民工返乡、能人下乡创业创新，为城乡产业互动提供高素质人才。

广州绿聚来农业发展有限公司是辞职回乡创业的农村青年张文彬创立的，

---

① 邵东县农业局. 湖南省邵阳市邵东县廉桥镇开展 2018 年国家示范农业产业强镇建设方案[EB/OL]. http://www.shaodong.gov.cn/ Item/124315. aspx.

因为品牌推广和产品质量把控得好，使"绿聚来"牌增城迟菜心顺利打入珠三角的高端餐饮、星级酒店，闯进香港、北京、上海等地市场，成为2017广州《财富》全球论坛宴会指定用菜；并且公司筹建了一方水土地标农鲜电子商务平台，通过"公司+基地+农户+品牌+互联网"的模式，为1 000多户农户提供一个新的O2O（从线上到线下）电商销售平台，带动当地农民增收致富，带动了很多农村青年回乡创业就业①。

6.3　培养造就"三农"工作队伍，促进乡村经济发展

党的十九大提出"实施乡村振兴战略"，"培养造就一支懂农业、爱农村、爱农民的'三农'工作队伍"；2018年中央一号文件《关于实施乡村振兴战略的意见》中也提出，"为实施乡村振兴战略，必须破解人才瓶颈制约。要把人力资本开发放在首要位置，畅通智力、技术、管理下乡通道，造就更多乡土人才，聚天下人才而用之"。培育"三农"队伍对振兴乡村、发展乡村经济具有决定性作用。

6.3.1　培养造就"三农"工作队伍的理论分析

（一）培养造就"三农"工作队伍是提高乡村经济发展的人力资本

美国经济学家舒尔茨和贝克尔的人力资本理论认为，经济增长与劳动力质量水平相关，而提高劳动力质量的关键在教育，加强教育投资有利于促进经济增长；诺贝尔经济学奖获得者罗伯特·卢卡斯也认为，对人力资源的开发和有效利用，是增加社会财富的真正源泉，是社会经济良性运行、协调发展的起点和归宿。乡村人口是乡村经济社会发展的主力军，应将发展乡村教育与职业教育作为乡村经济发展的重要因素，充分重视人力资本理论在实现乡村振兴战略中的重要作用。

（二）加强职业教育，培养新型职业农民是乡村经济发展的需要

英国经济学家巴洛夫在《非洲的大灾难》和《非洲需要什么样的大学》等论文中阐述了其职业教育思想。他认为：发展中国家应该集中力量发展职业教育，并且应该以经济发展计划为依据，对于经济发展和所需的"人力资源"

---

① 姚玉涵，黄靖琪. 发挥龙头企业作用 带动乡村振兴［N/OL］. 增城日报，http://zcrb. zcwin. com/content/201808/30/c100550. html.

进行"人力储备",而"人力储备"可以通过职业学校的发展来实现。在巴洛夫看来,发展中国家政府要振兴经济,就必须大力发展学校形态的职业教育。这一思想在 20 世纪 60 年代提出后,得到了联合国教科文组织和世界银行的支持,但很快就遭到了学术界的质疑和批判,福斯特在反驳中提出了"职业学校谬误论"。福斯特认为,就结果而言,发展职业学校只能是一种谬误,职业教育的重心应是非正规的"在职培训",认为"职业技术培训必须主要在正规教育机构之外进行",发展企业本位的在职培训计划要比发展正规的职业学校"更加经济""更少浪费"。对于职业教育的组织者,巴洛夫主张主要组织者应该是政府,而福斯特则指出,企业本位的职业培训优于学校本位的职业教育,让企业经营职业培训,对企业和政府都有好处,政府可免除企业部分税收作为适当资助。巴洛夫和福斯特的职业教育观念虽然不同,并且在具体实施中完全相反,但都主张通过发展职业教育,提升劳动者职业、技术能力以实现经济发展。2017 年末,我国有乡村人口 57 661 万人,拥有巨大的乡村人口基数、乡村经济社会发展所需的充足人力资源,但同时存在农村劳动力过剩与农业技术人员短缺、乡村文盲与半文盲比率高、乡村人员科学文化知识不能适应乡村经济发展需要、乡村青壮年劳动力人口少与劳动力人口城镇转移等现象。因此,从实现乡村振兴战略需求与乡村经济持续发展角度看,在目前阶段更需要政府加强农村职业教育与基础教育投资,要充分依据乡村资源特点与产业发展需要,培训职业农民,提升乡村人口素质与乡村经济发展人力资本。

(三) 农村人力资源开发是乡村经济发展的重要支撑

改革开放以后,农村劳动力素质提升的问题逐步得到关注,政策与理论研究均认为加强农村人力资源开发是乡村经济发展的重要基础。

(1) 农村人力资源开发的政策支持。1986 年颁布实施的《中华人民共和国义务教育法》,改变了长期以来农村劳动力教育投入不足问题,开启了农村人力资源开发的政策支持序幕。此后,随着国家经济的发展,国家对农村义务教育的支持力度不断加大,并对职业农民的培养与发展给予高度重视。2005 年,原农业部《关于实施农村实用人才培养"百万中专生计划"的意见》将"职业农民"作为"百万中专生计划"的培养对象初次提出;2006 年《中共中央 国务院关于推进社会主义新农村建设的若干意见》中提出,提高农民整体素质,培养造就有文化、懂技术、会经营的新型农民;2007 年中央一号文件四次提及"新型农民",2011 年《教育部等九部门关于加快发展面向农村的职业教育的意见》中也七次提及"新型农民",2012—2017 年的中央一号文件均提出要加强"培育新型职业农民";而在 2014 年,教育部和原农业部联合印发了《中等职业学校新型职业农民培养方案试行》，标志着新型职业农民的培养进入实施阶段；2017 年，原农业部印发了《"十三五"全国新型职业农民培育发展规划》以加快培育新型职业农民，造就高素质农业生产经营者队伍和强化人才对现代农业发展和新农村建设的支撑作用；2018 年的中央一号文件《中共中央 国务院关于实施乡村振兴战略的意见》中专门提出要"汇聚全社会力量，强化乡村振兴人才支撑"，对人才培育、引进、科技人才支撑与吸引社会各界人才加入乡村振兴等方面提出了政策与实施要求。

（2）农村人力资源开发对乡村经济发展作用的理论与实证分析。任文硕（2008）认为，农村人力资源开发，不仅是建设社会主义新农村的物质基础、精神动力，也是建设社会主义和谐农村的必然要求；贺喜灿（2010）的研究认为，人力资本是影响农民收入的最主要因素；李俊葵（2011）认为，湖南农村人力资本对农村经济增长的作用开始显现，存在较大的提升空间；国家发展改革委的侯全章（2012）认为，发展现代农业，尤其要注意第一线务农劳动者的培养，要把培育新型职业农民纳入经济社会发展规划；陈池波和韩占兵（2013）认为，农村"空心化"是我国城镇化和工业化进程中必须面对的复杂问题，长期中应积极实施职业农民培育，推进农业规模化经营，提高农业收益，以化解农业生产接班人危机；原农业部的曾一春（2014）提出，不管是财政强县还是财政弱县，都应把农村人力资源开发作为一项重大战略，牢固树立科教兴农、人才强农的理念，建立专门政策机制，加大扶持力度，建设一支宏大的高素质的新型职业农民和农村实用人才队伍，为农业现代化和农村经济社会发展提供坚实的人才基础和保障；马姣姣等（2017）通过实证分析认为，大幅增加农村人力资本投资，提高农业劳动者的综合素质，提高农业科技水平，促进农业生产率（尤其是劳动生产率）的提高，是实现农民增收的根本保证。

6.3.2 培养造就"三农"工作队伍的国外经验

与发达国家相比，我国是一个农业大国，农业发展程度还相对较低，借鉴发达国家的农民教育经验，可以促进我国农业农村更好更快地发展。

（一）健全的农民职业教育法律制度支持

为加强对农民职业教育的保障和引导作用，发达国家都普遍建立了系统与规范的职业教育与培训的法律制度体系。如，美国自 1862 年至今，先后颁布《莫里尔赠地学院法案》《哈奇法案》《史密斯—利费农业推广法案》《乔治—里德法案》《班克黑德—琼斯法案》等若干法案，规定了政府支持农民教育与培训，保障与推动了美国农业现代化的升级转型和现代职业农民群体的壮大；德国在 20 世纪 50 年代以来，颁布了《职业教育法》《职业促进法》《实践训练师资条例》等法令，把职业教育作为国家教育制度确定下来，农民职业教育也包括在其中；1960 年法国颁布了《农业教育指导法案》，建立农业教育培训体系，支持农业人才培养；日本无论在二战前还是在二战后，都设立了相关法律制度如《农学校通则》（1883 年）、《农业改良促进法》（1977 年）和《食品、农业、农村基本法》（1999 年）等支持农业发展与农民教育培训；韩国先后颁布了《韩国教育法》（1949 年）、《农村振兴法》（1960 年）、《农渔民后继者育成基本法》（1980 年）和《农渔村发展特别措施法》（1990 年）等法律制度，支持专业农业人才的培育。

（二）完善的农民教育培训体系

发达国家农民数量少但农业产值却很高，其完备的农民教育体系所形成的高素质农民职业队伍是农业发展的关键因素。发达国家的农民教育与职业培训均采用双轨制，即正规的农业教育与农业推广机构的培训。通过国家财政的投入，大力发展高等和初等农业教育机构，使得农业教育机构的规模、人数不断增加，并把科研、教学及推广任务作为农业职业教育院校的主要工作职责，以在一定程度上保证教学的理论性及实践性，促进农业技术的传播和提升。如，美国除了农业院校外，各州、市、县有州立性质的农业试验站，实施 4H 即培养农村新型农民的头脑（Head）、双手（Hand）、心灵（Heat）、体魄（Health）的青少年农业发展计划，向新农民传输农业种植养殖技术知识；日本除了由国家或机关政府设立的以实施学历性教育（如农民学院）和非学历性（如各种职业与技术培训）的公营教育机构外，日本政府还积极鼓励私人成为举办农民教育的主体（如"日本农业实践学院""八岳中心农民学院"和"鲤渊农业学院"）；法国也实施了由中等农业职业技术教育、高等农业教育和农民职业教育三个部分组成的农业教育体系，注重理论与实践的结合，提高农业院校毕业生的就业状况，吸引了越来越多城市青年入学；韩国的农业教育体系主要有 4H 教育、农民后继者教育和专业农民教育，正规农业类学校教育、政府各级的农业教育以及民间组织的农村社会教育等农业教育网络遍布全国，以加强对农民的职业技术教育①。

（三）严格的农民职业准入制度

传统意义上的农民往往代表着落后、低端的社会生活与较低的社会阶层，

---

① 李红. 日本农民职业化教育对策分析及启示 [J]. 中国农业教育，2008 (3)：14-16.

职业进入没有门槛，更多的是传统世袭，因而职业素质普遍较低。发达国家为改变农民传统阶层属性，采取严格的农民职业准入制度。美国农民来源渠道复杂，可以是本土居民，也可以是外来务工者，但进入农业行业必须具备相应资格，并且美国职业型农民不仅具有常见的种植、养殖知识，还具有农场经营、管理、科学文化等新型技能；德国青年接受 9 或 10 年基础教育后，在获得学徒工证书的基础上，还需经过 3 年农业职业教育，且通过规定课程的结业考试，方可成为职业农民；法国农民职业培训体系有严格的考核制度，考核中不仅要看学生在特定工作中的表现，而且还要考察受训者是否了解环境保护课程，是否重视绿色食品和发展生态农业，法律规定有"农业职业能力证书"可以当农业工人，有"农业职业学习文凭"才可以当熟练农业工人或职员，取得"农业技术员文凭"可以当农业经营者或食品加工企业的技术员；而日本政府十分重视农业教师的水平和资质，规定申请人在成为农业教师之前必须取得由地方教育委员会颁发的教师资格证书，以强化农业教育的师资保障①。

（四）多渠道的农民职业培训经费

为保障农民教育与培训的执行，发达国家均形成了以政府财政投入为主，社会、企业参加的多渠道农民职业培训经费投入体系。美国通过多部农业性法律明确规定农业培训过程中的具体资金额度，规定当地公立性农业培训机构不能对参训农民收取任何培训费用，还必须要发放给参训农民相应的培训补助以鼓励当地农民参加农业职业培训，并通过税收减免、贷款优惠、社会保障等一系列资金优惠激励懂经营、懂技术的青年农民参与农业生产及经营活动，尤其对从事农业生产的大学生采取专门措施鼓励他们从事农业工作；法国通过政府拨款、农协征税和征收土地税的形式投入农业教育经费，并规定农民在参加培训期间还能够领取补助费，补助费由雇主、政府或农业专业协会承担，以激发农民参加农业教育的积极性。日本的农业教育投入经费一直具有较高水平，并保持不断增长。资料显示，2002 年，日本的农业教育投入经费仅低于美国，是同期中国教育经费的 34 倍。日本主要通过法律的形式保障政府与地方财政资金投资拨款以优先发展农业人才的培养事业，同时，也有来自社会企业界、民间人士等的资金投入农民教育培训中②。

---

① 王立宾，肖少华，韩秀莲. 美国农民职业培训体系的特点及启示［J］. 中国成人教育，2016（4）：118-121.

② 卢冬丽，李红. 日本农民职业教育的特点及启示［J］. 长春教育学院学报，2013，29（15）：133-134.

6.3.3 培养造就"三农"工作队伍的对策分析

破解城乡发展差距，实现乡村经济发展，必须培养造就一支懂农业、爱农村、爱农民的"三农"工作队伍，提升乡村发展的人力资本。这是乡村振兴战略实施的关键，也是乡村振兴战略实施的重要支撑。

（一）坚持"三农"优先发展，将"三农"工作队伍建设纳入乡村振兴规划

把"坚持农业农村优先发展"的宏观政策落到实处，强化"优先发展"的政策供给，在干部配备上优先考虑，在要素配置上优先满足，在资源条件上优先保障，在公共服务上优先安排，在政治导向、政策导向和政绩导向上强调评价地方党政领导的"三农观"和"三农"绩效评价，在人才配备与培养上将工作队伍纳入区域人才发展战略与乡村振兴规划，强调"三农"工作队伍在解决"三农"问题中的重要作用，为农业农村优先发展提供坚实的制度机制保障与人才保障。

（三）完善选拔与管理机制，着力培育"三农"工作队伍

要进一步完善"三农"工作队伍的选拔、培养、考核和使用机制，加快培养造就一支具有乡土情结、农业技术扎实、会管理、懂经营的农村工作队伍，是乡村振兴的根本保证。一要建强"三农"干部队伍。"三农"干部队伍是党的"三农"事业的骨干和中坚，要以战略眼光和务实举措，把"三农"干部队伍建设纳入乡村振兴战略全局进行通盘考虑，摆上重要议事日程，编入乡村振兴规划。要进一步完善"三农"干部选拔、培养、考核和使用机制，把农村一线锻炼作为培养干部的重要途径，培养一支听党指挥、作风过硬、带领群众增收致富、推动地方经济发展和维护地方社会稳定的乡村干部队伍。二是建优"三农"科技队伍。科技兴农、科技强农、科技富农是乡村振兴战略成功的关键，建设与培养好一支优秀的"三农"科技队伍非常重要。要着力健全和完善农业农村科技人才培训机制、评价机制和激励机制，提高农村科技人员待遇与地位，为科技人员发挥才能提供广阔的乡村试验场与工作场，让科技兴农扎根在田间地头，助力乡村产业兴旺，赢得农民群众满意。三是建好"三农"领军队伍。党管农村是乡村振兴的一条基本原则，要通过多种渠道配强选好支部书记，发挥支部书记在乡村振兴中的领头人作用；构建现代农业产业体系、生产体系、经营体系，发展多种形式适度规模经营，培育新型农业经营主体，是农村产业兴旺的重要促进力量，要通过政策鼓励与经费支持吸引新型经营主体队伍、新农民群体以及农业职业经理人、经纪人、乡村工匠、文化能人、非遗传承人等新型农民投身乡村振兴战略，发挥他们在质量兴农、绿色兴农、品牌强农等方面的引领作用。

（三）加强政策与资金支持，培育新型职业农民

农民群众生长于亟待振兴的乡村，对这片土地爱得深沉，最清楚要建设一个什么样的乡村，最憧憬尽快建成什么样的乡村。乡村振兴，不能忽视乡亲们，要更多地依靠他们，要通过政策与资金支持，提高农民文化素养，把传统的农民培育成新型职业农民。一要大力发展农村基础教育，提高乡村人口文化素质，为大力培养新型职业农民奠定良好基础；二要完善农业职业教育法规政策，通过立法形式与资金支持推动与落实农业职业教育，为农业生产培养大批具有农业科学知识、实用专业技能和管理营销知识的新型职业农民；三是健全农民职业培训体系，充分发挥各级农业广播电视学校、农村职业学校、涉农学院、科研推广机构、企业社会组织的作用，形成以农广校、农村职业学校为主体，多方资源广泛参与的多渠道的新型职业农民教育培训体系；四是要建立农业资格准入制度，准确选择财政资助对象，确保真正从事种植、养殖业农民的利益，稳定新型职业农民队伍；五是改善农村医疗、社保、文化、水电气路、信息网络、住房等各项生产生活条件，提升农村对新型职业农民的吸引力，实现新型职业农民队伍的可持续发展①。

6.4 加强农村基础设施建设，缩小城乡发展"硬件"差距

实施乡村振兴战略推动农村、农业发展，促进农民增收，缩小城乡发展差距，需要加强农村基础设施建设。特别是在欠发达地区的农村，农村基础设施建设严重滞后，城乡差距大，城乡协调发展性差。加强农村基础设施建设可以增强农村自我发展能力，提升农村生产力水平，促进农村发展新型工业、现代农业、现代乡村群落，增加农民收入，改善乡村的宜产、宜居面貌，实现"农业强、农村美、农民富"的目标。

6.4.1 农村基础设施建设现状

农村基础设施是指为农村经济、社会、文化教育、环境卫生发展及农民生活提供公共服务的各种要素的总和，包括农村生产与生活的支持和服务设施。农村基础设施是农村各项事业发展的基础，应该与农村经济及整个社会发展相协调。

---

① 赵永平，王浩，常钦. 乡村振兴正当时（在习近平新时代中国特色社会主义思想指引下——新时代新作为新篇章）[N]. 人民日报，2018-05-07（001）.

改革开放以来，农村基础设施得到大力改善，但相对于城镇基础设施及我国整体经济发展水平，农村基础设施相对农村发展需求与整个发展还存在许多不足。

（一）农村生产性设施建设普遍滞后与失修

农村生产性设施是指服务农村生产的物质条件，主要包括农用土地、水田保持及田间道路建设、农田水利建设等。从增量上分析，1978年以来，国家财政的农业生产性支出总量不断增加，但农业支出在国家财政支出中的比重保持在较低的水平（具体见图6-6），大约为9.5%，而农业生产性支出在国家财政"三农支出"中的比重呈现下降趋势，严重滞后于农业现代化生产需求。并且，从流量上看，长期以来中国农业基本建设的固定资产交付使用率呈现出不断下降的趋势（孙开、田雷，2005）；许多交通不便利、农田土地不平整的欠发达地区农田改造与水利设施投入严重不足，致使当地农民农业生产成本高、收成差，土地抛荒严重。从存量上看，由于生产性设施的公共性、产权的集体性以及管理不善，农村田土荒漠化、盐碱化和土地流失严重；田间道路年久失修，杂草丛生，日益变窄，坑洼不平，难以实施机械化生产；农田水利设施淤泥不断，蓄水与通水灌溉能力日益下降，严重影响农业生产。

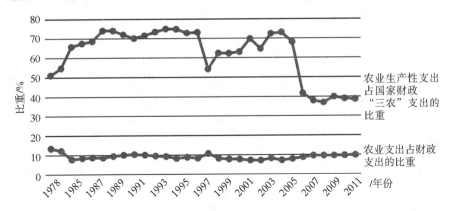

图6-6　1978—2012年农业生产性支出占国家财政

"三农"支出比重与农业支出占财政支出比重的变化

资料来源：国家统计局农村社会经济调查司.中国农村统计年鉴（2015）［M］.北京：中国统计出版社，2016.

（二）农村生活性设施总体不足

农村生活性基础设施主要是直接服务于农民生活，改善农民生活现状和人居环境，美化村庄风貌，提高农民物质文明和精神文明生活水平的物质条件与文化条件。它主要包括：农民居住环境条件、农村饮用水安全工程设施、文化教育卫生体育设施、村庄治理与安全设施、网络电视电话设施、农村电力电网设施等。农村生活性服务设施建设严重滞后，与农村人民对生活的美好需求严重脱离，与乡村振兴的要求还存在较大差距。

一是农村居住环境发展不平衡，缺乏居住环境改善的有效设施与制度管理。欠发达地区居住环境较差，存在农村生活污水乱排放、饮用水安全问题不能有效保障、垃圾处理不到位、废弃农用薄膜有效回收差与秸秆稻秆乱焚烧等现象。有关资料显示，全国饮用水经过集中净化处理的村的比重为24.44%、实施垃圾集中处理的村的比重为15.75%、完成改厕的村的比重为20.54%。二是文化教育卫生体育设施投入严重不足。乡村文化建设落后于整个社会发展水平与社会主义核心价值观要求，民俗文化与宗室文化缺乏正确引导，庸俗文化与乡村"拳头文化"现象突出，文化设施少，全国有图书室和文化站的村的比重只有13.4%，有农民业余文化组织的村的比重只有15.1%，这些村大多是城镇近郊村、新农村建设示范村或扶贫联系点村，其他自然村设施欠缺；乡村教育投入不足，管理机制不健全，乡村教育设施与水平低，乡村文盲率与乡村高中以上文化水平人口比率低，乡村15岁及以上文盲人口占7.26%，高于全国平均的4.88%、城市平均的1.90%、城镇平均的3.87%[1]；医疗卫生水平低，设备陈旧，乡镇卫生院、农村每千人拥有的病床数及医护人员少，有卫生室的村的比重为74.3%，有行医资格证书医生的村的比重为76.1%，与"健康中国"的要求相距甚远；农村体育设施极少，全国有体育健身场所的村的比重只有10.7%。三是村庄治理与安全管理不足。近年来，村级基层组织建设与村庄社会治安管理取得了很大成绩，但与"乡风文明、治理有效"的要求尚有较大差距，主要村级基层党组织的规范性建设、党员的示范引领作用以及村级治理人员配备、安全设施配置还需大力加强。四是网络电话电视及电力设施投入不足，覆盖率低、设施水平差。据《中国统计年鉴》数据，2010年全国农村宽带接入用户比率只有12.58%，农村许多村没有光纤接入；安装了有线电视的村的比重只有57.4%；通电的村的比重虽然高达98.7%，但农村电力设施故障率高，抢修及时性差，严重影响农村居民用电生活满意度；能够接收电视节目的村的比重为97.6%，但安装了有线电视的自然村的比重只有44.3%，电视文化设施建设还需加强。[2]

---

① 参见：中国2010年人口普查资料 [EB/OL]. http://www.stats.gov.cn/tjsj/pcsj/rkpc/6rp/indexch.htm.

② 除特殊说明外，本部分的数据均来源于：国务院第二次全国农业普查领导小组办公室，中华人民共和国国家统计局. 中国第二次全国农业普查资料汇编 [G]. 北京：中国统计出版社，2009.

（三）农村生产生活性服务设施落后

农村生产生活性服务设施主要是指与农民生产生活密切相关，有利于改善农民生存和发展条件的设施，包括农村交通设施、农村金融保险服务设施、商贸服务设施、农业生产资料购买与农产品的销售设施、农产品质量安全检测设施、农业科研与技术推广服务机构等。

一是农村交通设施建设普遍落后。很多农村交通设施落后，村道狭窄、连通性差，缺乏有效管理，路面坎坷、垃圾成堆、污水横流，阴雨季节，污泥、污水多，影响车辆、行人通行，严重地干扰了当地居民的正常生活；乡村田间道路建设落后，投入不足，无专人管理，许多乡村无法使用农业机械生产，农业耕作成本增加，农业生产效率低。

二是农村金融保险服务体系不完善。由于农村经济货币化程度较低，农村人口居住分散，国有商业银行大量退出农村市场，导致农村金融服务机构覆盖面下降，而中国农业发展银行业务范围太窄，支持农业开发的作用有限；中国农业银行的商业化改革，使得中国农业银行将农业资金从以农业为主转为工商业并举，贷款业务离"农"向"工"，支农业务被边缘化；农村信用社虽然在农村金融中占主导地位，但由于农村、农业、农民发展的弱势，农村信用体系不完善和担保抵押制度问题，农村信用社为了资金安全与自身利益而惜贷，农民往往难以贷到资金，农村信用社支农功能有限；民间借贷虽然在一定程度上缓解了农民贷款难的问题，但由于缺乏规范，金融风险大，民间金融借贷纠纷案件呈上升态势，扰乱了正常的金融秩序，影响社会稳定；农业保险机构基金规模较小，保险项目界定模糊，理赔及风险补偿机制滞后，农村、农业、农民的保障体制尚未健全，影响乡村发展。

三是农民生活与农业生产的商贸服务网络体系差。由于农村人口居住分散，交通不便利、不畅达，农村商贸服务网络集中度差，缺乏大型的商贸服务机构，特别是专业的商贸物流服务专业人才更是稀缺，商贸服务网点大多是个体经营者或集贸市场形式，规模有限，缺乏规范的企业管理、质量管理与服务意识，网点散乱，商贸服务一体化程度极低，购买与销售均不方便，对农村产品的生产与销售辐射与导向作用非常有限，影响生产与生活。

四是农业科研与技术推广服务机构和服务内容少。质量兴农、科技兴农是农业发展与乡村振兴之路，需要一批懂农业的农业科研与技术推广服务人员。但当前农村对农业科研与技术推广服务存在管理体制不顺、运行机制不健全问题，普通技术人才多、新特技术人才少，懂生产性技术人才多、懂加工贮鲜的人才少，技术服务人才多、企业管理销售人才少等问题。农村中等职业学校的学生，学习更多的是工业、商贸方面的技术，而学农业相关技术专业的人少，学成以后回农村从事相关专业工作的人更少，许多农民没有或不懂经济作物或畜牧养殖技术；农业科研与技术推广经费有限，并且经费管理"渗漏现象"明显，真正被用于农技人员工资、试验、示范与推广等方面的经费少，更谈不上现代化仪器设备的购置，非农专业户的农业生产技术严重滞后，生产效率低下，也是农村土地抛荒的重要原因；农村的优势产业、龙头企业少，精深加工程度低，科技带动能力有限，也影响农业科技推广。

6.4.2　改善农村基础设施是城乡协调发展的重要基础

农村基础设施是乡村振兴和城乡协调发展的重要内容和有力保障。从发达国家的乡村发展与城乡协调的实践看，兴建与改善农村基础设施，对于改造传统农业，增加农民收入，促进农村产业转型升级和乡村现代文明的发展，改变乡村的生产生活环境，实现城乡要素的双向流动都具有极其重要的作用。

（一）农村基础设施是城乡协调发展的重要物质基础

基础设施是城乡经济社会发展和人们生产生活改善的重要物质基础，是城乡协调发展的先决条件。"城市偏向"与"工业化发展"战略促进了城市经济的发展与基础设施的建设完善，加剧了城乡"二元经济"现象。加强农村基础设施建设，实现城乡基础设施向农村的延伸，可以推动城乡空间的链接与整合，实现城市空间与乡村空间的优势互补与互动、分工与协作，实现城乡空间的协调发展；加强农村生产生活环境设施建设，建立良好的乡村生态环境系统，构建城乡生态环境大系统，可以促进乡村自然生态环境对城市人工生态环境的融合与缓冲，促进城乡生态系统的协调发展；加强农村生产基础设施建设，实现资源在城乡间的合理、双向流动，加强农村与城乡的产业分工与合作，可以实现城乡经济发展的互动，推动农村生产效率提高，实现城市与农村效率的协同发展，推进城市与农村资源利用的平等与协同；加强农村教育、文化与卫生设施建设，可以提高乡村文化与治理水平，统筹城市和乡村发展政策与制度上的公平，推进乡村文明与城市文化的协同发展，构建市民与农民社会身份与地位平等的社会。

（二）改善农村基础设施促进农村经济发展的理论分析

基础设施被经济学家称为经济增长的先行资本和前提条件。Rostow（1960）的理论分析认为，基础设施建设是社会变革、生产力发展、经济成长的前提条件。农村基础设施是农村经济社会发展不可或缺的公共产品，改善农村基础设施可以促进农村经济发展。Jain 等（2009）认为，农村经济基础设施能降低生产成本、提升劳动和资本的生产率；Ma 等（2013）分析认为，社会基础设施具有提升人力资本水平的作用，从而可以提高农户对新技术的使用意愿和强度，同时可以提高技术利用效率。关于农村基础设施建设对农村经济与农民收入的影响，国内许多学者进行了研究与探索。林毅夫（2000、2012）指出，农村水、电等和生活有关的基础设施建设项目一般较小，施工期短，使用的物质投入以国内生产为主，对国内需求的直接刺激作用较快、较大，农村基础设施的改善也有利于提高生产率和缩小城乡差距；朱国忱（2006）认为，农村基础设施建设具有乘数效应，农村基础设施投资即便不能成为牵动农村经济活动的"火车头"，也是促进其经济发展的"车轮"；袁立（2006）运用理论机制和经验数据分析农村基础设施投资对农村经济的影响，研究认为，从短期效应上看，基础设施投资增加将会引致生产能力的成倍增长和增加农民收入，从长期效应上看，较好的基础设施可减少农民交易成本，提升交易效率，扩展分工网络，从而促进农村经济内生增长；高颖和李善同（2006）的研究表明，基础设施可以通过降低转移成本和转移农村劳动力到城镇来促进农村减贫；刘生龙和周绍杰（2011）发现，农村基础设施的可获得性增加有助于促进农民收入增长；吴清华等（2015）基于超越对数成本函数和 1995—2011 年中国省级面板数据进行分析，认为灌溉设施、农村公路建设能够降低农业生产成本，促进农业生产率提高，且灌溉设施的作用较大；刘晓光等（2015）认为，中国的公路和通信设施建设通过促进农村劳动力向非农部门转移，缩小了城乡收入差距；张勋和万广华（2016）分析了中国农村基础设施建设对包容性增长的影响，实证结果表明，座机电话和自来水等农村基础设施总体上有利于提高农村居民的收入水平，从而帮助缩小中国的城乡收入差距，并且还可以改善农村内部的收入不均等；邓晓兰和鄢伟波（2018）利用 1988—2014 年的省级面板数据，实证分析农村基础设施（农村灌溉、道路、电力和医疗基础设施）建设对农业全要素生产率的影响，研究发现，农村基础设施建设都能对农业全要素生产率产生明显的溢出效应，且灌溉基础设施的作用最明显，其次为医疗基础设施，高于道路和电力基础设施，并且农业机械化程度、种植规模的提高和种植结构的调整能提升农业全要素生产率；张亦弛和代瑞熙（2018）使用 2003—2014 年全国 30 个省份的面板数据进行分析，结果表明，农村水利、信息、卫生环境和滞后两期时的交通运输基础设施建设对农业经济增长有显著的正向效应；谢申祥等（2018）利用中国家庭跟踪调查（CFPS）2010 年和 2014 年的数据分析了农村基础设施的可获得性对农村减贫的影响，结果表明，基础设施的可获得性对农村减贫具有正向影响，尤其是农村自来水设施的可获得性对农村减贫具有显著的正向效应。

因此，现有的理论研究表明，农村基础设施建设可以通过以下渠道来促进农村经济发展，缩小城乡收入差距，缓解农村贫困：第一，基础设施投资与建设可以提高生产效率，促进农村经济增长，增加收入，从而缓解农村贫困。第二，公共基础设施能够改善要素与信息流动，特别是降低交易成本，增加农村产业发展与农村转移劳动力在城市中的就业，提高收入，促进农村经济社会发展。第三，建设农村基础设施会降低农民所面临的自然风险和经济风险，实现农村经济发展与繁荣。如发达的水利设施可以提高农业抵抗自然灾害的能力，发达的病虫害防治和预测、预报系统可以减少病虫害造成的损失；发达的农产品市场体系可以降低农民进入市场的风险。第四，农业基础设施具有经济发展的规模效应，良好的农村基础设施可以推动农村产业的适度规模发展，实现经济效益增加或生产成本降低，推动农村经济发展。第五，农业基础设施建设通过改善生产条件与提高生产效率而实现农业产业结构调整效应。如动力、机械设备等固定资本的投入，替代了农业劳动力，使农业劳动生产率大大提高，也使农业劳动力由从事粮食生产、种植业向从事经济作物、畜牧业、渔业等部门转移，为农业结构转变准备了劳动力前提；农田整治和大中型水利工程等设施的建设，大大提高了农村土地生产力，农作物产量迅速提高，畜牧业生产和园艺类植物种植扩大成为可能，从而对农产品的储藏、运输、销售提出了更高更多的要求，促进了农业生产的专业化生产与分工的深化。

6.4.3　加强农村基础设施建设，提升农村内生发展能力

农村公共产品对于农民、农村、农业具有重要作用，但我国农村公共产品的提供远不能满足需要。国家的提供意愿不足、集体的提供能力不足，使得绝大多数农村公共产品供给成为建设社会主义新农村的重要内容和有力保障。当前，我国农村公共产品供给存在诸多问题，如总量不足、结构失衡、效率低下，不仅影响了农村居民对农村公共产品的有效需求，而且严重制约了农村经济社会的和谐发展。产生这些问题的根源在于新中国成立之初重工业优先发展战略的选择、城乡二元结构和城乡利益的分化。因此，重构农村公共产品供给机制需要切实统筹城乡发展，缩小城乡差距，建立健全相关法律制度，进一步转变政府职能。

（一）切实落实政策精神和加强政策支持

改革开放以后至 2006 年《中华人民共和国农业税条例》被废止，农村基础设施供给的物质成本来源于农户家庭缴纳的各种税费，人力成本则来源于农

村劳动力的义务工和积累工，主要改善农村道路交通、电网、饮用水、集资办学等条件。2006 年以后，农村基础设施建设的资金主要来源于上级政府的转移支付和通过"一事一议"制度来解决，农村基础设施改善得到中央政府高度重视。2005 年 12 月 31 日，中共中央和国务院颁布《关于推进社会主义新农村建设的若干意见》，提出要"加强农村基础设施建设，改善社会主义新农村建设的物质条件"；2008 年 10 月，中国共产党第十七届三中全会通过的《中共中央关于推进农村改革发展若干重大问题的决定》中提出"加快发展农村公共事业，促进农村社会全面进步"，在社会主义新农村建设思想指引下，农村基础设施得到一定改善。近年来，国家农村工作会议一号文件都大力强调要改善与加强农村基础设施建设，缩小城乡差距。2017 年，党的十九大报告中提出，要"坚持农业农村优先发展，按照产业兴旺、生态宜居、乡风文明、治理有效、生活富裕的总要求"，实施"乡村振兴战略"；2018 年的中央一号文件《中共中央 国务院关于实施乡村振兴战略的意见》和 2018 年 2 月中共中央办公厅、国务院办公厅颁布的《农村人居环境整治三年行动方案》，进一步对加强农村基础设施建设与推进农村环境改善提出了措施与要求。这些政策为推进农村基础设施建设与农村发展提供了政策支持，但各级部门特别是基层工作部门如何落实国家政策精神，需要有明确的工作要求与考核办法，上级政策与资金管理部门不但要加强政策与资金支持，更要制定实施细则以加强监管与考核，确保中央政策有效执行不走样。

（二）加强规划，为乡村振兴提供基础设施支持

农村地域分散，各地区经济发展条件不同，自然环境和居住状况差异显著，但也存在许多共同点。因此，在进行农村基础设施建设时，需要从多个方面进行谋划，从整个区域发展布局，既要考虑村庄特点，又要征求村民意见，与实施资源要素配套有效整合，因地制宜、一村一策，注重农村特色，保持乡村风貌。制定农村基础设施建设相关规划，要做到有重点、有特色，一村一规划，使基础设施建设在总体安排、科学部署指导下有序开展。加快城市交通、供水、电力、信息、广电、电信、互联网等基础设施向农村延伸，推进农村与城市基础设施互联共通，搭建起城乡一体的基础设施网络，促进城乡融合；加强雨污分流、管线入沟、道路修建、饮水用水、旱厕改革、机耕道路、农田水利、教育卫生休闲设施等建设，提高农村基础设施水平，促进乡村自我发展，实现乡村振兴。

（三）加大财政对农村基础设施建设的支持力度

农村基础设施是实施乡村振兴与提高农村内生发展能力的重要物质基础，也是制约农村发展亟待加强的一个薄弱环节。农村基础设施大多属公共产品和

准公共产品范畴，在使用上具有排他性和非竞争性，依靠市场机制难以实现资源在公共产品中的有效配置，需要通过财政支持促进农村基础设施的建设与完善，以保证不同地区、不同阶层的公民可享受大体相同的公共服务。一是要建立规范、透明、公正的财政转移支付制度。明确界定乡镇和村两级各自的职能（事权），核定乡镇和村两级各自的需求，根据不同地区农村的现有经济发展水平不同和基层财力情况，建立规范、透明、公正的财政转移支付制度，依靠财政转移支付保障乡村基础性公共产品的基本生产生活供给。二是注重财政资金的使用效率与重点基础设施建设。由于当前历史欠账太多，农村基础设施建设严重滞后，农村居住、生产、生活地域面积广阔，需要建设的地方多，而财政资金有限，因此在农村基础设施建设中要坚持循序渐进、久久为功的思想，注重财政资金的使用效率、投资结构与当前农村生产生活的重要契合，加强重点基础设施建设，不断改善农村基础设施。如，在生活方面的基础设施建设，政府的投入应重点放在路、电、水、环境等公共设施和居住配套设施上，并与小城镇建设和"千村示范、万村整治"工程紧密结合起来；生产方面的基础设施建设，政府投入主要应用于农民个人无力承担的大中型农田水利设施建设，提高农业生产的保障能力。三是要加强对财政投入资金的监管与项目评估，切实提高财政资金使用效率，防止财政资金的"渗漏"与挪用等问题。为避免政府财政支农政策失灵，必须强化财政支农全程监督和管理，健全基础设施建设标准，提高资金的使用效率；建立有效的公共投资项目后评价机制，严格项目实施前的评价论证，规范项目实施中资金的调度使用，考核并跟踪项目实施效果，以解决公共投资项目安排中的随意性问题、资金乱用"渗漏"及腐败问题。

（四）拓宽投资渠道，加快农村基础设施建设步伐

制定优惠政策，采取各项措施积极推进农村公益性基础设施项目市场化融资，采取股份制、投资基金、经营权转让以及财政贴息、承诺等方式，对外招商引资，鼓励、引导社会资金投向大型基础设施、环保等社会性公益项目，以开辟多元化融资渠道，增加农村基础设施建设社会资金投入；按照中央提出的工业反哺农业、城市支持农村和多予少取放活方针，加大强农惠农富农政策力度，实现城镇化、工业化与农村现代化的统筹协调发展；按照"谁投资、谁建设、谁受益、谁管理"的原则，构建以农民投资为主体的投资政策，引导、鼓励农民投资与管理，改善农村生产生活条件，分享发展成果，逐步建立起以农民投资为主体，多渠道、多层次社会集资办基础设施建设的良性运行机制，以加快农村基础设施建设步伐。

6.5 建立城乡融合发展机制，推动城乡共同发展

实现乡村振兴必须消除城乡二元结构，实现城乡融合发展。实现城乡融合发展，不但要依靠政府主导的制度推动，也要建立市场主导的市场融通机制来推动城乡融合，发挥城镇化的拉动与集聚辐射作用，实现城乡融合，推动城乡共同发展。

6.5.1 制度推进机制

制度是生产力和经济社会发展的基本保障，这也是造成我国城乡二元结构的重要历史性根源之一。由于制度的原因，城乡在社会治理、经济运行、金融服务、文化发展、社会观念等各方面独立和分割，造成城市谈城市、农村谈农村的完全不同的两套体系，如城乡户籍制度、社会保障制度、就业制度、基础设施建设投入管理制度、区域建设发展规划制度等。制度性障碍堵住了农村的发展之路，导致城乡不能融合。所以，实施乡村振兴，推进城乡融合发展，首先要从制度层面，依靠政府在经济社会发展制度保障、发展目标制定、创造发展环境等方面消除城乡融合发展的制度障碍，促进城乡融合的内在机制形成。一是建立与完善农村土地流转制度，实现城乡土地权利的平等，积极探索与推进农村集体建设用地进入市场、宅基地制度改革、农村土地"三权分置"改革，通过农村土地要素市场激活农村建设市场，促进城乡融合；二是完善与落实户籍制度改革，实施农业转移人口市民化待遇，消除城乡户籍差异，形成城乡融合发展的户籍平等，促进城乡人口的双向流动与融合；三是完善农村金融市场制度，建立以农村集体建设用地、农民房屋、农地经营权等物品担保抵押的融资渠道，解决农村金融服务的便利性问题，降低农村金融服务成本，解决城乡之间金融不平等与融资便利问题；四是建立农村基础设施投资建设制度，从制度层面保障农村基础设施改善，既提升农村的自我发展能力，也为城市资源下乡提供基础与机遇①。

望城模式为制度推进城乡融合发展提供了很好的范式与借鉴。望城区曾经是长沙市所辖的县，通过以"生态+文化+科技"为核心，以小城镇建设为抓手，以城乡规划为基础，以基础设施建设为支撑，以产业发展为主体，以生态

---

① 刘守英. 城乡融合是城乡协调发展的核心 [N]. 中国经济时报，2016-01-18 (001).

建设为依托，以社会事业发展为保障，走出了一条很好的城乡一体化发展道路。一是加强规划，将经济社会发展规划、城乡规划、土地利用规划等各项规划统一起来，建立一体化的规划管理体制，形成顶层制度供给；二是建立制度与政策支持基础设施向农村、农业转移与延伸机制，逐步实现城乡基础设施无缝对接；三是加强产业规划与指导，推动产业优化、转型、升级；四是注重生态保护，树立绿色发展理念，走生产发展、生活富裕、生态良好的文明发展之路；五是建立较好的社会保障体系，发展文化、增加就业、激励创新①。

6.5.2 市场融通机制

市场融通机制是指依靠产品的价格、销售量和利润等市场因素促进城乡各自产品、要素向对方市场通畅有效地投放、流动，实现城乡内部、城乡之间人流、物质流、信息流、资金流等的高效与充分流动，继而强化城乡之间经济社会的动态有机联系，实现城乡融合发展的市场机制。

建立市场融通机制：一是完善农村市场载体与市场设施建设。市场是买卖双方进行商品交换的场所，利用市场融通城乡发展，要完善城市商业网点的农村规划，做好双方互通，可鼓励企业以连锁、加盟的方式到农村开拓市场，或支持在各大商场开辟特色农副产品专柜，以发挥好城市对农村的辐射带动作用，推进城乡接轨，实现城乡融合发展；要加强农村集贸市场的建设与规划，突出城乡横向经济联合、农工商一体化、贸工农一体化，强化特色，打破城乡分割、地区分割和部门封锁，促进生产要素在城乡之间的全面流动；要加强城乡市场之间的物流运输、道路交通、信息通信、金融服务等行业联系的基础设施与政策服务支持，实现农村网点与城市网点合理分工，实现城乡市场的一体化，为城乡融合发展奠定基础。

二是培育市场主体。市场是各种市场主体的商品交易场所，繁荣农村市场，融通城乡关系，要大力培育以农民为主的市场主体。要增加农村教育投入，提高农民的生产技术技能与市场经营管理能力，培养农民的市场意识，加强农产品的市场销售；加强政策支持与宣传，助力建设"企业+农户"的市场主体，培育现代农业经营主体；把握农村居民需求趋势，积极引进城市工业产品，既满足农村居民对美好生活的需要，又加强城乡商品流通。

三是大力发展市场客体。丰富多样的商品是市场活跃的重要因素。随着城

---

① 农业部农村社会事业发展中心课题组. "长沙现象与望城模式"解析——长沙望城城乡一体化协调发展的实践与探索 [N]. 农民日报, 2012-09-12（006）.

市人民收入的提高，人们对农产品的消费需求呈现多样化、生态化、乡土文化特色化等趋势。活跃农村市场，融通城乡关系，吸引城市资源下乡，要丰富市场商品。吸引城市资本，延伸产业链，实现猕猴桃、椪柑、油茶等特色农产品的种植、品尝、观光浏览、加工等环节的一体化战略，丰富产品内涵，提升农产品价值；发挥民族特色，挖掘民族文化，发展民族食品、民族工艺品、民族旅游业；以绿色种植、生态饲养、放心消费为宗旨，建立社区农产品供给基地，加强城市社区与农村生产基地的联系。

四是加强制度建设与市场监管。政府应该采取措施，加强法制建设，建立健全市场规章制度，加强对市场经营秩序、产品质量的监管，确保商品质量，防止假冒伪劣产品进入，维护城乡居民的基本权益，为城乡要素融通提供良好的市场环境[①]。

6.5.3　城镇化拉动机制

城镇是社会生产力发展到一定水平，实现非农业人口为主的聚集并有一定规模工商业的居民点，是人类文明和社会进步的结晶。城镇化是人口、工业及第三产业向城镇集聚的动态过程，是推动城乡经济协调发展、促进城乡融合的内在动力。1978—2018 年，中国城镇化率从 17.92% 上升到 59.58%（常住人口城镇化率），带动了大量农村剩余劳动力向城镇转移与就业，也增加了农村居民的收入，农村居民人均年收入由 133.6 元上升到 14 617 元（如图 6-7 所示）。

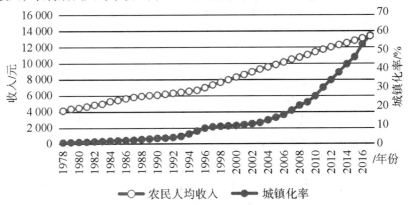

图 6-7　1978—2018 年中国城镇化率与农民人均收入变化关系

资料来源：历年《中国统计年鉴》。

---

① 任保平. 统筹城乡商贸流通：态势、机制与模式选择 [J]. 社会科学辑刊，2010（4）：140-143.

事实上，城镇化是实现农业剩余劳动力转移、解决人口结构性矛盾的重要途径。通过持续、健康有序的城镇化，农村大量剩余劳动力不断被城镇非农产业吸收，农村土地压力也因此得到缓解，农业规模化和机械化程度得到提高，工农差距逐渐缩小，农村人均收入占城镇居民人均收入的35%左右（如图6-8所示）。

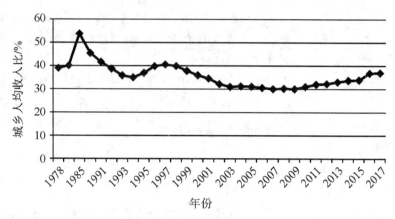

图6-8　1978—2018年中国城乡人均收入比变化

资料来源：历年《中国统计年鉴》。

城镇化不仅转移了农村剩余劳动力，提高了农民收入，而且也是提高农业劳动生产率、实现农业现代化的根本途径。夏春萍（2010）认为，城镇化的推进对带动工业化发展和农业现代化发展有着重要的促进作用；陈志峰等（2012）的研究认为，城镇化通过对农村剩余劳动力的吸纳和农产品需求的增加，有力地提升了农业生产效率，提高了农业收益，扩大了农业投资，加速了农业现代化的实现；赵颖文和吕火明（2017）的研究也认为，城镇化发展将推动产业的集聚和消费市场的拓展，对农业产业提升、增加就业和促进增收等具有积极意义，但城镇化也促使劳动力、土地、资本等要素从农村向城市单向转移，在城市规模扩大的同时农村逐渐走向衰败与消亡。因此，应充分发挥城镇化的带动作用，实现城镇化与农村、农业现代化的协同发展。一是实施新型城镇化和就地城镇化，增强城镇化对农村、农业发展的影响力。要提高各类城镇建设与管理水平，增强城镇对人口的吸收容纳能力，实现人口城镇化；同时，在城镇规划与建设方面，除加强大城市和中心城市建设以及发挥其对农村的集聚、带动和辐射功能外，应加强小城市和城镇的建设与发展，通过就地城镇化带动产业和生产要素的集聚，实现城乡的融合。二是严格城镇化进程中的生态评估，增强城乡可持续发展能力。城镇化对农业生态环境的影响不容忽视，特别是对农业土壤、水资源、大气环境以及生物多样性产生的许多负面影响。因此，政府部门应采取积极措施，有效控制城镇化进程中对农业生态环境的破坏，加大对农业生态环境的资金和技术支持力度，促进城镇和农业的可持续发展，实现城镇与农村的和谐共生。三是深化土地产权制度改革，明晰农村产权关系，确定和颁发集体土地与宅基地使用权、农村房屋所有权、土地承包经营权等证书，在守住耕地红线的政策下，加强土地资源的优化配置及在城乡之间的流动，保障农民的收益补偿，增加农业现代化所需资金，带动农村、农业发展①。宁乡市关山村盘活土地资源，通过土地流转引来超大农业、龙腾控股集团等龙头企业和基地入驻，农民在获得股金和红利的同时，还以劳务形式获得工资性收入，村民收入大幅增加，农村、农业均得到较好发展。

6.5.4 集聚扩散机制

根据经济学原理，集聚效应是指各种经济活动和组织在空间上的相对集中所产业的经济效应，主要体现在三个方面：一是形成强大的集体效应，促进要素与产业的地区集中；二是使原来分散的经济活动在空间范围上相对集中，拉近生产者与消费者的距离；三是促使社会经济基础结构的建立，使得经济活动更加节约成本费用，提高效率，增加收益。缪尔达尔（1957、1968）把发达地区（城市）对周围地区的推动作用或有利影响称为扩散效应，生产要素从增长极（发达地区）向周围不发达地区扩散，能产生一种缩小地区间经济发展差距的运动趋势②。

集聚与扩散是实现城乡由不均衡发展向均衡发展的重要路径。刘易斯为解释发展中国家经济发展过程而提出了城市工业化中心导向模式，认为通过城市的工业化，不断吸收农业中的剩余劳动力，使这些剩余劳动力转入城市现代工业部门，以实现农业部门劳动力与工业部门劳动力的收入基本相等，从而达到城乡一体化的目标。运用集聚与扩散效应，以"中心地理论""增长极理论""生长轴理论"等理论为基础的城乡点轴开发模式为城乡一体化发展的很好模式，其中"点"是一定区域的各级中心城镇，即"增长极"，"轴"是联结"点"的线状基础设施，线状基础设施经过的地带就是"轴"，"点"与"轴"在一定区域内构成一片有机的区域，这片由"点"与"轴"有机构成的区域的形成过程就是城乡一体化过程。

---

① 曹俊杰，刘丽娟. 新型城镇化与农业现代化协调发展问题及对策研究 [J]. 经济纵横，2014（10）：12-15.

② 韩纪江，郭熙保. 扩散—回波效应的研究脉络及其新进展 [J]. 经济学动态，2014（2）：117-125.

在我国城乡发展实践过程中，许多地方已成功地实施了城乡融合与协同发展模式，如大城市带动郊区发展模式、城市群带动乡村发展模式、中心小镇工业化模式、大都市带动大农村模式等。建立城乡融合发展的集聚与扩散机制，要创新观念，城乡融合是双向的，而不是单向的，要树立互为资源、互为市场、互相服务的观念，实现城乡之间的经济、社会、文化、生态上的协调统一；要创新路径抉择，根据特定时空经济发展特点，选择发展模式实现城乡融合；以制度创新激活城乡融合发展模式创新，通过城乡市场一体化、统筹城乡规划制度、统筹城乡公共产品供给制度、城乡融合激励制度等方面的创新降低城乡要素流动的障碍、成本，增强城乡互动的便利性，促进形成城乡信息互通、产业互动、资金共享、人才共用的融通格局①。

---

① 刘守英. 城乡融合是城乡协调发展的核心 [N]. 中国经济时报, 2016-01-18 (001).

7 坚持绿色发展，破解生态保护与发展难题

县域作为县级行政区划的地理空间，包含广阔的草地、山林、溪流、江河、湖泊与农田等自然生态资源，是城乡的重要生态屏障，是建设美丽中国的主战场。在加快县域经济发展中，要注重经济与人口、资源和环境的协调，要坚守生态底线，坚持绿色发展；要坚决贯彻与践行习近平总书记的生态思想，树立"保护生态环境就是保护生产力，改善生态环境就是发展生产力，良好生态环境是最公平的公共产品，是最普惠的民生福祉"的发展理念，坚持"像保护眼睛一样保护生态环境，像对待生命一样对待生态环境"绿色发展原则，下定最大的决心，保持坚如磐石的定力，构建绿色产业体系，推动形成绿色发展方式和生活方式。

7.1 全方位推进生态保护软硬件建设

2017 年 5 月 26 日下午，中共中央政治局就推动形成绿色发展方式和生活方式进行第 41 次集体学习时，中共中央总书记习近平强调，必须把生态文明建设摆在全局工作的突出地位，坚持节约优先、保护优先、自然恢复为主的方针，守住"三大红线"，开展"全方位、全地域、全过程"的生态环境保护建设。党的十九大报告中进一步提出"加快生态文明体制改革，建设美丽中国"的要求。县级政府作为党的政策的执行者与督导者，在落实绿色发展理念，破解生态环境保护与发展难题时，既要坚持生态保护文化与制度建设，也要着力解决环境与发展问题。

7.1.1 确立环境保护硬要求，改善生态环境质量

（一）树立绿色发展理念，提高资源环境承载力

自然生态环境是人类生产生活的物质基础，为经济社会发展提供资源和能源等最基本条件。"天育物有时，地生财有限，而人之欲无极"，是发展始终面临的矛盾。乡村振兴，代表更高质量和水平的生活，也意味着对资源能源需求和生态环境质量的更高要求。当前，我国在经济社会发展中，积累着一定的环境生态问题，影响了经济发展质量。因此，要按照"五位一体"总布局的总要求，坚持绿色发展理念，形成绿色价值取向，着力解决发展需求和资源环境有限供给之间的矛盾，着力解决当前生态环境保护的突出问题，提高资源环境承载力，给子孙后代留下天蓝、地绿、水净的美好环境。

（二）加强基础设施建设，将保护与发展科学结合

坚持绿色发展，实现人与自然和谐共生，要通过科学规划，加强基础设施建设，实现保护与发展的科学结合。自然环境为人类社会发展提供物质基础，如能源、水、林木、粮食等；人类社会发展则为生态环境保护提供保障。实现保护与发展的科学结合，以实施可持续发展战略、促进经济增长方式转变为中心，以改善区域环境质量、维护区域生态环境安全为目标，做好功能区规划，建立生态区的生态补偿，实现生态区与经济区的功能互补。根据农村所处的特殊地理位置、环境特征、功能定位，正确处理经济发展同人口、资源、环境的关系，合理确定农村产业结构和发展规模；科学指导与资金支持，将乡村传统风貌与城镇现代化建设相结合，将自然景观与历史文化名胜古迹相结合，把农村经济发展与环境保护有机结合起来；建立监管与绿色发展基金政策，通过最严密的制度、最严格的执法、最严厉的问责与环保生态达标奖励、政策支持、绿色企业认证、绿色生活示范户等措施，以解决大气、水污染为重点实施有效治理，以促进资源节约和生态建设为重点狠抓有效预防，以完善制度机制为重点加强环境管理，切实实施蓝天、碧水、乡村清洁工程，深入推进县域生态建设；坚持以人为本，以创造良好的人居环境为中心，努力改善生态环境质量，实现人与自然和谐共生，推进县域经济发展与环境保护"双赢"。

（三）加强"乡村振兴"中的农村环境治理，建立生态保护系统

广阔农村是县域的重要构成部分，农村经济是县域经济的基础，科学发展农村经济是县域经济发展的坚实基础，改善乡村环境是破解县域生态环境保护与发展难题的关键。要建立相关设施与制度，加强对乡村环境卫生、用水、污水、饲养粪便、农用薄膜等问题的治理，发展农村经济，弘扬生态文明，使农

民生活更加富裕，环境更加整洁，精神更加充实，物质文化生活水平得到提高。为此，应主要做好如下方面：

（1）农村环境卫生整治。改善农村环境卫生条件，继续开展农村改水、改厕工作，逐步清除简易厕所，对农户厕所进行卫生改造，建设符合卫生要求的公共厕所；实行畜禽圈养并与住房分离；加强对人畜粪便处理后的资源化利用，提高有机肥料的使用率；加强农村自来水的改造和建设工作，提高农村自来水普及率和饮水卫生合格率；坚决执行中央的农村旱厕政策，养殖户的卫生达标监管工作，提高农村环境质量。

（2）农村生活垃圾处理。实施农村生活垃圾的定点存放、统一收集、定时清理、集中处理，提倡资源化利用或纳入镇级以上处置系统集中处理，消除生活垃圾污染。

（3）生活污水处理。消灭污水随意倾倒或排放现象，采取分散或相对集中、生物或土地等多种处理方式，因地制宜开展农村生活污水处理。在人口密度较低、环境容量较高的农村区域，可利用自然系统就地处理，在人口相对集中地区采用设施处理。结合农村改厕、改厨、改圈与沼气建设，提高生活污水处理率。

（4）村容村貌改善。结合旧村改造、新村建设，鼓励农民美化村庄环境，改善居住条件。开展村庄建筑物整理，消灭"污水乱泼、垃圾乱倒、粪土乱堆、柴草乱垛、秸秆乱烧、畜禽乱跑"等现象；因地制宜开展村庄绿化；整治村庄河道、沟渠，实现河道水清、通畅、岸绿；改善村庄道路状况，主要道路硬化平整，有条件村庄主干道安装照明设施①。

7.1.2 完善政策软环境，建立生态保护长效机制

党的十九大报告提出，"建设生态文明是中华民族永续发展的千年大计。必须树立和践行绿水青山就是金山银山的理念，坚持节约资源和保护环境的基本国策，像对待生命一样对待生态环境，统筹山水林田湖草系统治理，实行最严格的生态环境保护制度"。加强制度创新，全面贯彻落实党的各项政策，进一步建立健全生态环境保护长效机制，才能促进县域经济社会又好又快发展。

（一）决策管理机制

生态环境保护与建设需要科学规划、突出重点，整体推进、分层实施，因

---

① 赵玉红. 保护农村生态环境 促进县域经济可持续发展 ［C］//中国环境科学学会. 中国环境科学学会学术年会论文集：2012 年卷. 北京：中国农业大学出版社，2012：3340-3345.

而建立科学决策管理机制，发挥政府政策引导作用十分重要。政府机关在建立健全生态系统空间保护时，要明确生态保护空间，严守生态保护红线，制定生态环保硬标准，明确哪些区域要保护，哪些区域可开发，哪些项目可以上，哪些项目不能上，协调部门间的行动，明确各部门的职责，制定实施方案，从而让"该保护的坚决得到保护、该开发的合理得到开发"，形成坚守红线、分级管理、上下联动、务实高效的生态管理决策系统。

（二）约束和激励机制

要全面贯彻落实党中央、国务院生态文明建设总体部署和要求，深入贯彻习近平总书记系列重要讲话精神，牢固树立和贯彻落实创新、协调、绿色、开放、共享的发展理念，进一步建立健全生态环境保护考核和约束机制。坚持"绿水青山就是金山银山"的生态理念，建立体现生态文明要求的目标体系、考核办法、奖惩机制。各级政府要对本行政区域的环境质量负总责，政府和有关部门主要领导是本行政区域第一责任人，分管领导是重要责任人，建立生态环保目标责任考评制度和奖惩制度，并实行环境保护一票否决制；探索与完善建立"山长制""河长制""溪长制"等环保制度，加强对山林、河流、小溪、湖泊等重要生态资源的保护及激励制度，实现将生态优势转化为县域经济的发展优势。

（三）执法监督机制

生态保护涉及面广，可以说是全地域、全时间、全方向、全气候的环保要求，不但要求政府各部门各司其职、各负其责，密切配合，齐心协力共同推进环境保护工作，而且要求充分调动广大群众的积极性，特别是发动环保爱好者、环保志愿者的积极参与，构建全员参与的环保执法监督机制。

县级人大及其常委会，作为地方国家权力机关，要紧紧围绕生态文明建设的总体要求，充分发挥人民代表大会制度的优势和特点，依法行使监督职权，将推进生态文明建设作为监督重点，纳入日常各项监督工作之中，做到监督经常化、刚性化、实效化，以促进本行政区域内生态环境保护与经济社会发展并重、同步推进；要按照是否符合法律法规规定、是否符合广大群众的根本利益和共同愿望、是否符合坚持生态引领和发展生态经济的要求、是否有利于科学发展转型跨越的客观标准，依法决定县域经济发展与生态建设中的重大事项，实现县域经济发展和生态文明建设沿着正确的方向和目标驶入规范化、法治化轨道发展；发挥人大法制功能，加强《环境保护法》《水法》和其他国家相关法律法规执行情况的检查和法制宣传教育，将执法与教育宣传紧密结合，推动县域生态文明建设；要充分发挥各级人大代表的监督、参与和实践者的作用，促进县域生态文明进步。

环保职能部门是环境保护与生态文明建设的核心部门，应充分发挥服务与监管执法的职能。做好项目开工建设与环保评估的服务工作，帮助企业解决环保知识贫乏的难点；积极与区域内行政领导、相关部门沟通、协调，宣传环保政策、知识，做好领导与部门决策的环保助手；切实执行对县域内的生态示范区、自然保护区和各类企业的监督，一旦发现问题，严格执法，为县域生态文明建设与绿色经济发展保驾护航。

构建"生态保护，人人有责"的全民参与机制，发挥环保爱好人士、环保志愿者和广大民众的作用。深入开展生态文明示范建设，积极培育生态文化、生态道德，使生态文明成为社会主流价值观，成为社会主义核心价值观的重要内容；组织好"世界地球日""世界环境日""世界森林日""世界水日""世界海洋日""全国节能宣传周"等主题宣传活动，积极组织环保爱好人士、环保志愿者开展环保活动，在全社会塑造生态文化；发挥新闻媒体作用，树立理性、积极的舆论导向，报道先进典型，曝光反面事例，提高公众节约意识，倡导适度消费、绿色消费，营造有利于生态文明建设的社会氛围；提高企业的社会责任感，把节能环保当成增强核心竞争力和提升企业社会形象的大事要事，发放"环保示范户""绿色发展示范户"牌，宣传企业，宣传绿色环保，下好县域经济绿色发展这盘棋。

（四）生态补偿机制

要按照"谁受益，谁保护""谁污染，谁治理"的生态补偿原则，建立健全区域环境生态补偿机制，平衡各方利益，保障生态功能区的利益，促进城乡共同发展。

7.2 构建县域经济发展绿色产业体系

目前，我国经济发展已从高速增长向中高速增长转变，从速度向发展质量转变，增长动力通过经济发展方式变革实现由要素驱动向创新驱动转换，以实现国民经济持续健康发展。县域经济是我国经济发展方式转型的空间核心，要适应国家经济转型发展态势，坚持绿色发展，着力构建绿色产业体系，实现县域经济持续发展。

7.2.1 树立绿色发展理念，发展循环经济

"循环经济以'减量化、再利用、资源化'为原则，以'低投入、低消

耗、低排放、高效率'为基本特征",是绿色发展理念所提倡的新型经济发展方式。发展循环经济,必须遵循"开源节流"和推动资源能源利用方式根本转变的观念,实现县域经济发展方式转变,消解资源环境对发展的制约。

（一）转变观念,树立绿色循环发展理念

大力发展循环经济,是转变经济增长方式、破解资源环境约束、减轻环境污染的有效途径,也是主动把握和积极适应经济发展新常态、转变经济增长动能、推动形成绿色低碳循环发展新方式、实现县域经济社会与环境均衡协调可持续发展的现实需要和必然选择。县级政府及相关部门要深刻理解坚持绿色发展的重要性与迫切性,牢固树立绿色低碳经济和循环经济的发展理念,并将其贯穿到经济社会发展的全过程,实现传统发展遵循的"资源→产品→废物"单一化线性资源利用模式向"资源→产品→废物→再生资源"的循环模式转变,促进发展过程中资源利用率的极大提高,最大限度地减少对资源、能源的消耗,并对废弃物进行回收再充分利用,大幅降低对资源消耗和对环境污染的强度,最终实现对环境的零污染,从根本上缓解经济增长给环境带来的巨大压力,推动绿色发展、循环发展和低碳发展。

（二）科学规划,合理布局循环经济

把发展循环经济作为编制中长期县域发展规划、城镇总体规划、土地利用规划、产业发展规划以及各类专项规划的重要原则,综合考虑全县域资源基础、工业园区情况、产业发展、城镇建设等因素,高起点谋划循环经济发展路径,对县域循环经济发展进行战略定位、科学规划、合理布局,指导和引领产业向循环型、生态化方向转变。

（三）强化政策引领,支持循环经济发展

建立循环经济发展的政策机制与工作机制,支持循环经济发展。建立与完善发展循环经济的政府领导联席会议制度,加强对发展循环经济的科学决策与领导;建立循环经济发展评价指标体系和相关统计制度,并将其纳入各级政府和相关部门目标责任考核,为落实循环经济发展提供考核标准;认真落实国家和省、市相关优惠扶持政策,建立县域循环经济发展的优惠政策,支持与影响企业行为,有效促进循环经济发展;加大环保执法力度,严肃查处浪费资源、破坏环境的违法行为,营造循环经济发展良好环境;按照企业集中布局、土地集约使用、污染集中治理和废弃物循环利用的原则,淘汰落后产能,建立县域循环经济发展示范园区,发挥示范园区的循环经济发展引领与示范作用;改革县域用人政策,大力引进适用型高端人才,加强与大专院校和科研机构的合作,为加快循环经济发展提供智力支持。

7.2.2 实施绿色科技创新，构建绿色发展技术支撑

绿色发展就是要解决人与自然和谐发展问题。走一条生态优先的绿色发展之路，通过生态绿色化、生产绿色化、生活绿色化，走向生态文明新时代。绿色发展离不开理论创新、文化创新、制度创新，尤其要发挥科技创新的引领与支撑作用。科技创新在应对人类共同挑战、实现可持续发展中发挥着日益重要的作用，我们唯有依靠科技创新才能为绿色发展提供根本动力。

（一）树立绿色科技观

实施绿色科技创新，要实现科技价值观的改变，树立与传统科技观不同的绿色科技观，即将绿色意识和绿色的环保科技相结合的一种观念。它不仅强调科技、自然、社会、人文的四位一体，还要强调其伦理、生态文明的建设。它超越了传统科技观的人类中心主义论，真正实现了科技和人文的有机统一。绿色科技观强调自然环境效益，充分体现了生态价值的取向。其基本出发点是一方面要保证社会经济的持续发展；另一方面又要保护生态环境，避免技术滥用危害自然生态环境，通过发展绿色科技实现经济、社会和生态三者统一，实现三者共赢的目标。

绿色科技观是以人与自然和谐相处为基本原则的，不是只追求经济效益而忽视自然和社会效益，在做到人与自然和社会和谐相处的前提下，积极维护生态平衡，维护自然生态环境。

县域经济要实现绿色发展，必须要制定完善的绿色制度、打造绿色品牌理念、创建绿色文化氛围、制定安排绿色规划、发展绿色产业体系、实施绿色工程项目、普及生态文明教育、营造绿色科技文化氛围、倡导绿色生活方式，形成绿色科技观与生产观、消费观。

（二）提升绿色科技创新能力

党的十九大报告指出，中国特色社会主义进入新时代，我国社会主要矛盾已经转化为人民日益增长的美好生活需要和不平衡不充分的发展之间的矛盾。社会主要矛盾的变化关系全局，是深刻的历史性变化，对党和国家工作提出了许多新要求。破解这一主要矛盾，当务之急是改变发展"不平衡不充分"的现状，加强科技供给侧改革，积极主动进行科学技术创新是必然选择。习近平总书记曾在全国科技大会上强调指出："我国科技发展的方向就是创新、创新、再创新。"县域经济作为经济欠发达地区，在新时代背景下，必须提升绿色科技创新能力，以转变经济增长方式，实现经济增长与生态环境的和谐。

一是大力营造推进企业绿色科技创新的社会氛围。由于科技投入和经济实

力不足，县域内企业绿色科技自主创新的能力不强。要在全国的创新政策指导下，充分利用好县级政府政策在县域内营造出对企业进行绿色科技创新的激励和引导的社会环境，借助现代媒介传播的力量，传播绿色创新的理念，将环境保护作为社会主流意识传递到社会的各个领域，让企业深入了解绿色科技创新所能带来的社会效应和环境效应，营造良好的创新氛围，让企业处在一种创新的环境中。

二是政府要为绿色科技创新提供人才支持的有利环境。作为县级政府，在科研人才储备与培养上存在先天的缺陷，县域内企业的科研人才也稀缺，县级政府要建立科技人才支持政策，鼓励创新，引导资本、人才向绿色科技创新领域流动，为绿色科技创新提供人才支持，以弥补县域内绿色科技创新人才的不足。

三是企业自身要建立完善的创新体制。企业是创新的主体，企业家要有建设生态文明，发扬创新精神的进取意识，塑造创新文化和绿色创新意识，提高对绿色科技创新的重要性和紧迫性的认识，带领和动员企业内部员工积极开展绿色产品、绿色生产工艺等核心技术的研发，推进产品升级换代与产业转型升级，实现向绿色产业转型。

（三）推动绿色科技产业化经营

市场是绿色科技发展的重要驱动力，政府及相关部门要借鉴国内外的成功经验，再结合本地实际情况，建立起与国家、省、市相连接的市场体系，发布绿色科技信息，提供绿色科学技术信息服务，培育绿色科技市场，推动绿色科技产业化经营。充分运用互联网+绿色科技，建立绿色科技信息发布机制，为绿色科技需求主体提供及时有效的技术信息服务，为绿色科技项目推广提供有利的市场环境。特别是根据县域产业及地域状况，推动新能源产业（如太阳能、潮汐能、水能、风能、地热能、生物质能等）、新材料、生物制药等产业的发展。

（四）加强发展绿色科技制度建设

绿色科技的研发、推广和应用需要制度来保障，才能更好地实施。绿色科技制度是指由政府主管部门来制定或形成各种有利于鼓励、推动和保障绿色科技发展，具有引导性、规范性和约束性的规定及准则的总和。县级政府主要加强对国家、省级、市级科技制度的执行，加强执法，打击非法与侵权，建立激励政策与资金支持，并推进绿色科技与市场相结合[①]。

---

① 刘薇. 北京绿色产业发展的科技创新政策研究 [J]. 经济论坛，2012（1）：38-40.

7.2.3 培育新兴产业，加快产业转型升级，发展绿色经济

县域经济是国民经济不可缺少的基本单元，是以县城为中心、以集镇为纽带、以乡村经济为基础的多层次区域性经济系统。在乡村振兴战略背景下，县域经济将迎来巨大的发展机遇。培育新兴产业和加快产业转型升级，是县域经济发展绿色经济与又好又快发展的必然路径。

（一）培育新兴产业

一是培育休闲观光农业。充分利用区域优势、农业资源优势和客源潜力优势发展休闲观光农业，既搞活乡村经济，又改善环境。以"农"字为特色，充分发挥农业的基础作用和农民的主题作用，发展住农家屋、吃农家饭、干农家活、享农家乐的主题产业；以"种植养殖"为特色农业，发展立体种养，形成有层次、有梯度、有接续的种养结构，做到不同季节出产不同的农产品，既能优化当地的生态环境，发展观赏农业，又能满足市场的需要；以"绿色村庄和绿色集镇"为特色，结合当地的气候条件、季节特点，从农业资源和生产条件出发，形成有特点、有品味（位）、有规模的绿色村庄和集镇，集玩、购、住、吃于一体的绿色产业。2017 年被评为"中国最美十佳乡村"之一的河南黄固寺村遵循生态发展理念，从一个贫困落后的村发展成为新密市综合实力 30 强村，着力打造成了"宜居、宜业、宜游"，天蓝地绿的生态观光旅游区。为迎合现代都市人休闲生活的需求，经反复考察论证，黄固寺村积极调整农业产业结构，把产业定位在"生态、休闲、娱乐、旅游"上，2008—2010 年先后投资 3 千万元建绿色生态养殖基地，改造集休闲度假、旅游观光于一体的微水湖游览区；以郑州都市区为目标，致力于 1 小时经济圈，使都市人能够进得来、留得住、吃得好、玩得嗨；大力发展儿童游乐、手工编织、特色小吃、生态采摘四大品牌产业，并建成相关配套公益设施，以绿色发展引领产业发展，增加就业、增加收入，加快美丽乡村建设[①]。

二是发展绿色旅游产业。挖掘与整合历史和人文资源，塑造品牌，讲好故事，整合旅游线路。紧紧围绕环保、绿色这一主题，以度假、休闲、观光、游览为主要服务项目，把零星分散的旅游资源整合串联起来，形成旅游线路，发展生态旅游，带动县域经济发展。河北省的馆陶县曾是省级贫困县，对于如何发展曾经很迷茫，后来通过实施"产业+美丽、美丽助产业、产业更美丽"的

---

① 搜狐焦点. 这十个地方被央视评为最美乡村，有没有比你们村美？〔EB/OL〕. https://yanan.focus.cn.

理念建起了一批特色小镇，正在走出一条以产兴镇，产业、文化、生态高度融合的美丽乡村特色小镇之路。这里有依靠"粮食画"带动乡村旅游，进而成为2015年"中国最美十佳乡村"之一的粮画小镇寿东村，把发展文化旅游产业与抓好脱贫攻坚、建设美丽乡村、加强生态建设有机结合起来，凸显特色，做出品牌，发挥综合带动作用，让群众从中受益；这里有以黄瓜产业为主导的"黄瓜小镇"，以轴承产业为主导的"轴承小镇"，以养羊和苗木为主导产业的"羊洋花木小镇"等十多个特色小镇，打造了绿色县域经济产业发展之路①。

三是发展特色养老产业。充分利用县域内有交通便利、文化优势、生态资源优势的地方开展养老特色小镇，发展集观光、度假、民俗、宗教、运动等各种特种旅游于一体的特色养老产业。

四是发展"互联网+"产业，节约资源，克服条件制约，推动县域经济发展。

五是根据县域内资源发展特色加工业，延伸特色加工业产业链，提高资源利用率和产业效率。

（二）推进产业转型升级

一是大力发展新商贸产业，推动电子商务、现代物流、绿色金融、科技服务、养老健康等新兴先导型服务业发展；二是以优化提升为重点，扎实推进"三去一降一补"，推广应用新技术、新工艺、新装备，通过深度开发和高附加值开发，提升县域内传统产业产业竞争力；三是以创新驱动为重点，通过科技创新、金融创新和机制创新，提高技术水平与服务水平，促进产业发展质量提高。

（三）以绿色经济为主题构建乡村产业兴旺示范区

以实施乡村振兴战略为契机，构建以发展绿色经济为主题的乡村产业兴旺示范区，积极探索绿色发展背景下的乡村产业发展机制、路径，推动县域经济发展与环境保护协同发展。

7.3 完善生态文明建设制度

生态文明是人类文明发展的一个新的阶段，是工业文明之后的文明形态，

---

① 河北文明网. 馆陶粮画小镇寿东村获 2015 "中国十大最美乡村"称号 [EB/OL]. http://mini.eastday.com.

是人类在改造和利用自然界的过程中坚持以人与自然、人与人、人与社会和谐共生、良性循环、全面发展、持续繁荣为基本宗旨的社会形态。习近平总书记指出："只有实行最严格的制度、最严密的法治，才能为生态文明建设提供可靠保障。"只有完善生态文明制度，破除生态文明建设的体制机制障碍，才能实现县域绿色经济发展，走向生态文明新时代。

7.3.1 完善法律体系，强化依法保护和治理机制

实现绿色发展，建设生态文明，不仅要在理念上奉行生态价值观和生态伦理观，在生产过程中要实现以生态技术为支撑的绿色生产，在生活方式上要推行以低碳为基础的绿色消费，还需要加强和完善法律制度建设，形成适应生态文明理念要求的"硬约束"，以最严格的制度、最严密的法治为生态文明建设提供坚实可靠的保障。

生态文明建设必须坚持立法先行，加快建立有效约束开发行为和促进绿色发展、循环发展、低碳发展的生态文明法律制度，强化生产者环境保护的法律责任，大幅度提高违法成本。对于县域经济发展过程中出现的生态环境问题，全面增强法制建设，依法保护与治理，做到严格执法，有法必依，违法必究，切实实现对生态建设与环境治理的"硬约束"。在具体的实施过程中，应当根据国家、省、市的法律法规制定出台针对县域经济发展的生态环境保护地方法规与执行细则，增强法律的可操作性和根据绿色发展需要实施修订和补充相关法律法规；同时，针对自身的实际情况开展有针对性的生态环境整治活动，全面坚持防治结合、预防为主、统一规划的原则，落实"谁污染谁治理"的责任体系，对于出现的各种影响生态环境的行为必须加大处置力度，特别是对于一些已经发生污染的行为，必须有针对性地进行打击，提升其违法成本。另外，县级政府、乡镇政府在开展经济建设及企业在经营活动中，必须全面平衡经济活动与生态环境保护两者之间的关系，确保在国家法律法规与省市制度框架内开展活动，确实承担起地方经济绿色发展的主体责任，严格约束自身经济行为，协调好经济发展与环境保护的关系，确保人与自然、人与人、人与社会和谐共生、持续发展。

在当前经济社会发展阶段和技术水平条件下，要解决生态环境突出问题，确保生态环境保护底线不被突破，还必须建立污染物排放监管制度，完善污染物排放许可证制度，并确保这些制度具有刚性和约束力，能够得到有效实施和执行，以禁止无证排污和超标准、超总量排污，对违法排放污染物、造成或可能造成严重污染的能够依法处理，保障绿色发展理念落地。

7.3.2　建立和完善生态文明建设激励制度

发展绿色经济，建设生态文明，要建立和完善相应的激励制度。

（一）建立和完善正向激励机制，加强生态文明建设

建立和完善正向激励机制，为县域经济实施绿色发展规划、建设生态文明灌输正能量。完善社会发展考核评价体系，将生态效益纳入衡量经济发展的重要指标之中，杜绝单凭地区生产总值增长率论业绩，严格考核奖惩，激励党政机关开展绿色行动，实施绿色发展；加强对企业生产行为的环保检测、监管，评选年度绿色发展示范企业，给予奖励、宣传；提高生态林补偿标准，奖励护林有功人员；建立环保违法举报网站、电话，保护与奖励举报有功人员，形成全员参与监管环保的机制；根据县域区域特点，适时推进碳排放权交易、森林碳汇交易、用能权交易、水权交易等生态服务交易市场建设，探索建立市场化生态补偿制度，推进绿色经济的市场建设。

（二）严格执行负向惩罚机制，打击和处罚破坏生态文明建设的行为

建立和完善负向惩罚机制，严厉处罚破坏生态文明建设的行为，降低人类行为对环境的消极影响。对违法或环保不达标企业严格实施关、停、并、转措施，并根据情况严格追究企业负责人责任；对破坏生态环境的个人砍林毁林行为、生活垃圾乱扔、生活污水乱排、禽畜粪便不处理等行为坚持实施经济处罚、行政处罚、通报批评、降级使用等，让受到惩罚的公民个人、党政机关、企事业组织尝到破坏绿色发展和生态文明建设的苦果，才能警示更多主体，从而支持县域经济实施绿色发展和生态文明建设。

（三）建立和健全责任追究制度

严格责任追究，对违背科学发展要求、造成资源环境生态严重破坏的要记录在案，实行终身追责，不得转任重要职务或提拔使用，已经调离的也要问责。把执行生态文明责任建设作为干部考核与提拔的重要指标，并对不顾资源和生态环境要求盲目决策造成严重后果的，要严肃追究有关人员的领导责任。只要发生环境违法行为，对该违法行为负有立项、审批、监管职责的领导干部就一定要被追究相应责任。追究责任不应只是警告、记过等"毛毛雨"，而应以降低职务、开除公职甚至开除党籍等处罚为主，情节严重的还需追究刑事责任。只有这样，才能促使领导干部提高保护环境的主动性和自觉性①。

---

① 吴大华. 制度建设是生态文明建设的重中之重 [N]. 人民日报，2016-10-14 (7).

7.3.3 建立和完善生态文明建设财政投资政策

良好生态环境，是最公平的公共产品，是最普惠的民生福祉。当前，我国资源约束趋紧、环境污染严重、生态系统退化的问题十分严峻，人民群众对清新空气、干净饮水、安全食品、优美环境的要求越来越强烈，生态环境恶化及其对人民健康的影响已经成为我们的心头之患，成为突出的民生问题。扭转环境恶化、提高环境质量，不仅关系到县域内生态文明建设，而且事关美丽中国建设，是事关发展全局的一项重要工作。县级政府应在充分争取中央财政政策支持基础上，建立相关制度，用好本级财政资金，支持生态文明建设。

（一）加大中央财政对县域内生态经济区发展的转移支付力度

受地方财政能力的制约及生态环保设施建设的历史欠账，中央财政要加大对县域产业结构优化、基础设施及重点项目建设、国家重点生态功能区等一些专项转移支付资金的支持力度，并将环境保护、生态建设等相关生态指标纳入现行一般性转移支付考核体系内，加大人口权重、人均社会经济指标偏低县区的转移支付力度；对承担生态功能的县域因保护环境、控制污染、确保生态功能而限制开发的保护区和控制开发区为导致良好生态所产生的高投入和为此减少的财政收入，中央财政应建立完善的生态补偿机制，增加相关的财政转移支付资金分配；建立欠发达县域生态转移支付专项基金，增加对生态经济区发展过程中县区在生态保护和建设方面的技术和资金扶持，解决欠发达县域的经济发展资金与技术问题。

（二）加大财政的生态文明建设支付力度，充分发挥财政政策的带动效用

加大对县域生态文明建设的支付力度，每年在财政预算中规定用于生态文明建设的资金占公共财政总支出的比重不低于5%，以切实强化生态文明建设。同时，根据县级财政实力，可利用财政贴息、注入资本金、风险投资等政策，鼓励和吸引社会资本参与生态文明建设；并充分运用"一事一议"财政奖补政策，运用财政资金的杠杆作用撬动民间资本投入生态文明建设，增强财政资金的调控与引导作用。

（三）建立绿色投资制度，支持绿色发展和生态文明建设

要努力实现经济效益、社会效益和生态效益相互统一的绿色投资，以解决资源瓶颈和环境问题。在第一产业领域内，建立支持向有机农业、生态农业、休闲农业、智慧农业、循环农业以及特色经济林、林下经济、森林旅游等林产业投资的制度，提高农林业生产的规模化、集约化、标准化程度，培育更多龙头企业和知名品牌，大力发展农业循环经济；在第二产业领域内，重点完善向

循环工业经济投资的制度设计，积极引导资本向县域特色产业与示范工业园区内的产业投资；在第三产业领域内，完善向节能环保服务业、为循环经济发展提供配套服务的产业等领域进行投资的制度，积极推动一、二、三产业融合发展。

7.4　构建以生态文明为核心的文化价值体系

工业文明时期的科学技术进步，使得人类的生产方式和生活方式不断改善，人类对抗自然的能力不断增强，从自然界获得的物质财富不断增加，但由于忽视对自然资源再生产能力和自然环境的呵护，破坏了人与自然的关系，产生了许多生态问题。这些问题严重影响了人类的生存和生活，并阻碍了人类社会的进步。县域经济在经过粗放快速增长后，同样面临着新的发展模式与发展动力选择，以实现人与自然和谐发展，从而构建以生态文明为核心的文化价值体系成为县域经济发展绿色经济和建设生态文明的必然选择。

7.4.1　加强宣传教育，构建社会生态文化体系

2018 年 5 月 18 日，习近平总书记在全国生态环境保护大会上讲话指出，要加快建立健全以生态价值观念为准则的生态文化体系。生态文化是人类文化的重要组成部分，是生态文明建设的灵魂，其有效的实现形式是通过宣传教育把运用科学技术的绿色化理念、绿色化生产生活方式融入社会的各种文化中或不同领域的行业中，构建政府、公众、企业三位一体、全民参与的社会生态文化体系。

（一）建立生态环境教育基地，开展生态文化教育

认识自然、了解自然是尊重自然、顺应自然、保护自然的基础。县域范围内应充分根据县域生态场所建立生态公园、生态森林、生态湿地、生态河流、生态湖泊等生态环境教育基地，并开展对公务员、事业单位、企业员工及学生的开放与教育，并将生态环境基地的参观教育纳入政府部门、企事业单位的社会主义核心价值观教育考核要求，增进全社会对生态环境的认识、了解与重视，增强生态文明观念。

（二）创建生态示范场所，推动生态文化建设

以村镇、社区、中小学校、企业等为重点，开展创建生态乡镇、生态村、绿色学校、绿色校区、生态基地等生态示范场所，通过评比、验收、宣传，培

养人们的绿色观念，改善生态环境，加强生态环境保护，推动生态文化建设。

（三）宣传绿色环保知识，推动生态文化价值观念形成

充分通过县级政府的报纸、电视、广播、网络等宣传平台和手机短信、微信等新兴媒体和方式，大力宣传环境保护在加强生态建设、维护生态安全、促进经济发展中的重要地位和作用，普及生态文明理念。通过具体实例宣传"绿水青山就是金山银山"的思想，帮助人们解决一些环境热点难点问题，树立好环境换来好发展、好生态换来好生活的观念，推动环保知识与法规的实践落地。同时，通过展示县域范围内或相关地方的生态环保靓丽风采，增强生态产业化与生态经济化效应，正向引导人们生态文化价值观念的形成。

（四）加强理论学习，推动生态价值观的形成

认真组织各级干部学习掌握生态科学知识，打牢生态文化体系建设的理论基础。坚持把生态教育作为全民教育的重要内容，把增强群众生态意识上升到提高市民素质的战略高度，大力倡导生态伦理和生态道德，提倡先进的生态价值观和生态审美观，推动全社会生态价值观的形成。

7.4.2 开展社会公众活动，构建生态文化公众参与体系

坚持绿色发展，建设绿色生态文明，不仅需要企业实施绿色科技，政府打击环保违规行为，更需要社会公众的广泛参与。可通过环保志愿服务与公众社会活动的开展，推动形成公众广泛参与的生态文化体系。

（一）组建环保志愿服务队伍，推动形成公众参与的生态文化

构建县域生态文化价值体系，需要形成社会力量参与环境保护的工作机制，引导全社会以实际行动关心环境、珍惜环境、保护环境。县级政府可通过成立县环保志愿服务总队，开设环保志愿服务网站，并指派专人指导开展志愿者环保活动，扩大志愿者队伍，扩大环保志愿服务队伍的影响，推动形成公众参与的生态文化。

（二）开展社会生态活动，推动形成社会行动的生态文化

充分利用"世界环境日""世界地球日""世界水日""世界无烟日""世界土地日"等环保节日，开展群众活动和向群众宣传生态知识；根据县域内资源特点，开展区域生态经济发展论坛，增强理论与发展共识，推动经济发展与区域生态保护结合，实现生态脱贫；根据县域经济与生态发展特点，开展类似于"月月造林""生态县建设""水资源保护""土地资源保护""环保人物评选"等名称的活动，开展环境保护、生态文明进学校、进社区、进企业、进农村、进机关等活动，调动广大公众参与绿色生态县域建设的积极性，推动

形成社会行动的生态文化。

（三）建立生态文明行为规范体系，推动公众生态行为自觉形成

建立生态文明行为规范体系，积极倡导绿色健康的生产、生活方式，在全社会形成了生态文明的行为规范。在党政机关，积极开展厉行节约和节能减排活动，推行绿色采购制度。在企事业单位，鼓励生产者提供绿色、放心、满意的日常生活用品和服务，营造生态宜居的生活环境。在日常生活中，通过城镇生活垃圾分类、义务植树造林、环保义务劳动等环保公益活动，倡导绿色消费、节能减排，引导公众选择节约环保、低碳排放的消费模式，初步形成勤俭节约、爱护环境的生活方式和行为模式①。

7.4.3 以人与自然和谐的生态文化为指导，构建生态经济体系

生态经济体系是生态文明建设的物质基础。习近平总书记指出，要加快建立健全"以产业生态化和生态产业化为主体的生态经济体系"。绿水青山就是金山银山。保护生态环境就是保护生产力，改善生态环境就是发展生产力。要坚持以人与自然和谐为中心的生态文化，保护生态环境，发展绿色生态产业，构建生态经济体系，才可以实现百姓富、生态美的有机统一。

（一）加强山河江湖工程建设，实施县域生态防治保护战略

要提高县域生态环境质量，促进生态经济体系建设，必须加强县域山河江湖工程建设，积极推行县域生态防治保护战略，形成人口、环境、资源、社会、经济相协调的山河江湖可持续发展工程。首先，提高森林覆盖率，营建生态网络。大力开展植树造林、绿化造林、水土保持造林、农田防护造林、特种经济造林等活动，加强县城、村镇、道路以及基础设施、工业园区等的绿化，加强退耕还林后的管理，建设生态网络，为县域生态经济体系建设提供生态保障。其次，把解决突出生态环境问题作为县域生态防治突破口。积极贯彻中央政策，坚决打赢蓝天保卫战，切实解决县域内突出的生态环境问题，以实现空气质量明显改善、基本消除重污染天气、保障饮用水安全、基本消灭县域内黑臭水体、强化土壤污染管控和修复为刚性要求，营建让老百姓安心、放心的生活环境。再次，积极推行洁净生产方式，降低工农业生产污染，保护生态资源。提倡绿色生产，培育壮大节能环保产业、清洁生产产业、清洁能源产业，推进资源全面节约和循环利用，消除和减少工业与农业生产中"三废"污染，保护好空气、土地与水等人类赖以生存的环境和资源。最后，加强生态意识教

---

① 刘薇. 北京绿色产业发展的科技创新政策研究 [J]. 经济论坛，2012（1）：38-40.

育，提倡绿色消费。通过对生态意识与知识的宣传、制定相关方面的制度以控制或减少人们在工作和生活中所造成的环境污染，倡导简约适度、绿色低碳的生活方式，反对奢侈浪费和不合理消费，推进绿色消费方式的形成。

（二）大力发展生态农业，促进农业生态经济建设

县域经济的基础产业是农业，目前普遍存在着农村经济增长缓慢，投资效益低下；资源短缺，生态环境恶化；农业水资源短缺且污染严重（如化肥、农药、农用薄膜等化学品造成的环境污染，规模化畜禽养殖业废弃物对农村环境的污染，生活污水和垃圾对农村环境的污染，乡镇企业对农村环境的污染等）；农业产业化组织程度低，技术水平和生产方式落后；人口数量增长快、人口素质不高等问题。建设县域生态文明，改变农村、农业的污染问题，也要考虑农村、农民的发展，需要大力发展生态农业、高效农业，以促进农业、农村的生态经济建设。首先，创新农业产业化经营方式和机制，全方位地为农业产业化经营龙头企业发展创造条件，为农业龙头企业提供资金、技术、人力的扶持，拓宽农产品的销售渠道和推进农产品的深加工，促进一、二、三产业融合发展，将县域农村的生态优势变成经济优势；其次，引进农业高新技术，发展重点领域的科学研究与技术开发，大力发展生态农业、高效农业，促进农业经济的生态化；最后，建设一支"懂农业、爱农民、爱农村"的工作队伍，为农业发展提供人才支撑，推动农业和农村发展。

（三）加强工业经济生态化，构建生态工业经济体系

目前，多数县域经济工业化水平低，工业技术水平不高，中小型乡镇工业企业是县域工业企业主体，实现县域适度工业化和工业生态化之路是县域经济发展的必然选择。首先，树立生态意识与可持续发展观念。工业企业要改变过去那种用单一经济指标衡量经济发展效果的短视行为，把经济效益和生态效益结合起来考虑，改变企业资源高消耗、破坏生态和污染环境的生产方式，消除企业对环境的污染和对生态造成的不良影响。其次，要引进高新技术，提高工业效益。政府要鼓励和支持企业加快发展高新技术产业、无污染工业。再次，全面推行清洁生产方式，做到生产过程及产品的生态化。企业应做到节约原材料与能源，推进资源全面节约和循环利用，确保企业生产的排放物和废弃物不对生态环境产生负影响；重视产品的生态设计与生产流程的再造，推进产品生产和产品的生态化。最后，发展工业生态园区，实现工业与生态环境的和谐对接。从生态系统和县域内工业发展基础、前景出发，充分考虑工业企业与其他产业及工业内部企业之间的生态关系，发展工业生态园区，以实现工业企业与其他产业及工业与自然生态系统的和谐发展。

（四）建立生态化的第三产业经济体系

充分发掘县域内丰富的生态环境资源，开发现代化生态环境产品，形成绿色产业集群；同时，借助现代信息技术，大力发展县域电子商务平台，推进县域内互联网+农业、互联网+旅游业、绿色文化产业等第三产业的发展，构成以生态化为核心的第三产业发展的产业链。

（五）加强全民生态教育，构建生态经济建设人才支持体系

生态经济体系的建立与发展，需要强有力的环保人才与专业技术人才支撑。建设生态文明，发展县域经济，需要加强全民生态教育，提高全民生态意识，才能促进社会经济的生态化，才能真正全面提高经济增长的质量，环保意识才能渗透到经济战略的实践中。一是在中小学教育中，开设具有县域特色的生态教育课程或读本，从小培养民众的环境保护意识；二是通过在职培训或政府免费培训，提高农民生态农业种植技术、土壤保护知识；三是要求工业企业开展在职人员的生态环保教育和生态环保技术资金投入，提高企业员工环保意识与环保技术水平。四是要增强"四个意识"，坚决维护党中央权威和集中统一领导，坚决担负起生态文明建设的政治责任。县乡党委和政府主要领导切实履行生态环境保护第一责任人，各相关部门履行好生态环境保护职责，为实施生态经济强县保驾护航。

8 推进科技创新，破解人力资本与创新驱动难题

当前，影响经济社会协调发展的城乡差距、区域差距，在很大程度上是由科技差距造成的，而且主要是由县级基层科技差距造成的。县级科技工作作为建设国家创新型体系的重要环节，主要承担着科技成果转化和推广应用的艰巨任务。事实表明，没有科技创新能力的提升，没有科技的进步，县域经济是不可能持续快速发展的。科技创新能力和水平已经成为衡量一个企业、一个地方核心竞争力的关键；成为推动经济、社会协调发展的关键；成为决定县域经济能否快速、可持续发展的关键。因此，在新时代，湖南要实现城乡统筹，全面振兴乡村，促进县域经济可持续发展，关键在于各县域能否充分发挥科技进步的支撑和带动作用。推进科技创新，已成为有效解决湖南各县域人力资本与创新驱动难题。

8.1 加大人力资本投入力度

人力资本理论的产生是社会生产力发展的必然结果。随着社会经济的发展和进步，经济增长已经由依靠传统的物质资本为主转向更多地依靠技术进步和知识的积累。而技术进步与知识积累都以人作为载体，都是构成人力资本的重要组成部分。正如人力资本理论的奠基人西奥多·舒尔茨所指出的，"知识是一种人力资本，而人力资本是增长的发动机"。美国著名社会学家丹尼尔·贝尔在其影响力较大的《后工业社会的来临》一书中，将人类社会的发展分为三个阶段：前工业社会、工业社会和后工业社会。在不同社会形态中，物质资本与人力资本在财富创造中的地位和作用是不一样的，随着社会的演化，人力资本的重要性日益凸显，在价值创造中所占的比例越来越大。

8.1.1 湖南县域人力资本投资存在的问题

随着经济社会的发展，人力资本的作用日益凸显，人力资本投资与积累在县域经济发展当中起着决定性作用。加大人力资本投资，提高人力资本存量，已成为新时代湖南县域经济发展的着力点。然而，由于各方面的原因，目前湖南县域人力资本投资仍然存在一些问题，表现在：

（一）教育投资经费不足

改革开放以来，湖南农村学校教育获得了快速发展，教育经费投入持续增加，办学条件不断改善。尽管如此，湖南县域农村义务教育经费投入仍然不足。以湖南邵阳县为例，当前邵阳县义务教育存在以下几个问题①：

一是经费投入缺口较大。近几年，邵阳县预算内义务教育经费占财政支出的比例尽管做到了逐年增长，但经费投入缺口仍较大，合格学校建设、教师公租房建设等欠款总额达 7 000 余万元。

二是办学条件亟待改善。①功能室配备严重不足。根据义务教育均衡标准，每所小学和初中需分别配备 1 个、3 个实验室，均需配备 6 个功能室（音乐、美术、劳动技术、多媒体教室、计算机教室和语音实验室），全县小学实验室与六大功能室分别有 35.5%、82.7% 的学校未达标，全县初中实验室与六大功能室分别有 21%、68% 的学校未达标。共需建实验室 71 个、功能室 507 个。每所小学和初中均需配备 1 个图书室，但还有少部分学校无图书室，全县图书室小学和初中分别达标学校比例为 74.1%、93.02%，还需建图书室 50 个。②仪器设备陈旧落后。实验室条件差，实验仪器使用率低；计算机配备不足的问题尤为突出，大部分农村小学只有 1~2 台计算机，生均计算机数量不达标。③体育运动场馆欠缺。城镇学校受城区规划空间所限，无法新建体育场馆，如塘渡口一完小、二完小、五完小，双合镇中学，五丰铺青云中学，岩口铺中心完小等。农村学校普遍不重视体育场馆建设，相当一部分没有规范的田径运动场，基本的体育设施设备配备不足。④生均藏书量不足。小学、初中生均藏书量不达标学校分别占 38.2%、19%，全县需补充图书册数为 231 866 册。此外，图书陈旧、内容过时、复本率高、借阅量少、图书管理差等现象十分普遍。

三是大班额问题十分突出。每所城镇中心完小与中学均不同程度存在大班额现象，其中平均班额 55 人以上的学校有：五丰铺六里中学、金称市镇中学、

---

① 文中数据来源于 2018 年邵阳县教育统计调查数据。

岩口铺镇中心完小及镇中学、九公桥中心完小、塘田市镇中学、河伯乡乡中学。平均班额 65 人以上"超大班额"的学校有：塘渡口镇一完小、二完小、三完小、五完小，双合小学，玉田小学及镇中学，十一中，五丰铺一完小、二完小，青云中学，金称市中心完小，长阳铺中心完小及镇中学，塘田市中心完小，白仓镇中心完小。大班额直接导致学校生均校地面积和生均校舍面积两项指标无法达标，小学、初中生均校地面积不达标比例分别为 62.6%、40%，生均校舍面积不达标比例分别为 22.3%、14%。

四是教师队伍建设问题突出。①大多数地方缺编。全县师生比不达标学校比例，小学为 34%，中学为 7%，教师补充未达到"退一补一"的要求，如塘渡口缺教师 171 人，五丰铺缺教师 96 人，下花桥缺教师 48 人，金称市缺教师 29 人……全县需补充教师 556 人（2018 年邵阳县教育统计调查数据）。②教师结构不合理。主要表现为：农村学校特别是农村小学教师年龄偏大且男教师少，教师学科结构失衡，普遍缺少英语、音乐、体育、美术、信息技术、科学等专任教师。③教师交流未实现常态化、规范化、制度化。大部分学校未建立并落实校长任期制度和教师定期交流制度，导致校长、教师多年没有交流。

（二）卫生保健投资费用偏低

改革开放以来，湖南各县卫生总经费投入逐年增加，在农户家庭的生活消费支出中，用于医疗保健的消费支出也逐年增长，占消费支出比重也稳步提高。然而，目前湖南各县域卫生保健投入的费用仍然偏低，医疗服务设施较落后。有关资料显示，2018 年湖南县域内投资于卫生保健的费用约占财政支出的 3.76%，分别低于同期全国平均水平（5.12%）、全省平均水平（4.85%）1.36 个和 1.09 个百分点，人均基本公共卫生服务经费仅为 16.84 元；从医院的规模来看，每个医院平均有床位 56 张，有各类卫生技术人员 72 人，其规模要小于全国（全国平均每个医院有床位 86 张，有卫生技术人员 112 人）和全省的平均水平。目前，湖南各县平均每位卫生技术人员负担的人口约为 352 人，比全国（全国每位卫生技术人员平均负担 225 人）平均多负担 127 人。由此可见，湖南县域地区医院的平均规模不仅较小，而且卫生技术人员的负担也较重。

（三）职业培训投资较少

培训是个体获取技能人力资本的基础，农民获取非农就业所需的技能也主要依靠相关培训。近年来，随着政府逐步重视农民工职业培训工作，开始实施农民工培训的"阳光工程"和面向乡镇企业职工的"蓝色证书培训工程"，湖南农村劳动力培训投资有了较大幅度的增长，职业培训规模不断扩大，培训质量不断提高。但总体而言，与农村巨大数量劳动力的就业需要相比，目前农村职业培训供给水平仍然低下，投入规模仍然较小，绝大多数农村劳动力没有接受过任何培训。有关资料表明，截至 2018 年底，湖南县域农村非农就业劳动力培训率只有 25% 左右。尽管当前各级财政都拿出了大量的资金对农村劳动力职业技能培训进行补助，但还是远远不能满足培训支出的需要。据调查统计，湖南县域内对农民开展 15~90 天的职业技能培训，平均需要培训费用上千元，但农民除了得到国家给予的平均 200 多元的补贴外，学习一般的专业和工种都还要支出近千元。如此高的培训经费支出，仅靠政府财政微薄的投入是远远不够的，而上千元的职业技能培训费，对还在求生存的多数农民来讲，只能是望而却步。同时，农业职业技能培训网络的建立，培训基地、培训场所、基础设施的建设，以及培训的日常开支，都需要经费。这些培训基础设施建设的经费，不可能通过向农民收费来解决，需要政府进行必要的资金投入。目前，湖南各县域内大多数农村职业培训事业没有固定的资金来源渠道，筹措资金十分困难，已成为制约培训工作开展的原因之一。

8.1.2　湖南县域加大人力资本投资力度对策建议

（一）落实教育超前发展战略，加大教育投入，为教育发展积累充足的资金

教育发展是人口素质提高和人力资本积累的前提和基础。教育是立国之本、强区之本，教育投资是教育事业得以发展、人口质量得以提高的先决条件。而要使教育得到超前而迅速的发展，首先，需要地方各级领导切实把教育放在超前发展的位置，进一步加大教育投资力度，提高教育经费占地方政府财政支出的比重，提高教育经费的人均占有水平。其次，通过精简现行政府机构冗员，缩减不必要的人员和行政开支，支持地方教育事业发展。再次，可建立地方性教育发展基金制度，为教育发展奠定雄厚的基金基础，以满足地方教育不断扩张的需要。教育发展基金的筹集可采取政府财政拨款、企业出资、个人捐资相结合的办法，并本着"谁受益，谁付费"的原则进行。再其次，为解决教育资金不足问题，还可走中外合作办学道路，制定一系列优惠政策，以吸引外商投资于教育，这也是解决目前欠发达地区乃至全国教育资金不足的可行途径之一。最后，应进一步加强教育资金管理工作，真正做到专款专用，同时努力挖掘现有教育资源潜力，不断提高教育资源的利用效率。

（二）普及基础教育，加强职业教育

在大力推广基础教育普及工作，提高人口整体文化素质的同时，不断加强职业教育，尤其是中等职业教育，加大职业教育投入力度，推行职业教育制

度，加强在职培训工作，实行职业培训后上岗及定期或不定期的在职培训，切实提高从业人员的科学文化素质。

职业教育是增加劳动者知识和技能，使潜在劳动力较快、较好地转变成现实合格劳动力的有效途径。发达国家经济发展的实践证明，仅仅重视普通教育是不够的，主要因为普通教育以增进人的理论知识为目标，过于重视理论知识教育的最终结果只能导致"文凭热"和高分低能，造成所培养人才与实际生产脱节，导致教育资源浪费。推行职业教育，要立足于农村，紧扣农村实际，农村职业教育要强调以培养适应农村社会经济发展所需的各类应用人才为核心发展目标，坚持贴近实际、贴近市场需求办学。要在保障九年制义务教育发展的基础上，积极发展农村中专技校、职业高中、分流教育等各类教育形式，完善农村教育结构，注重农村基础教育与技能教育的有效对接。

（三）加大农民职业技能培训的投入，提高其劳动技能

培训在提高农村劳动力资本水平方面有着独特的作用。农村劳动力的培训工作起步较晚，尚未形成体系，政府必须高度重视。第一，要多渠道筹集资金。如果让农民独自承担培训费用的话，他们中的相当一大部分人可能是"有心无力"，只能望学兴叹。应建立政府、用人单位和劳动者个人三方共同分担的培训投入机制，保证资金到位。第二，尽快制定相应的法规和具体的培训规划，完善国家职业资格证书制度，并根据规划因地制宜地编写培训教材和组织实施培训工作。第三，改造和完善一批教育培训机构，完善教学培训条件和内容，提高办学质量。建立一些能起示范带头作用的农村培训基地。政府应该严把注册登记关，只有那些具有资信和充分就业信息，并能够推荐就业的单位或个人才能成立培训班。国家和地方政府也应该在税收和工商管理方面给予优惠的倾斜政策。

（四）加大卫生健康投入力度，深化农村卫生体制改革，提高农民健康人力资本的积累能力

农村卫生体制改革不能一味地追求市场化，而应以保障和提高农村民众健康水平作为主要发展目标，在改革中坚持公平和效率相结合。首先在农村公共卫生方面，要坚持政府是农村公共卫生发展的承担主体，明确政府的公共责任，反对任何形式的市场化，要通过增加公共卫生投入，构筑和完善农村公共卫生服务体系和农村公共疾病预防、治疗体系，健全各类农村公共卫生保障机构，确保农村民众的公共卫生安全。其次在农民个人医疗服务领域，要建立和推广新型农村合作医疗制度，重点建立以大病统筹为基础的医疗风险共担机制，以降低患病农户家庭的医疗负担。与传统合作医疗相比，新型农村合作医

疗具有统筹层次高、抗风险能力强、筹资水平低和管理结算方便等优点，因而应成为新时期农民医疗服务社会化的主要载体。有条件地区农村也可着眼于城乡一体化社会保障体系的建设目标，积极探索建立农村社会医疗保险制度，甚至是商业医疗保险制度，以进一步提高农民健康保障能力。最后要加强对农民健康卫生知识的宣传普及工作，使其形成良好的健康意识和科学的生活方式，增强疾病自我预防能力。

8.2 建立创新驱动机制

创新驱动是推动经济增长的动力和引擎，是加快转变经济发展方式的中心环节，更是强化新型工业化主导，持续构建现代产业发展体系的内在动力源泉。实施创新驱动发展战略，是湖南转型发展、加快"中部崛起"，实现"中部梦"的重要举措。多年来，在省委、省政府的高度重视和正确领导下，湖南创新环境逐步优化，创新能力显著增强，科技创新对经济发展的支撑作用进一步显现，创新型湖南建设取得丰硕成果。但是，从总体上讲，湖南自主创新特别是湖南县域内自主创新还存在不少突出问题，制约了经济社会的科学发展。未来5年，是全面振兴乡村的决定性阶段，是湖南爬坡过坎、攻坚转型的关键时期，通过创新驱动提供发展动力正变得越来越紧迫。机制决定科技资源配置效率，产生创新驱动活力，健全和完善机制是湖南各县域实施创新驱动发展战略的关键。

8.2.1 湖南县域创新驱动发展面临的问题

（一）创新的活力和动力不足

在湖南县域经济社会发展中，企业优秀拔尖人才和资金比较匮乏，在自主创新方面投入的力量和资源相对不足，科技创新能力不强，尚未真正成为技术创新主体。长期以来，创新资源主要集中在科研机构和大学，而科研机构和大学主要依靠财政投入维持运转，还没有形成依靠科研成果产生的盈利推动自我发展的机制，造血功能薄弱。不少地方和有关工作部门抓经济发展仍局限于铺摊子、扩规模，没有形成依靠自主创新推动发展的自觉意识和行动。不少企业仍单纯追求数量和速度，缺乏依靠自主创新实现可持续发展的意识和动力。在科技创新实践中，缺少有效的利益分配和知识产权分享机制，不利于调动科研人员的积极性。传统的以课题组或项目组为主的科研体制虽然在整合力量、凝练方向、梯队建设等方面发挥了积极作用，但是这种科研体制也存在一些明显的弊端。科研力量过于分散，没有能力承担重大科技攻关项目，没有能力解决社会经济建设迫切需要解决的重大关键科技问题，无法创造出一流的重大科研成果。

（二）科研工作脱离地方经济社会发展实际需要

科研人员过于注重理论研究，忙着写论文，不注重对市场技术需求的调研，不愿意走向生产第一线，科研与地方经济建设成"两张皮"。一些具有先进性、尖端性和前沿性技术成果缺乏经济性和实用性，成本太高，没有工业生产价值。科研项目立项搞闭门造车，对市场需求研究不够，以至于一些科技成果没有市场，即使应用于生产实践，也缺乏明显的特色和优势，缺少竞争能力，打不开市场，成不了规模，无实际开发应用价值。有的高校重教学、轻科研，甚至认为搞科技服务就是不务正业、浪费办学资源。有的高校也与企业签订了校企合作协议，但这些书面协议大多只是搞形式，应付上级检查的作秀凭据，既无实质意义上的校企合作办学，更无合作共享的核心技术和经济共同体。高校、科研机构与企业之间缺乏一个良性互动的机制和对接的平台，导致许多科研成果被闲置起来，无法转化为现实生产力。

（三）科技资源缺乏有效整合

科研机构主要由大学、科研院所和企业研发机构三大部分构成，分属不同部门、区域和企业，长期处于半封闭半竞争状态，自成体系独立运行，基础研究、应用研究、技术开发相互脱节，研究开发与成果产业化脱节，难以在前沿领域、关键技术上取得突破，难以带动生产力发生质的飞跃，难以推动经济增长从资源依赖型向创新驱动型转变。科技投入层层掌控，立项者各自为政，研究者多头申请，重复立项、低水平立项现象严重。有限的科技资源没有得到优化配置，资源分散、力量分散，难以形成合力发挥整体效益。科研规划与重点项目的整合程度不高，一些重大、前沿科技问题往往出现恶性竞争，集体合作攻关少、单兵散兵作战多。条块分割、各自为政，难以建立有效的大型科研仪器设备共享机制，科技人员、科技团队无法充分共享资源，重复投入、重复建设十分普遍。

（四）产学研科技合作平台建设问题较多

一是利益分配机制不完善，影响合作进程。产学研联合各方对技术价值评价的标准不一样，看法不同，产生利益分配问题，给联合攻关带来困难和障碍。在利益面前，合作各方不想共赢而想独赢，信用缺失问题比较普遍。

二是价值取向存在差异。高校注重学术价值和评奖评职称，单纯以获得经费多少、发表论文数量、参与人的学术地位高低、所获奖励级别和数量为标准，往往忽略成果的市场价值。科研机构认为研发出技术、做出样品或样机就算成功。企业关注的是科研成果的市场效益或市场前景，要求能够大批量生产才算成功。

三是产学研合作层次比较低。单项、短期、一次性的合作较多，像联合攻关、共建研发中心、共建科技经营实体等较为稳定的合作模式还比较少，特别是能带动整个产业链技术水平提升的战略联盟更少。

四是融资渠道不畅通，政策不配套且落实不到位。融资渠道单一，风险投资不发达，在技术创新项目上的融资能力差。笼统性、原则性的政策比较多，缺乏在税收、信贷、利益分配、产权归属、风险承担、纠纷处理等方面系统有效的政策法规体系，制约了产学研合作深层次推进。

8.2.2 加强湖南县域创新驱动机制建设对策建议

（一）建立创新驱动的需求导向机制，对接湖南县域经济社会发展

实现创新驱动发展，最为关键的是促进科技与经济紧密结合，解决"两张皮"的问题。既要从经济社会发展中找准科技创新主攻方向，又要把科技成果迅速转化为现实生产力，促进湖南省经济从资源消耗型增长转向创新驱动型发展，依靠技术进步和创新推动湖南经济可持续发展。面向地方经济建设主战场，把服务地方经济建设作为创新驱动的出发点和落脚点，把"政府最关心，企业最感兴趣，社会最需要"的问题作为科技工作的重点。地方经济建设的需要就是科技创新工作的内容，地方遇到的技术难题就是攻关的堡垒。要扭转关门搞科研、闭门造车、与地方经济相脱节的被动局面，从自身科技创新能力的实际情况出发，以解决地方经济建设急需的应用技术研究为主，主动与地方经济发展接轨运行，不断增强以创新来驱动地方经济发展的能力。紧密围绕企业的生产技术改造、新产品开发、技术攻关等展开科研工作，为地方经济建设提供科研成果、发明创造、先进工艺、先进技术等科研支持。利用科技创新成果，建设一批有重大影响力的成果转化基地；积极参与区域科技创新规划，承担地方科技攻关项目。

（二）建立领导和协调机制，统筹和整合湖南县域创新驱动工作

加强顶层设计，探索建立政府部门的创新驱动协调机构，专司创新驱动的管理和指导，加强创新驱动工作的统筹协调。整合科技资源，做好创新驱动的信息提供、协调组织、管理和评价等工作，促进科技资源优化配置、综合集成和高效利用，进一步加强政府的推动和集成作用。加强产、学、研之间的信息

交流与沟通，提供各种有效的平台，推动产学研合作创新，形成知识创新和技术创新的互动。经常关注、研究、讨论创新驱动中存在的问题，并提出具有针对性的措施。

创新驱动不仅是科技部门的事情，还需要各个部门的配合。要突破科技部门的界限，在更高层次上进行整体设计，为创新驱动创造良好的外部环境和政策支持。为了提高政策的科学性、一致性、有效性和可操作性，政府要建立多部门联席会议制度，联合建立创新驱动机制。从财税、金融、政府采购、知识产权保护人才队伍建设等方面制定一系列政策措施，加强经济政策和科技政策的相互协调，形成激励创新驱动的政策体系。优化政府财政投入结构，改进科技经费管理办法，提高使用公共科技资源的社会效益，扩大受益面。

（三）完善协同创新机制，合力推动湖南县域创新建设

改变"封闭、分散、低效"的现状，探索建立高校、科研院所、企业、地方之间"开放、集成、高效"的协同创新新模式，促进创新驱动主体从个体、封闭、分割方式向流动、开放、协同的方式转变；创新要素与资源从孤立、分散的状态向汇聚、融合的方向转变，实现创新发展方式的根本转变。打破创新主体间的体制壁垒，通过利益分配机制、整合机制、评价机制改革，充分释放人才、资本、信息、技术等方面的活力，营造有利于协同创新的环境氛围，不断激发协同创新主体的积极性、主动性和创造性。

（1）构建协同创新利益分配机制。首先，建立协同创新的风险互担机制。参与各方应在合作前建立风险分担机制，明确目标任务、各方责任与义务，制定考核指标，分层次、分阶段分解风险责任。其次，完善利益分配标准。在衡量风险时应综合考虑各方的投入强度与实际创新贡献，设计合理的利益分配方案。考虑到科研成果的创新性和效益的延迟性，要大胆承认学者的个人贡献。协同创新的成本分担和利益分配问题主要依靠参与各方协商和订立协议解决，但政府和社会服务机构也应积极为各方提供相应的保障服务和政策支持。最后，建立科学的竞争机制，通过各种方式鼓励有序竞争，实行协同创新中的优胜劣汰，建立与利益相呼应、与责任相关联的动力机制。

（2）构建协同创新整合机制。整合机制通过合理的分工、有效的沟通协调、适时的约束规范来实现资源整合和效益最大化。打破资源分散、条块分割、各自为政的局面，加强人才队伍、基地平台、项目、经费等资源的协调与共享，增强资源利用的有效性。构建灵活的人才流动机制，打破人才的单位依附和专有，构建弹性的人才管理体制，实行人才所有权与使用权的适当分离，实现人力资源的合理配置与共享。建立以任务为牵引的人员聘用方式，增强对

国内外优秀人才的吸引力和凝聚力，造就协同创新的领军人才与团队。推动学校与科研院所、企业之间的人员流动，优化人才队伍结构。

（3）构建开放的平台共享机制。整合现有资源，建立开放式的平台共享中心，鼓励共享仪器设备，促进平台利用效率最大化。成立由多方参与的管理机构，负责重大事务协商与决策，制定科学与技术的总体发展路线，明确各方责权和人员、资源、成果、知识产权等归属，实现开放共享、持续发展。

（4）构建协同创新的评价机制。评价机制既是对协同创新进程的检查与督促，也是对协同创新成果的评判。当前的科技创新评价侧重于学术评价，忽视了市场经济评价；侧重于制定普遍性的评价标准，忽视了多样化的评价方式；侧重于科研的定量化评价，忽视了科研的定性化评价。构建协同创新的评价机制，要突破过去以论文、获奖为主的评价机制，实行学术价值、经济效果和社会影响三个方面结合的综合评价体系，在注重学术价值的同时应侧重于经济效果和社会影响，特别注意科学技术成果与生产实际结合、原始创新和解决社会重大需求结合，增强评价的科学性，用评价激发创新活力。

（四）健全人才、知识产权和金融财政制度，支撑创新驱动

（1）健全人才管理机制，营造有利于激发创新活力的环境氛围。坚持"人才资源是第一资源"的理念，在人才的培养、凝聚、使用、保护方面狠下功夫。注重探索新时期人才培养规律，提高人才培养质量。坚持平等待人，真诚地对待人才，尊重人才，鼓励创新型人才自主思考，启发创新型思维。用事业留人，为人才搭好施展才华实现抱负的舞台，让创新型人才有机会建功立业，为事业献身。用待遇留人，制定合理的分配原则，给予相应的报酬，让创新型人才能够安心工作。用感情留人，使创新型人才自觉自愿地为"中部崛起"献智出力。营造想干事、会干事、干成事的良好氛围，切实做到对创新人才政治上关心、事业上支持、生活上照顾、物质上优待，使创新人才觉得生活上幸福、做人上有尊严。

（2）完善知识产权制度，保障科技创新。实施知识产权战略，加强知识产权的创造、运用、保护和管理，激发广大科技工作者和全社会的创新积极性。加强企业知识产权创造和运用主体地位，引导企业加大创新要素投入，研发更多具有自主知识产权的科技创新成果，依靠知识产权优势开拓市场、提升竞争能力。促进知识产权转移应用、专利技术产业化、企业商标应用和知识产权综合运用。提高知识产权公共服务能力，发展知识产权服务机构，推进知识产权市场体系建设。制定和完善科学技术进步法及相关法律法规，健全知识产权维权援助机制，依法惩治侵犯知识产权和科技成果的违法犯罪行为，加大对

科技创新活动和科技创新成果的法律保护力度，为科技创新营造良好的法治环境。

（3）创新财政金融制度，支持科技创新。加大财政科技投入力度，完善财政科技投入稳定增长机制。构建以政府投入为引导、企业投入为主体，政府资金与社会资金、股权融资与债权融资、直接融资与间接融资有机结合的科技投融资体系。综合运用无偿资助、偿还性资助、创业投资引导、风险补偿、贷款贴息以及后补助等多种方式，引导和带动社会资本参与科技创新。加快推进信用担保和再担保机构建设和发展，建立健全融资担保平台和知识产权抵押登记系统，为科技企业抵押品提供标准、规范、有效的基础服务。统筹协调科技金融资源，搭建科技金融合作平台，围绕科技发展的融资需求，积极创新符合科技企业的金融产品和服务方式，增强信贷服务功能。

8.3 提高企业自主创新能力

党的十八届三中全会指出，"建立产学研协同创新机制，强化企业在技术创新中的主体地位，发挥大型企业创新骨干作用，激发中小企业创新活力，推进应用型技术研发机构市场化、企业化改革，建设国家创新体系"。县域经济作为国民经济的一个重要层次，是宏观与微观、工业与农业、城市与农村的结合点，是国民经济的基础，也是国民经济承上启下的特殊经济系统。"郡县富、天下安"，加速壮大县域经济对于乡村振兴建设具有十分重要的战略意义，而增强企业自主创新能力是县域经济发展的关键。

8.3.1 湖南县域企业自主创新的特点

近年来，随着创新驱动战略的不断推进，湖南县域企业自主创新能力不断增强。湖南县域企业自主创新呈现如下特点：

（一）技术创新体制逐步建立，研发投入力度进一步加大

技术创新是企业提高核心竞争力和保持市场竞争优势的重要源泉，必要的研发投入是企业技术创新的前提条件和基本保证，只有保障一定的经费投入，才能使企业逐步积累起技术创新能力。而技术研发中心的建立已成为企业提高技术创新能力的主要载体。湖南各县域主要企业集团，大部分已建立技术研发中心，企业的研发中心基本能满足科研开发活动的需要。如长沙县远大集团，从 2005 年开始，每年拿出年销售收入的 3% 作为科研经费，加速产品深度研发

和新品研发。公司的研究中心已基本形成"生产一代、试制一代、储备一代、研究一代"的产品开发模式，新产品销售收入占比年均达到45%以上。

（二）技术创新以自主开发为主，渠道日益广泛

如果企业没有核心技术支撑，没有强大的自主开发和自主品牌，就不可避免地受制于人，成为市场的追随者。近年来，许多企业已充分意识到自主创新的重要性。一是企业与科研院所和高等学校签订了研发合同或有长期的技术合作关系；二是采取了引进技术、消化吸收、进行二次开发的创新方式；三是企业通过委托开发和接受技术成果转让来获得新产品和新技术。

（三）知识产权意识增强，技术成果转化率较高

企业进一步加大了知识产权的保护力度，提高了对专利、商标、商业秘密、版权的综合运用和战略管理能力，发挥了知识产权在保护企业技术创新、促进成果转化、提高核心竞争力中的作用。对关键技术和重要产品形成了一批自主知识产权和知名品牌，在知识产权保护和科技成果转化方面已经迈出了可喜的步伐。

（四）注重自我完善，企业整体素质提高

企业整体素质的提高是促进技术创新水平提升的不可或缺的重要条件。大企业集团在提高企业整体素质方面取得较大进展，主要体现在：第一，不断加强职工教育，全面提高劳动者素质。第二，加快企业的质量认证步伐，提高企业管理素质和竞争能力，尽快与国际市场接轨。第三，充分利用网络技术为企业生产经营服务。企业集团已经建立了商业网站，信息化应用水平不断提升。

8.3.2　湖南县域企业自主创新存在的主要问题

（一）企业创新主体意识不强，产学研脱节

目前，湖南县域企业技术大多满足于现有产品，创新意识不强；相当一部分科研机构游离于企业之外，不利于产、学、研的结合，科研经费、科研力量不能集中使用，造成了科技投入的普遍浪费，致使很多基础性、关键性和普遍性的生产技术问题得不到有效解决，直接制约了技术创新的速度和进程。

（二）企业技术改造、技术开发和技术创新资金严重不足

目前，虽然湖南县域一些主要企业集团逐步意识到提高企业自主创新能力的重要性，相继建立了自己的技术研发中心，但绝大多数中小企业的技术开发费仍停留在一个很低的水平上，甚至有一部分企业根本就不提留技术开发费，很难打开技术开发和创新的局面。

（三）企业素质和企业经济实力影响技术创新

现阶段，湖南县域中小企业在工程技术人员数量、素质、层次上与大企业

相比还有较大差距，一些技术人员常常忙于日常技术性工作，很难独立开展技术创新工作，同时受经济实力影响，绝大多数中小企业用于技术创新的费用还远远达不到全国平均水平，从而严重制约了中小企业的技术创新。

（四）政府用于扶持企业技术创新资金不足

目前，湖南各县级政府对中小企业的技术改造的重视仍然不足，从而影响了一些有潜力、发展快、技术含量高的中小企业的健康成长。具体表现在：

一是资金投入不足。各企业用于技术创新的资金明显不足，新产品开发较少，基本都是附加值较低的产品。二是扶持企业技术开发与创新的政策力度不够。由于技术创新存在着市场、技术、制造等不确定性所造成的风险。中小企业技术创新的高投入、高风险，需要政府和企业自身的重视，才能顺利地开展技术创新活动。

8.3.3　提高湖南县域企业自主创新能力对策建议

（一）为企业、院校牵线搭桥，促进产、学、研合作

为促进产、学、研合作的有效推进，建议着重从以下几个工作环节入手：一是认真调研。要促成重大项目的合作是很难的，既有技术成熟度、资金投入问题，又有市场前景、利税问题，还有分配机制等问题。情况摸透彻了，合作的成功率就高。二是应用产学研对接会等多种协调手段，与高校、科研院所建立广泛联系。建议政府各级部门应用信息发布会、成果汇编、技术洽谈会等形式，大力宣传高校和科研院所的科技成果和技术，让有意向的企业充分了解信息，便于合作。三是牵线搭桥。可通过具体项目的合作来推进产、学、研的全面合作。对于有意向合作的企业，无论合作条件是否成熟，都要热情接待，耐心解答相关问题，真正起到桥梁作用。四是协助解难。产、学、研合作中遇到的问题很多，单靠合作双方本身去解决存在一定的困难，政府相关部门可积极协调，帮助解决存在的问题和困难，加快推进项目。

（二）重点加强自主创新人才队伍建设

（1）建立健全高层次专家人才的引进机制。一是支持企业通过多种形式，从国内外高校、科研院所引进急需的高层次人才。可通过完善其子女上学、家属就业、住房等配套政策以吸引人才到企业工作。以项目合作形式引进的人才，严格按协议提供经费和其他工作条件。二是着力构建"行业通用型"高层次人才团队共享体系。全面了解高层次人才专业特长、职称、单位隶属等情况，建立起规模化、涵盖面广、查询方便的开放式共享人才数据库。以专家顾问咨询团等形式，为企业提供技术支持和信息咨询服务，或以特聘工程师、研究员、技师等形式，为企业自主研发项目提供兼职服务。

（2）完善人才培养机制。一是结合企业的实际需要，协调、引导相关高等院校及职业技师学院加强与创新相关专业的课程设置和生源培养，为科研骨干队伍建设提供源源不断的人才支持，完善校企之间长期、稳定的人才定向培养模式。二是鼓励企业建立多层次的科研人才培养体系，倡导企业对创新带头人和技术骨干进行各种培训，将培训费用在职工工资总额中的比重列入自主创新评价体系中。

（3）优化人才引进环境。一是进一步发挥政策导向作用。完善出台类似"关于引进高层次人才的规定"等办法，既在社会上营造尊重知识、尊重人才的良好氛围，又要帮助企业在人才安置、待遇落实上解决实际困难。建议责成相关职能部门着力解决部分民营中小型创新企业科技人员评聘职称渠道不畅问题。二是维护科研人才的应得利益，企业可用新产品销售收入或利润以分成、提成的方式，对研发阶段做出重要贡献者予以奖励。建议财税部门在不违背上位法律、上级政策的前提下，对企业此类开支予以税前抵扣或予以减免补贴。

（三）强化企业在自主创新中的主体地位

对人才、设备、经费有限的中小型企业而言，应采取技术引进方式保障企业的发展，重点抓引进技术的消化、吸收及改造；企业要注重研究本企业技术创新方向，分析自身的优势和不足，找到自主创新的切入点；强化对企业负责人的培训引导，组织企业负责人通过培训、座谈、考察学习等形式，激发其自主创新意识，调动其自主创新的积极性和主动性。组织企业参与新技术新产品发布会、科技成果推广演示会、科技工程项目招投标会等有关活动，以开阔企业视野，转变企业创新思维模式。

（四）不断优化企业自主创新的外部环境

（1）加快完善企业技术创新服务平台。由相关部门牵头，统筹省内、市内、县内高校、科研院所、政府部门、行业协会、骨干企业的技术创新资源，形成可提升企业技术创新能力的咨询平台和实现科技资源聚集的共享平台，完善重点科研院所科技成果转化及技术转移公共服务平台、大型科学仪器设备共享服务平台，科技成果与科技项目评估、评价、评审服务平台，高层次人才信息服务平台，实现专业化、社会化、网络化发展。

（2）深化政、产、学、研合作。建议由县（市）政府部门牵头，构建政府引导、企业主动、行业中介、院校参与的"四位一体"政产学研合作运行平台。加强与国内知名高校、科研院所的合作，成立具有法人资格的实体，使高校、科研院所长期持有合作企业一定数量的股份，形成有效的利益驱动机制。

（3）为企业融资打造畅通、宽松的渠道。一是大力推动金融政策、金融工具创新。如建立企业自主创新的贷款风险补偿机制和担保基金，引导银行对企业自主创新提供差别化的信贷支持，积极开展知识产权、专利技术等无形资产质押贷款的试点工作。二是加强政银企之间的协作，构筑银行信贷支持企业自主创新的长效机制。建立财政与金融对自主创新的互动协调机制，做到相互分工、配套跟进、风险分担。三是加快推进创新成长型企业上市工作，实施创新成长型企业培育计划，对创新成长型企业开展上市培训和咨询服务，提高企业上市融资意识。

（五）为企业自主创新提供政策保障

一是打造务实高效的服务体系。相关管理部门应进一步加强服务理念，对于自主创新的重点项目，从立项到科技成果产业化实行"一条龙"服务。在项目申报、科技创新平台建设以及优惠政策落实方面，为企业当好指路人，积极畅通渠道，主动协调关系。企业在自主创新中存在困难的，要帮助企业及时分析原因、解决问题。切实做好知识产权保护工作，规范专利资金的使用、专利保护、专利实施与推广、专利管理机构建设等工作，建立起知识产权援助机制，加大市场监管力度，严厉打击侵犯知识产权行为。

二是为企业自主创新清除传统的制度障碍。良好的政策环境是推动企业开展自主创新的动力，目前有些传统的制度已成为自主创新的制约因素。政府部门推进企业自主创新不仅体现在服务上，更体现在财税制度、金融制度、知识产权制度、共性技术制度的不断更新完善上。建议对企业政策需求及现有政策进行详细的排查、摸底，然后针对揭示出的问题，有计划地出台操作性强的地方法规、规章，为企业自主创新清除制度障碍。

（六）加大企业技术创新的税收优惠政策

一是完善激励企业自主创新的税收制度。要充分利用税收政策激励企业自主创新，采用研发税收减免、准备金制度、加速折旧、纳税扣除、税收抵免、税率优惠等多样性激励手段，根据不同的政策目标或者同一政策目标的不同阶段实施不同的优惠政策。特别要重视中小企业的自主创新，建议制定专门的财政补贴政策，出台研发费用扣除、加速折旧、资本性支出扣除等相关税收减免政策，激励中小企业自主创新。

二是优化激励企业自主创新的税收政策。首先要进一步鼓励企业加大科技创新研究和开发投入，将优惠重点转向具体研发项目的扣除上，如提高企业职工教育经费的计提比例，强化科技人员工资扣除在项目扣除中的地位；改革个人所得税制度，为企业科技人员发展留足税收空间。其次，根据高新技术企业发展的特点，将税收优惠的重心放在研发阶段、高新技术成果转化阶段以及对创新孵化育成体系的激励方面，并适当提高技术开发费加计扣除的比重，延长当年不足抵扣部分的递延期限。最后，进一步细化技术开发费加计扣除优惠政策内容。如技术开发费发生的地点不应局限于实验室和研发中心，还应包括在生产线上的研发活动，只要是研发活动产生的支出均可享受加计扣除；支付给第三方的技术开发费应允许享受加计扣除，否则企业在自行研究开发与外包研发间进行的商业选择会被税收优惠扭曲，从而对整体经济效率产生影响。

三是引入技术准备金制度。湖南县域企业创新投入能力弱、投入水平低、自有投资资金严重不足等原因加剧成本上升，更需要从税收政策角度建立起企业科技投资的利益补偿机制，消除自主创新活动在各个环节的潜在风险，增强其收益的确定性。可借鉴国外技术准备金制度，运用税收政策杠杆，促使企业大幅度增加科技投入。即允许企业特别是新产品进入大规模投产阶段后，按照销售收入的一定比例提取科技发展准备金、风险基金或新产品试制基金，用于技术开发、技术培训和风险投资等方面。同时，要严格规定这些准备金的使用范围并规定其在一定年限内使用，如3年或5年，对年限到期仍未使用的准备金，计入企业应税所得，并加收一定利息，以提高技术准备金的使用效率。

8.4　扩大科技开放合作

随着新一轮科技革命和产业变革的孕育兴起，以及全球化、信息化、网络化的深入发展，创新要素全球配置和自由流动显著增强，科技开放合作与跨区域协同创新已成为越来越多国家和地区的共识。针对国际科技开放合作的新趋势，深入分析湖南县域科技开放合作基本情况和存在的问题，研究提出湖南县域扩大科技开放合作、积极融入全球创新体系的思路与举措，对于推进科技创新，破解湖南县域人力资本与创新驱动难题具有重要意义。

8.4.1　湖南县域科技开放合作总体情况

近年来，湖南各县域深入实施创新驱动发展战略，持续扩大开放合作力度，拓宽合作领域，充分利用国内外创新资源，围绕高端成长型产业、新兴先导型服务业及生物医药、现代农业、环境保护、资源综合开发利用等重点领域，开展技术交流合作和引进境外高层次人才，坚持"引进来"与"走出去"并重，推进项目实施，深化交流合作，加快科技成果双向转化，取得了较好效果，基本上形成了多渠道、多层次、全方位的科技合作开放新格局。

一是科技创新资源开放合作平台顺利推进。长株潭经济发达县依托省内一流科研机构、创新型企业，与国外科研机构、专业组织和企业联合建设了一批高水平的国家级和省级示范型国际科技合作平台，有效利用全球科技资源，提高科技创新能力，促进形成由单纯技术研究转向示范推广、由单纯技术合作转向技术合作与经贸合作互动的局面。

二是重点国家地区研发交流合作广泛开展。"十三五"期间，湖南各县特别是经济发达县围绕湖南高端成长型产业和电子信息、现代农业、新能源、节能环保、生物技术等优势重点领域，组织实施了多项国家级、省级国际科技合作重点计划项目，积极推进中欧、中美、中德等政府间合作，初步形成了政府引导、民间参与、机构互动、产学研结合的对外合作架构。

三是"引进来"与"走出去"同步取得实效。充分利用国际国内两种创新资源、两个技术市场，依托国际科技合作基地，不断提升对外科技合作层次和水平，实现国际创新资源"引进来"、科技成果"走出去"。通过与美国、德国、俄罗斯等科技发达国家的交流合作，促进技术引进消化吸收再创新，在重点产业和行业关键技术及科技创新方面取得突破，一批合作成果实现产业化应用。同时，积极推进扩大技术和产品输出，通过政府间科技合作项目、科技援外项目、发展中国家培训班项目等，促进生物医药、现代农业、生态环境保护、灾害防治等领域的一批高新技术和适用技术及产品"走出去"，巩固和提升了湖南县域的科技影响力，取得了明显经济效益和社会效益。

近年来，湖南县域科技开放合作与协同创新取得了良好成效，但与全球产业转移、"一带一路"建设、"中部崛起"等新形势、新战略、新要求相比，还存在一些差距。一是现有科技合作的体制和机制仍需进一步完善。二是科技合作投入机制有待进一步研究，投入渠道还需进一步拓展。三是复合型的科技合作管理人才缺乏，既精通语言又掌握专业技术知识的复合型高素质人才缺乏问题日益突出。四是国际科技创新合作信息和渠道仍然不够畅通。

8.4.2 国内外科技开放合作的经验启示

随着创新要素和科技资源在世界范围内自由流动的进一步加剧，世界各国和地区都把深化国际科技合作与交流作为提升自主创新能力和国际竞争力的重要手段。通过调研分析，我们总结了世界主要国家和国内沿海省份扩大科技开放合作的典型经验，以更好把握世界科技开放合作规律、更好发挥湖南县域科技创新优势、更好推进湖南县域科技创新开放合作。

一是建立科技外交对话机制，促进科技合作与开放。科技外交是实现国家层面科技对外开放的便捷途径。例如，印度主要通过科技外交与发达国家进行科技合作，鼓励国家科研机构开展联合项目研究，其中印法科技联合中心与印俄"综合长期合作计划"最为典型。印度通过这种合作吸收了他国高科技人才并且实现了高新技术的转移。

二是科技计划对外开放，利用全球科技资源。为推动科技的快速发展，利用全球科技资源，大多数国家都出台了相关法规和政策以促进本国科技计划对外开放，开放国和合作国可以在资金、设备和人力资源等方面优势互补，相互学习对方国家的长处，促进合作双方科技水平的提升，增强国家科技实力。例如，美国科技计划对外开放程度较高，除涉及军事和敏感技术的计划外，其农业部、国立卫生研究院、科学基金会设置的国家级研究计划大部分实现了对外开放；欧盟先后制订了多项跨国高技术研究与发展计划，如尤里卡计划、欧盟研究与科技发展框架计划、伽利略计划等。整体来看，科技计划对外开放已变得越来越普遍，充分吸引了外部研发资金和优秀人才。

三是借力跨国公司，形成全球创新网络。跨国公司掌握的科技资源十分丰富，成为一些国家尤其是发达国家科技对外开放的重要载体，是推动国际合作当之无愧的主角。跨国公司在全球范围内进行广泛投资和设立生产与研发机构，推动形成覆盖全球、互联互通的网络。在这个创新网络中，科技合作得以开展，科技成果得以扩散，经济全球化得以实现。我国东部沿海省市企业也重视技术创新，充分利用境外科技资源，在境外设立或并购研发机构正在成为其提高自主创新能力的重要途径。

四是实施对外科技援助，获取多方利益。通过科技援助开拓国际市场，获取多方利益，是发达国家的成功经验。例如，美国通过"第四点计划"实施科技援助，一方面从政治上和军事上加强对受援国的影响；另一方面为其经济发展和私人资本对外输出提供了很好的支持，使非洲、近东、远东以及中南美等诸多经济不发达地区纷纷成为美国的势力范围，并因此获得了巨额的利润。

8.4.3 促进湖南县域扩大科技开放合作的建议

（一）搭建科技对外开放信息与交流平台

建立科技交流与合作网络信息平台，集中展示科研院所、高等院校、科技服务机构、高新企业、示范园区、示范基地等的优势资源，双向发布科技资讯、政策法规、科技展会、适用技术、科技成果等信息，实现科技信息资源开放共享，并开展区域内先进实用技术网上展示交易服务。建立一批涉及科技政策、科研机构、科技中介机构、技术成果、项目合作、专利文献、专家人才等内容的科技资源基础信息数据库，提供便捷的科技交流与合作信息服务。

（二）推进产学研用协同创新

支持企业联合高校、院所，建立新能源汽车、轨道交通、无人机等产业技术创新战略联盟以及高水平研发机构，支持产、学、研联合建设一批协同创新中心。与国内外机构联合举办主题对接活动，促进产、学、研机构与国外研发机构的项目对接，巩固拓展国际科技交流合作。

（三）探索高层次科技人才引进交流新路径。

一是建立更具竞争力的人才引进交流机制。深入实施高层次人才引进工程，加强与国内外名校名院名企的战略合作，支持企业采取市场聘用、股权激励、特聘顾问等方式，引进海内外高层次人才、创新团队和职业经理人。实行更积极、更开放、更有效的外籍人才和境外人才引进政策，开展技术移民和投资移民、境外人才离岸创新创业基地。二是加大科技合作人才支持力度。充分利用各类人才计划的政策利好，加强对境外科技人员来湘创新创业的扶持。开辟境外引进人才和非公有制经济社会组织人才参加高级职称评审绿色通道，对回国工作、符合条件的境外高层次留学人才，其国外专业工作经历、学术或专业技术贡献，可作为参评高级专业技术职称的依据。

（四）营造科技开放交流与合作的良好环境

一是加强顶层设计。研究制定关于集聚国内外创新资源推动科技开放创新的若干意见，充分利用国内外科技创新资源，系统谋划顶层设计，以科技创新合作平台为依托，以重大创新创业合作项目为抓手，创新开放模式，拓展开放维度，全方位推进创新要素有序双向自由流动，促进资源高效配置和市场深度融合，构建开放、包容、均衡、普惠的科技创新合作架构，促进湖南县域产业结构调整、实现产业优化升级，提高国际竞争力。二是完善国内外科技开放合作政策环境。进一步贯彻落实研究开发经费加计扣除、高新技术企业认定及税收优惠、创业投资企业税收减免及鼓励技术引进、科研人员出国分类管理政策等国际科技合作鼓励和支持政策，研究外资企业在湘设立研发中心、开展合作研发以及技术成果优先在湘转化与扩散的相关鼓励政策。加强对国际合作中知识创造和知识跨国流动合法利益的保护。研究鼓励和保护湖南企业及科研机构"走出去"和实施研发国际化的相关措施。建立和完善国际科技合作项目与成果的评估和宣传机制，宣传国际科技合作基地建设和合作成效，提高国际科技合作影响力，形成开放合作良好氛围。

9 优化产业结构，破解产业发展与特色经济发展难题

数据显示，近年来我国县域地区生产总值占全国地区生产总值的50%以上。2016年3月，我国《国民经济和社会发展第十三个五年规划纲要》正式发布，其中特别提出：培育发展充满活力、特色化、专业化的县域经济，提升承接城市功能转移和辐射带动乡村发展能力，依托优势资源，促进农产品精深加工、农村服务业及劳动密集型产业发展，积极探索承接产业转移新模式，融入区域性产业链和生产网络。可见，发展特色县域经济是"十三五"时期我国推动城乡协调发展的重要抓手，推进产业结构优化则是实现上述目标的基本方略。近年来，湖南县域产业获得了快速发展，县域产业结构不断优化，县域产业竞争力不断增强。尽管如此，但湖南县域经济产业发展仍存在诸多问题，如产业结构层次总体偏低、区域产业发展不协调等。

9.1 提高工业化水平，大力调整产业结构

党的十六大提出"走出一条科技含量高、经济效益好、资源消耗低、环境污染少、人力资源优势得到充分发挥的新型工业化路子"。湖南省加快新型工业化建设工作会议也明确提出要在21世纪的头20年，举全省之力，加快推进湖南新型工业化进程。湖南经济特别是湖南县域经济的大发展，潜力在工业，希望在工业，出路也在工业。这不仅在宏观层面上为湖南县域经济发展指明了一条崭新的发展道路，也为湖南县域经济快速健康协调发展指明了具体方略。

9.1.1 加快传统产业优化升级

(一) 湖南县域传统产业发展存在的主要问题

一是传统工业企业自主创新能力薄弱。传统工业企业自主创新能力受到很多条件制约，最主要的是创新技术和人才培养。人才是工业企业保证自主创新能力的基础，部分县区的工业企业产品创新的周期较其他地区长，核心技术的创新能力比较薄弱。

二是信息化水平相对较低。作为省会城市，长沙近年来两化融合实践颇为抢眼，不仅在国家两化融合试验区考评中连得好评，其两化融合水平也遥遥领先。但是部分县区整体的两化融合指数偏低，工业应用指数偏差。

三是市场竞争力弱。传统工业普遍存在运营效率低、市场竞争力不强、产品知名度不高的问题。面对剧烈的市场竞争，许多企业因产品科技含量低，附加值不高，没有科学的管理组织架构，缺乏核心竞争力而面临生存压力。

(二) 湖南县域传统产业优化升级的建议与措施

一是强化创新驱动。以增强企业创新能力为核心，以关键技术攻关为突破口，以推动科技成果产业化为主攻方向，健全服务机制，完善以企业为主体、市场为导向、产学研相结合的技术创新体系。鼓励和引导企业加大科技投入，加强企业技术中心、工程（技术）研究中心、重点（工程）实验室等建设，提升企业新产品、新技术、新工艺、新材料、新装备的开发应用水平。围绕重点领域和重大需求，整合龙头企业和高校、科研院所资源，加快组建一批制造业创新中心，开展关键技术攻关，突破一批制约产业发展的共性关键技术瓶颈。加快推进产业创新公共服务平台建设，不断完善平台功能，提升市场化服务能力和技术支撑能力，加快科技成果转化和推广。

二是加快技术改造。加强技术改造升级投资引导，突出传统产业重点领域，研究提出产业当前和今后一段时期重点发展的产品、技术和工艺，引导重点工业企业加快技术改造步伐。积极组织开展技术改造专项行动计划，分产业、分领域制订技术改造专项行动计划实施方案，明确技术改造升级目标任务，推动传统产业加快技术改造转型升级。加大技术改造扶持力度，充分利用现有的各类专项政策，支持传统产业的结构调整、技术创新、绿色制造、智能制造、节能降耗、安全生产等改造，推进重点企业实施重大技术改造项目。充分发挥现政专项的杠杆作用，鼓励企业加快技术改造步伐，引导金融机构和社会资本加大技术改造投入力度。

三是推进两化融合。不断深化互联网、云计算、大数据在制造业领域的应用，促进各行业产业链信息交互和集成协作，创新要素配置、生产制造和产业组织方式，加快制造业生产向网络化、智能化、柔性化和服务化转变。加快推广应用现代生产管理系统等关键共性技术，支持企业普及制造执行、资源计划、客户关系等管理信息系统的应用和综合集成。开展两化融合管理体系贯标，引导传统企业打造信息化环境下的新型能力。支持重点行业和示范带动效应明显的领域进行工业云平台和工业大数据建设，推动大数据在工业行业管理和经济运行中的应用，促进产业转型升级。

四是加大企业信息化建设投资力度。"中国制造2025"战略的实施，离不开政府产业政策的引导，但是市场经济最终还是靠消费者买单，靠企业家的领导力和企业的创新实现，靠有效的金融和资本市场支持实体产业的发展。政府的引导作用应聚焦于弥补市场失灵，推行财税普惠，优化金融环境，让资本稳定地长期地向智能制造业流入。目前，湖南各县域一些企业在信息化上投入力度还不大，许多企业缺乏资金是企业信息化的一大瓶颈。企业应结合自身实际，找准信息化建设的着力点，加大投资力度。

五是完善产业链条。加强产业链分析，按照已制定的产业链图，大力发展精深加工，进一步延伸产业链，实现补链、壮链。发挥传统制造业门类齐全、专业化程度高、配套能力强等优势，大力发展工业大数据、新材料等新兴高端产业。以龙头企业为先导，向下游扩散产品，延伸产品链，不断提升传统产业集聚区承载能力，引导关联产业集中布局，建设一批功能定位清晰、规模优势突出、集群效应明显、辐射带动有力的特色基地。

六是淘汰落后产能。强化市场竞争机制和倒逼机制，发挥市场配置资源的决定性作用，优化供给结构，促进优胜劣汰。发挥企业市场主体作用，强化企业责任意识。以钢铁、水泥、平板玻璃等产业为重点，通过完善综合标准体系，严格常态化执法和强制性标准实施，促使一批能耗、环保、安全、技术达不到标准和生产不合格产品或淘汰类产能，依法依规关停退出，使产能过剩矛盾得到缓解，环境质量得到改善，产业结构持续优化升级。

七是促进绿色发展。综合运用市场机制、经济手段、法治办法和必要的行政手段，通过技术标准和产业政策，全面实施产品单位能耗、物耗及排放达标管理等限制措施，狠抓重点企业节能降耗和减排治污。加快国内外先进节能、节水、节材新技术、新产品开发与推广，提高成熟适用清洁生产技术普及率。支持工业废物、废旧产品综合利用，积极发展循环经济和再制造产业。提高能源资源利用效率，发展以资源节约型、环境友好型为特征的工业企业。积极实施绿色制造试点示范工程，打造绿色制造体系，培育一批绿色工厂、绿色园区、绿色产品和绿色供应链。

八是发展服务制造。加快制造与服务的融合，引导制造业企业以产需互动和价值增值为导向，由提供产品向提供全生命周期管理转变，由提供设备向提供系统解决方案转变，有效提升产品和企业竞争力。支持大中型企业将生产流程中非核心但具有比较优势的科技研发、工业设计等环节从企业分离，设立独立企业，为行业提供专业化、社会化生产性服务。引导企业以制造为主向"制造+服务"转型，从单纯出售产品转向出售"产品+服务"。积极引进国内外知名设计机构、培育工业设计企业，打造工业设计发展服务平台，加快传统产业与工业设计产业融合发展

9.1.2 培育壮大战略性新兴产业

战略性新兴产业是新兴科技和新兴产业的深度融合，代表科技创新和产业发展的方向。培育发展战略性新兴产业，既是湖南立足当前，面向未来，把握机遇，推动科学发展，富民强省再上新台阶的战略选择，又是加快转变发展方式、调整经济结构的迫切需要，同时也是提高人民生活水平、满足人民群众新期盼的必然要求。

（一）当前湖南县域战略性新兴产业发展状况

近年来，湖南各县域政府及相关部门高度重视战略性新兴产业的培育发展，目标明确、重点突出，措施扎实，效果明显。"十三五"以来，湖南先进装备制造、新材料、文化创意、生物、电子信息、节能环保、新能源等战略性新兴产业呈现出规模化、高端化、集聚化的发展态势，增加值年均增长 13.4%，2017 年实现增加值 4 288.33 亿元，占湖南地区生产总值的 12.39%，成为支撑湖南各县域经济转型升级，保持各县域经济中高速增长的核心力量。

一是各县域加强组织领导，营造环境和氛围。各县域政府及相关部门认真贯彻落实中央、省、市关于大力发展战略性新兴产业的一系列决策部署，坚定不移地把培育壮大新兴产业作为构建现代产业体系、加快经济发展方式转变的重要抓手，加强规划引导和招商引资，加大政策激励和扶持力度。各县域根据自身实际状况出台新兴（优势）产业发展支撑体系，各县域政府及相关部门专门成立了推进新兴（优势）产业发展领导小组，制订工作计划，明确工作任务，分解落实责任，及时研究解决有关问题，全面加强新兴产业培育发展的组织领导和工作保障，加大资源要素保障力度，确保全县新增贷款较大比例以上用于战略性新兴产业，优先保证战略性新兴产业企业用地，在"十三五"期间每年安排专项资金用于激励和扶持战略性新兴产业的发展。努力营造全社

会重视、支持战略性新兴产业发展的良好环境氛围。

二是注重统筹规划，找准定位和目标。战略性新兴产业领域很宽、范围很广，而湖南县域产业经过多年的提升发展，已经具备了较强的规模优势和竞争优势，特色产业领域也在加快形成。各地县政府及相关部门从实际出发，以这些优势产业和新兴产业为重要着力点，明确了发展导向，突出了发展重点，创新了发展举措，进一步加大了培育扶持力度。结合"十三五"规划纲要的起草编制，在全面摸排、充分调研的基础上，各县域制订出台了一系列重点产业鼓励发展导向目录和加快推动新兴（优势）产业发展的实施意见，明确提出按照"集中优势资源、集聚发展空间、搭建产业平台、引进培育并举"的原则，大力培育发展新兴（优势）产业；编制完成了新兴（优势）产业发展规划，以战略思维和现代理念，追求大手笔，谋划大文章，寻求大突破。

三是注重项目投资，夯实基础和支撑。各县域政府及相关部门把产业发展规划细化落实到一个个企业和项目上。强化对项目建设的督查和服务，重点项目实行县领导联系制度，帮助协调解决具体困难与问题，力促项目早落地、早启动、早投产、早见效。大力开展招商引资，整合招商资源，加强招商力量，以各县高新技术产业园等工业园区平台为重点，加大对战略性新兴产业招商引资力度。努力培育对产业升级影响大、关联度高、带动性强的重点产品和行业龙头企业，推进新兴产业集聚发展。各大开发区及平台都按照"科学规划、突出特色、促进集聚、创新发展"的要求，培育发展战略性新兴产业基地，促进产业集聚。

四是把握产业特色，形成集群和优势。目前各县域在诸如汽车汽配、装备制造、金属制品、皮革塑料、新型建材等优势产业领域和新能源、生物医药、机器人等新兴产业领域形成一定发展基础，在总量规模快速增长的同时，已形成了开发区与镇街相互依托、相互支撑的发展格局，主要工业集聚区的战略性新兴产业比重逐年上升，战略性新兴产业发展有着自己独特的优势，转型升级的潜力和加快发展的空间较大，集聚发展的态势明显，在行业中已具有较强的竞争优势。

（二）湖南县域战略性新兴产业发展存在的困难和问题

虽然湖南各县域战略性新兴产业培育发展已取得一定成绩，但同时也面临着不少的困难和问题，主要表现在以下几个方面：

一是层次偏低，总量偏小。尽管近几年企业数量增长较快，但企业总体规模相对较小，品牌影响力和市场控制力相对较弱，难以有效吸引上下游企业的集聚，多数新兴产业领域尚未形成较为完整的产业链，个别领域产业链关键环节缺乏，导致企业还处于劳动密集和资源消耗等阶段，研发、设计、品牌、销售等高附加值环节较少，产业链层次相对较低。虽然新兴产业产值在不断地增长，但由于总量在各县所占的比重不大，因此对县域工业的拉动作用也不够大。

二是产业链较短，业内地位不高。目前湖南各县域的战略性新兴产业，产品大都以半成品为主，主要是对零件或原辅材料的初级加工、装配和组装等劳动密集型环节，产品附加值较低，且相关企业之间很少以产品为纽带连接成具有价值增值功能的链网式企业战略联盟，无法形成较完整的产业链，因此对相关产业的带动作用较弱。从目前发展来看，虽然大企业、骨干企业不断涌现，部分骨干企业在国内外市场中的竞争力也不断提升，但是绝大部分大企业仍处于劳动密集型环节，技术方面以引进和模仿为主，虽大但不强，独善其身已属不易，对周边企业的引领和带动作用不明显。

三是研发能力偏弱，后劲不足。当前，湖南各县域新兴产业的自主创新、科技实力虽然优于、强于传统产业，但相对于其他先进地区，还存在技术水平不高、自主知识产权产品不多、新产品贡献率低且产品生命周期过短等问题。新兴产业中拥有核心技术的企业数量偏少，少数企业虽拥有核心技术但与国内外同行相比优势也不明显，大多数企业不愿投入更多的资金搞研发、技术革新，企业建立研发机构的比例偏低，进行高端创新无论是能力还是动力都相对不足，提升企业自主创新水平的压力较大。

（三）湖南县域战略性新兴产业发展重点

一是做强做优先进装备制造产业。依托比较优势，坚持错位发展，强化自主创新，加快结构调整，积极参与国际市场竞争，进一步提升先进装备制造业的核心竞争能力。积极组织开展产学研联合攻关，突破一批高端功能部件和关键装备的核心技术，显著提高先进装备省内配套率。重点发展中高端工程机械装备和关键部件、高端电力牵引轨道交通装备和关键部件、新能源汽车等整车新品种及关键部件、高档数控装备、大型冶金矿山设备、高技术船舶及海洋工程装备、航空航天装备及相关服务7大类产品。

二是整合提升新材料产业。依托有色金属、稀土等战略性资源，围绕先进装备制造、新能源、节能环保等战略性新兴产业发展需要，发挥研发实力较强、产业基础较好和关联产业发展较快等优势，加强资源整合，把新材料产业打造成为抢占未来战略制高点和支撑装备制造业快速发展的基石。组织实施工程机械、交通装备、电动汽车、新能源装备、节能环保等关键材料以及关键基础材料提升等重点工程。重点发展先进储能材料、先进复合材料、高性能金属结构材料、先进硬质材料、基础原材料、稀土材料及其他新兴材料6大类产品。

三是着力壮大文化创意产业。大力实施文化强省战略，挖掘湖湘文化精髓，以集群发展为纽带，走规模化、差异化和精品化道路，将文化创意产业打造成为全国文化一流品牌和湖南经济社会发展的支柱。充分发挥数字媒体、数字出版等科技含量高、容易传播的优势，推动传统文化产业转型升级，促进文化创意产业向高端化、网络化、数字化方向发展。构建以广播影视、创意出版、动漫游戏、网络及新兴文化业态为主导，相关产业联动发展、结构优化的文化创意产业体系。重点发展创意设计产业、数字媒体产业、数字出版产业、动漫游戏产业、创意园区建设5大领域。

四是加快发展生物产业。充分发挥现有产业基础、资源禀赋和研发优势，打造一批具有明显品牌效应的大型企业和特色集群。抓住我国生物医药市场迅速扩大的机遇，提高现代中药发展水平，提升化学制药档次，扶持医疗器械产业发展，特别是加快生物医学制品、干细胞和基因技术产业化，抢占生物制品领域竞争制高点。加强农业重大动植物新品种培育和推广应用，促进绿色农业产品发展，巩固湖南省生物育种在国内外的领先地位。重点发展现代中药、化学制药、生物制品、医疗器械及装备、粮油作物育种、经济作物育种、畜牧水产育种、特色生物育种8大领域。

五是大力发展新能源产业。把握全球新能源开发利用趋势和国家能源结构调整方向，集中突破技术瓶颈。加快太阳能热利用技术推广应用，开拓多元化的太阳能光伏、光热发电市场；提高风电技术装备水平，有序推进风电规模化发展；因地制宜开发利用生物质能，积极争取发展新一代核能；深度融合信息技术，推进高端输变电装备数字化和网络化，加快智能电网建设。突出发展风电装备、光伏产品，加快太阳能、生物质能、核电、地热等新能源开发利用，形成新能源装备生产和新能源推广应用协同发展的新格局。重点发展风电装备、太阳能综合利用、智能电网及其关键装备、核电辅助装备制造、生物质能源装备、地热能及其他新能源6大类产品。

六是努力振兴信息产业。推进信息化与工业化的深度融合，抓住物联网、新一代移动通信、下一代互联网起步发展，信息产业升级换代和网络经济快速发展的重大机遇，统筹信息技术创新、应用和管理各个环节，推动信息产业跨越发展。加快先进电子信息产品制造、软件、信息服务、物联网及新一代网络发展，推动三网融合、云计算、移动电子商务等新业务、新技术、新商业模式的开发应用。重点发展数字化整机和新型元器件、软件和集成电路、信息服务外包、互联网经济和移动电子商务、新一代网络和三网融合、物联网和物流信息服务、网络与信息安全7大类产品和服务。

七是重点发展节能环保产业。抓住全球发展绿色经济、低碳经济、循环经济和长株潭两型社会建设的重大机遇，坚持能源节约、资源综合利用和环境治理并重，依托重点工程，突破核心技术，培育龙头企业。加强技术攻关和市场开发，以大型节能环保产品和技术服务带动节能环保产业发展。积极培育节能和环保服务市场，有序推进合同能源管理。重点实施工业节能、建筑与生活节能、固体废物综合利用、矿产资源合理开发与保护、绿色再制造、重点污染源治理、农村环境综合整治、节能环保产业培育8大工程。重点发展节能产业、资源循环利用产业、环境治理产业3大领域。

（四）发展湖南各县域战略性新兴产业的相关建议

一是注重发挥比较优势，实施重点领域突破。各县域要围绕七大产业领域的关键和核心技术难题，集中各类创新资源，选择一批有基础、有条件、有特色，技术水平高，市场前景好的产品，组织实施一批科技重大专项和重点项目，突破一批关键技术瓶颈，为发展战略性新兴产业提供技术支撑。利用战略性新兴产业技术创新带动传统产业优化升级，加快"两型"技术推广应用，整体推进传统产业"两型"化进程。强化产业布局和顶层设计，避免招商引资过程中的"内耗"和产业布局上的"雷同"。实施重点领域重点突破战略，进一步做强先进装备产业、新材料产业等主导产业，加快节能环保产业、信息产业规模化步伐，突出生物产业、新能源产业、文化创意产业示范带动作用，通过以点带面、点面结合，尽快做大战略性新兴产业规模总量，提升综合竞争力。

二是努力完善配套协作，提高集约集聚水平。各县域充分发挥园区在产业配套上的优势，进一步优化产业空间布局，为战略性新兴产业提供更好更有效的发展载体。依托产业园区和产业基地，重点提升先进装备制造业、信息产业、节能环保产业等产业的配套能力，尤其要加大对新能源汽车制造、电子信息设备制造、轨道交通装备制造、高端工程机械等战略性新兴产业的关键零部件和核心配套体系的培育支持，一方面加大力度推动自主研发；另一方面积极引资，善于吸收利用，加快重点产业的本土配套率。优化顶层设计，坚持科学规划，从区域实际出发制定优势互补、特色鲜明的产业布局体系。加强战略性新兴产业发展工作领导，完善区域协调机制，打造分工合理、协作紧密的产业分工体系，切实解决产业发展过程中"散、乱、小、弱"的问题。

三是坚持创新驱动发展，占领市场竞争制高点。各县域要加快战略性新兴产业转型发展步伐，推动由投资驱动向创新驱动转变。建立健全区域内产、学、研、政一体化的新型混合组织，加快技术研发和产业化步伐，推动中小型科技企业的创业和涌现，加快新产品的更新和上市速度，提高新产品产值比率。扩大创新溢出效应，通过创新驱动，让更多的基础产业、产品成为附加值高、在市场中具有发言权的高端产品。坚持创新引领作用，顺应发达国家研发产业向发展中国家转移的新趋势，充分利用全球科技创新资源。坚持引进与创新并举，集中力量攻关，尽快在引领产业发展的关键技术、核心技术和催生新产业的重大产品上取得突破性创新，着力培育战略性新兴产业的增长点和新业态，抢占未来技术创新、产品创新、管理创新的制高点。

四是加大政策扶持力度，切实优化发展环境。在政策上，各县域对战略性新兴产业要进一步加大扶持：一要鼓励引导创新。以集成创新和引进消化吸收作为创新重点，积极支持相关企业向国家申报各类科学计划项目。在政府财政中设立专项配套资金，对创新项目给予支持。二要强化人力支撑。重点发挥本土领军人才作用，促进科技人才与管理人才高端嫁接，支持高校、技校优化学科和专业设置，形成与市场需求相对接的人才培养模式。三要加大融资支持。扩大直接融资规模，支持符合条件的企业在境内外上市，支持成长性好、偿付能力强的企业发债券和中长期票据等。四要大力优化发展环境。加快政府职能转变，减少行政审批和检查评比，清理废止不合理收费性文件，强化服务意识，优化执法环境，切实为产业发展营造宽松环境。

9.2　加大投资力度，深入实施创新驱动发展战略

创新是引领发展的第一动力。破解湖南县域经济发展的深层次难题，最根本的是要转换发展动力，实现从要素驱动向创新驱动、从跟随式发展向引领型发展的转变。湖南新旧发展动力转换的进程已经开启，要坚定不移加大投资力度，深入实施创新驱动发展战略，把创新驱动发展战略作为经济社会发展的核心战略和经济结构调整的总抓手，持续深入推进高新技术企业培育等重大举措，进一步聚焦产业发展，突出科技支撑，强化技术转化，使新动力尽快超过旧动力，加快形成以创新为主要引领和支撑的经济体系和发展模式。

9.2.1　坚持以科技创新推动全面创新

"十三五"时期，世界科技革命催生产业升级新变革，国家经济社会发展进入新常态，建设富饶美丽幸福新湖南，实施创新引领、开放崛起新战略，对

科技创新提出了更高要求。

全球创新创业进入高度密集活跃期,人才、知识、技术和资本等要素的流动速度和范围达到空前水平,新一代信息技术、生物技术、新能源技术、智能制造技术和新材料技术等呈现群体跃进态势,颠覆性技术不断涌现,科技与金融、技术与商业模式不断创新融合,社会生产和消费从工业化向自动化、智能化转变,正在催生新产业、新业态和新模式。湖南各县域需要把握世界科技创新方向,把握赶超跨越历史机遇,赢得发展主动权。

国家战略布局提升了创新引领发展新高度,建设世界科技强国伟大目标,实施"一带一路"建设、长江经济带等区域发展战略,推进"中国制造2025""大众创业、万众创新"和"互联网+"等行动计划,科技创新从跟踪模仿跃入"三跑"(跟跑、并跑、领跑)并行新阶段,科技创新战略部署从"小局"向"大局"转变,依托力量从"小众"向"大众"转变,资源要素从"小投入"向"大投入"转变,需要湖南以更加开放的姿态,充分对接国家创新发展新战略,依靠创新汇聚生产要素、培育发展新动力,发展高端产业、增创发展新优势,打造新增长点、拓展发展新空间,推动经济社会发展更具活力、更有效率、更可持续。

湖南全面贯彻五大发展理念,推进经济结构优化,实现经济中高速增长,要求依靠科技创新发展高附加值产业、绿色低碳产业和具有国际竞争力产业,构建经济发展新优势;推进供给侧结构性改革,去产能、去库存、去杠杆、降成本、补短板,要求依靠科技创新汇集高端要素,加快培育形成新的增长动力;推进区域协调发展,按照"一带一部"新定位,打造"一带一路"开放新高地、长江经济带核心增长极,要求建设以长株潭国家自主创新示范区为核心的科技创新基地,加快形成"一核三极四带多点"区域协调发展新格局;积极推进乡村振兴,既有金山银山,也有绿水青山,要求着力加强人口健康、资源环境和公共安全等民生领域的科技创新,让人民群众充分获得科技进步带来的福祉。

(一)湖南县域科技创新指导思想、基本原则、发展目标及总体部署

1. 指导思想

深入贯彻落实"四个全面"的战略布局,坚持以"创新、协调、绿色、开放、共享"五大发展理念为指导,坚持"自主创新、重点跨越、支撑发展、引领未来"的方针。坚持创新是引领发展的第一动力,把科技创新放在发展全局的核心位置,以深入实施创新驱动发展战略为主题,以支撑供给侧结构性改革为主线,以全面建设创新型湖南为目标,以全面深化科技体制改革和全面

开放合作为动力，着力增强自主创新能力，着力提高创新供给质量，着力推进"大众创业、万众创新"，打造实现中高速发展、迈向中高端水平的新引擎，促进"三量齐升"、推进"五化同步"，为乡村振兴和富饶美丽幸福新湖南建设强化科技创新供给，为建设科技强省打下坚实的基础。

2. 基本原则

坚持以支撑重大战略需求为根本任务。聚焦国家科技发展战略和湖南省经济社会发展重大需求，积极发挥科技创新在培育经济新业态、建设生态文明、提高民生幸福指数方面的支撑引领作用，明确主攻方向和突破口，在关键领域尽快实现突破，力争形成更多发展优势。

坚持以系统部署与重点突破有机结合为重要导向。根据经济社会发展需求和科技创新自身规律，系统开展科技创新发展的谋篇布局。针对湖南县域经济、开放型经济、非公经济和金融经济等发展短板，强化科技与经济对接，提高创新供给质量。

坚持以全面深化科技体制改革和全面开放合作为根本动力。充分发挥市场配置创新资源的决定性作用，强化政府规划引导、创新服务和政策支持功能。切实做到科技体制机制改革有实质性突破，最大限度地释放创新活力和改革红利。切实构建科技创新开放合作新态势，深度融入全球和区域科技创新网络。

坚持以科技人才驱动和科技为民为基本理念。坚持创新驱动的实质是人才驱动，加快创新型人才队伍建设，激发各类科技人员的积极性和创造性。坚持科技创新与改善民生福祉相结合，让更多的科技创新成果由广大人民共享，为乡村振兴提供重要科技支撑。

3. 发展目标

到 2025 年，湖南县域科技创新整体综合实力明显提升，长株潭等发达县域科技创新实力进入全国县域科技创新前列。

（1）自主创新能力显著增强。能攻克一批关键核心技术，打造一批产业技术创新链，在重点领域形成技术竞争优势。研究与试验发展经费投入占地区生产总值的比重（R&D 经费投入强度）力争达到 2.5% 左右。

（2）创新型经济格局初步形成。重点产业领域进入全球价值链中高端，培育一批具有核心竞争力的产业集群。各县域高新技术企业比例达 20% 以上，高新技术产业增加值占地区生产总值的比重不低于 30%，科技服务业机构数平均每县达到 100 个，科技进步贡献率达到 60%。

（3）科技创新体系协同高效。企业创新主体地位凸显，高校院所创新效能显著提升，军民科技融合深度发展，人才、技术、资本等创新要素有序流动、合理配置，科技创新平台优化布局、提质增效，创新平台开放共享度达到80%，区域创新各具特色、协调发展。

（4）创新创业环境更加优良。创新创业的政策法规更加健全，科技管理体制机制改革向纵深推进，创新创业服务体系基本建立，全社会创新创业蔚然成风。

4. 总体部署

未来几年，湖南县域科技创新发展的总体部署是：推进以科技创新为核心的全面创新，紧紧围绕经济竞争力提升、社会发展需求、民生发展要求，强化重点领域和关键环节，精心打造自主创新核心区、着力构建产业技术创新链、深入实施科技创新专项行动。

以长株潭国家自主创新示范区为突破口，坚持改革创新、先行先试，努力把示范区建设成为创新驱动发展引领区、科技体制改革先行区、军民融合创新示范区、中西部地区发展新的增长极，打造引领全省创新发展的强力引擎。

（1）构建产业技术创新链。贯彻落实《中国制造2025》和湖南建设制造强省五年行动计划，围绕高端装备制造、新材料、新一代信息技术、新能源、现代农业、人口健康、资源与环保、文化创意、公共安全与应急、现代服务业等10大重点产业，系统制定技术创新方案，促进产业链、创新链、资金链、服务链"四链融合"，推动核心技术与关键瓶颈突破，不断发展壮大高新技术产业，培育发展战略性新兴产业，促进传统产业转型升级，打造一批具有国际国内竞争力的创新型产业集群。

（2）实施科技创新专项行动。在整体部署的基础上，围绕科技创新最迫切、最重要的环节，以专项行动促进科技创新局部突破带动科技创新整体跃升。一是实施前沿科技引领行动，前瞻部署基础研究和应用基础研究，取得一批前沿颠覆性技术，加快获取科技创新先发优势。二是实施科技重大工程和专项推进行动，在优势产业和重大民生领域，凝练形成若干重大科技工程和专项，突破产业链核心技术和共性技术，抢占产业技术新高点。三是实施人才培育与平台建设行动，打造一批具有战略支撑力的科研基地和创新平台，培育一批高端创新型人才队伍，形成科技创新战略力量。四是实施创新创业促进行动，构建普惠性创新政策体系，发展专业化众创空间，实施知识产权和标准战略，着力构建科技创新创业体系，激活双创发展新动力。五是实施区域创新协同行动，发挥长株潭国家自主创新示范区辐射带动效应，促进县域科技创新特色发展，推进区域科技创新协调发展。

（二）湖南县域科技创新举措

1. 健全科技创新治理机制

各县要明确科技创新领域政府和市场的定位，简政放权、放管结合、优化服务，推动政府职能从研发管理向创新服务转变，推进科技治理体系和治理能力现代化。建立创新政策协调审查机制、创新政策调查和评价制度。建设高水平科技创新智库，加强科技创新发展动态和对策研究，提高重大科技决策的科学性。建立创新驱动导向的政绩考核机制，加大科技报告制度实施力度。

推进科研领域"放管服"改革，赋予创新领军人才更大人（财、物）支配权、技术路线决策权，支持自由探索、包容非共识创新，更好地调动科技人员的积极性、创造性。完善科研项目和资金使用监管机制，改进预算编制方法，科学界定直接费用支出范围，完善直接费用、间接费用和管理费用管理。推行科研信用评级和"黑名单"制度，强化对侵权和失信行为的惩戒，营造放得好、管得好的宽松包容科研环境。

2. 深化产、学、研、用协同创新机制

各县要坚持以市场为导向、企业为主体、政策为引导，健全产、学、研、用技术创新协同机制，促进创新要素向企业集聚，促进企业成为技术决策、研发投入、科研组织和成果转化的主体，增强企业家在创新决策体系中的话语权。改革完善产业技术创新战略联盟形成和运行机制，按照自愿原则和市场机制，深化产学研用、上中下游、大中小微企业的紧密合作，促进产业链和创新链融合。

一是建立以企业为主体的技术创新机制。吸收更多企业和企业家参与研究制定技术创新规划、计划、政策和标准。完善科技计划组织管理方式，市场导向明确的科技项目由企业牵头实施。完善财政科技投入机制，更多运用财政后补助、间接投入等方式，支持企业自主决策、先行投入。健全国有企业技术创新绩效考核制度。建立健全采购创新产品和购买科技服务政策。完善使用首台（套）重大技术装备鼓励政策，健全研制、使用单位在产品创新、增值服务和示范应用等环节激励和约束机制。

二是完善中小微企业创新支持方式。制定科技型中小微企业的扶持条件和标准，为落实扶持中小微企业创新政策开辟便捷通道。完善中小微企业创新创业服务体系，加快推进科技服务机构改革，构建社会化、专业化、网络化技术创新服务平台。完善高新技术企业认定办法，鼓励中小微企业加大研发力度。落实和完善政府采购促进中小微企业创新发展的措施，完善政府采购向中小微企业预留采购份额、评审优惠等措施。

三是健全产、学、研、用协同创新机制。构建以企业为主导、产学研用合作的产业技术创新战略联盟，发挥联盟在产学研协同创新中的作用。在优先产业领域采取企业主导、院校协作、多元投资、军民融合、成果分享的新模式，整合形成若干产业创新中心。完善高校融入协同创新的政策。完善科研院所法人治理结构，落实科研院所自主权，推动科研院所参与协同创新。

3. 促进科技成果转移转化

各县要全面贯彻落实《中华人民共和国促进科技成果转化法》，实施科技成果转化工程，加快制定和落实深化科技成果处置权、收益分配等改革措施，建立健全技术转移组织体系，强化科技成果转化市场化服务，发展壮大专业化技术转移人才队伍，建立多元化科技成果转移转化投入渠道，基本建成功能完善、运行高效、市场化的科技成果转移转化体系，促进科技成果转化、资本化、产业化。

4. 推进科技金融紧密结合

各县要大力发展创新创业投资，建立多层次资本市场支持创新机制，支持符合创新特点的金融产品开发，探索发展服务创新的互联网金融。以政府和社会资本合作撬动社会资本投入为重点，实施科技金融结合"111"工程，形成各类金融工具协同支持创新发展的良好局面。

一是搭建1个科技金融综合服务集团公司。服务长株潭国家自主创新示范区建设，省地共建政策性、专业化、市场化结合的科技金融综合服务集团公司，综合采用代持政府股权投资、自有资金投资、合作设立基金等方式，开展产业投资、科技金融、园区发展服务，打造功能完善的科技金融服务链，带动全省科技金融结合和科技成果转化。

二是做大1支科技金融母基金。扩大省科技成果转化引导基金规模，综合运用股权投资、风险补偿、保费补贴、后补助、绩效奖励等多种投入方式，促进科技金融产品（服务）创新和科技成果转化。鼓励和规范天使基金（种子基金）发展，加大对早中期、初创期科技型中小微企业支持力度。建立健全科技金融风险补偿机制，开展科技成果转化贷款风险补偿、科技担保风险补偿和天使（种子）投资风险补偿。

三是构建1个科技金融服务链。发展财政出资设立的天使投资基金（种子基金）、创业投资基金，探索股权质押、知识产权质押、股权众筹、互联网金融以及众创、众包、众扶、众筹等科技金融新模式。完善支持科技型中小企业股份制政策，强化创业板、新三板、区域性股权市场等多层次资本市场对科技创新的支持。建立湖南省科技成果转化项目库，实现与国家科技成果转化项目库对接。

5. 强化企业创新主体地位

各县要大力实施创新型企业培育"百千万"工程，形成创新型领军企业"顶天立地"、科技型中小企业"铺天盖地"的发展格局。响应新一轮国家技术创新工程，推动院士专家工作站、博士后工作站、科技特派员等更好地服务企业。支持企业牵头共建创新战略联盟，探索企业主导、院校协作、多元投资、军民融合、成果分享的技术创新合作模式。健全科技资源开放共享机制，提高服务企业技术创新的能力。

6. 培育发展新型研发机构

各县要制定新型研发机构认定管理办法和扶持政策，鼓励引导县域各级政府、企业与省内外高等院校、科研院所、社会团体等以产学研合作形式创办新型研发机构，鼓励大型骨干企业组建企业研究院等新型研发机构。推动新型研发机构创新机制，建成投资主体多元化、建设模式国际化、运行机制市场化、管理制度现代化、创新创业与孵化育成相结合、具备独立法人资格的应用技术研究院、工业技术研究院等，更加聚焦产业发展、更加贴近科技前沿、更加突出开放创新，突破产业核心关键技术，研发具有较强竞争力的战略产品和装备。完善新型研发机构支持政策，推动制定资金、用地、期权和税收等配套政策，在能力建设、研发投入、人才引进、科研仪器设备配套等方面加大支持力度。

9.2.2 坚持教育为本，建设高质量创新人才队伍

中国教育进入了新时代，也就是教育高质量发展的新时代，这是我国教育发展新的历史定位。这个时代，是承前启后、继往开来、在新的历史条件下推动教育高质量发展、全面建设社会主义现代化教育强国的时代。因此，湖南各县域要充分把握这一历史发展机遇，大力实施教育质量工程，坚持教育为本，加大教育投入力度，建设高质量创新人才队伍，为促进湖南县域经济更好、更快发展提供坚强的人才支撑。

（一）湖南县域农村教育面临的困难和问题

改革开放以来，湖南在人口众多、生产力发展水平不高的条件下，基本普及了九年义务教育，基本扫除了青壮年文盲，农村学前教育、农村职业教育和成人教育也得到了很大发展，为湖南经济社会发展提供了大量较高素质的劳动者和丰富的人才资源，与改革开放之前，特别是"十年动乱"期间相比，可以说湖南农村教育已经取得了显著的成就。但是，湖南农村教育基础薄弱、发展相对滞后的状况仍然没有从根本上改变，农村教育与农村经济和社会发展不

相适应的状况依然很突出，其应具备的基础性、先导性和全局性作用还远未得到充分发挥。农村教育服务于社会主义新农村建设还面临许多困难和问题，仍然任重道远。

1. 价值取向存在偏差

长期以来，湖南农村教育价值取向存在一定偏差。这些偏差主要表现在以下几个方面：一是基层政府、教育部门和学校、教育者和受教育者过于看重升学率，强调文化素质教育，而忽略了综合性教育，忽视职业技能的提高，导致片面追求升学率现象，进而导致农村教育的存在和发展价值取向单一，与党的教育方针严重偏离；二是整个基础教育一味追求"跳农门"，强调为城市工商业等方面的发展培养人才，忽视农村及农业自身对人才的实际需求，从而逐渐形成了农村教育自我重视不足等问题；三是人才地域选择效应不利于农村，人才大量流入城市，农村教育成为为城市发展输送人才的途径，城市成了农村地区人才的"收割机"，致使农村人才严重缺乏，造成广大农民形成"唯入城市求发展"的片面思想；四是与为城市培养工商业技能人才的丰富的职业教育资源相比，为农村培养农业技能的职业教育和成人教育显得相当薄弱，从而导致广大农民丧失了对农村教育的热情和信心，在巨大的城乡差异面前，众多考上大学的孩子怎么会主动返回落后的农村呢？就这样，农村砸锅卖铁培养的一批又一批优秀学子，远离了贫穷的家乡，扎根在了现代城市。农村没有享受到自己辛勤耕耘的果实，反而要承担起所有耕作成本。教育只是改变了个别学子的命运，却没有彻底改变农村贫穷落后的面貌，更多的时候还加剧了农村的经济负担。这种二元结构使农村陷入恶性循环，一方面出现经济与教育发展的悖论，即农村基础教育越发展，农村人才越少，农民越贫穷；另一方面农村教育办学效益越来越低，教师厌教，学生厌学，农村学生辍学率居高不下。受落后的教育观、人才观、质量观的影响，社会上许多人把升学与成才等同，把升学率的高低与办学质量的优劣等同。许多农村家长要么不送孩子上学，认为书读多了考不上大学也没有用，反正种田用不着读书；要么送孩子上学的唯一目的，就是希望通过升学这一独木桥，孤注一掷跳出"农门"，找到一个"铁饭碗"。由于升学教育没有或者很少为农村当地经济建设带来直接的经济效益和社会效益，大大影响了广大农民参与和基层政府办教育的积极性。陶行知几十年前就说要造就富的社会，不造就富的个人，但现在的农村教育所追求的仍然是片面升学率和让少数学生跳出"农门"，没有顾及绝大多数跳不出"农门"的学生的命运，更谈不上关注整个农村经济社会的发展，致使农村教育实际上演变为一种离农教育。

2. 教育经费严重短缺

长期以来，经费短缺一直是困扰我国教育的普遍问题。农村教育特别是湖南等经济欠发达典型地区的农村教育，教育经费供应和需求的矛盾尤为突出。在这些地区，工业基础薄弱，农业现代化程度不高，农民收入很低，财政普遍困难，由此形成的相对落后的经济环境很难为农村教育的快速发展提供有力支撑。国家财政拨付给广大农村地区的教育经费只能保障教师基本工资和维持日常教育教学低水平运转。在农村地区，以县级政府为主筹措的教师的政策性津补贴和校舍建设资金普遍没有着落或严重短缺。国家教育经费的不足是一个众所周知的事实，但问题是这些有限的教育投资，投向也不公平，存在一定的城乡、地区差距和投入结构不合理的问题。从城乡差距来看，在确定新的义务教育经费保障机制之前，城市推行九年义务教育，费用由政府承担得多一些，而农村推行的九年义务教育，费用由政府承担得少一些。2013—2018 年，湖南城乡义务教育生均预算内教育经费支出差距在 800 元左右。在全国的许多地方，城市中、小学校已经用上了塑胶跑道，但是湖南一些农村的学校却为完成"双基"达标而负债累累。根据教育部财务司《中国教育经费统计年鉴（2018年）》提供的数据，2018 年，全国普通小学生均预算内教育经费支出为 6 812元，而农村小学生均预算内教育经费支出只有 5 536 元，湖南省农村小学生均预算内教育经费支出仅 5 336 元；当年全国普通初中生均预算内教育经费支出为 8 092 元，而农村初中生均预算内教育经费支出只有 7 732 元，湖南省农村初中生均预算内教育经费支出仅 7 436 元，义务教育经费在城乡之间、地区之间存在很大差异。

从湖南的实际情况来看，教育投入还存在一些深层次的矛盾，并主要体现在财政体制上。"以县为主"的新的农村基础教育管理体制和财政供应体制建立以来，这种状况有了很大改善，实现了把农村基础教育管理的事权、财权由乡级政府提升到"以县为主"的目标，农村教育经费筹措有了较好保障，有利于县域农村教育的均衡发展。但从近年执行情况来看，由于频繁的财税体制改革和财权与事权划分不对称对县级财政收支也带来了一定的负面影响，有些县级政府保障教育经费的能力仍然不足，落后的经济条件和拮据的财政无力支撑庞大的义务教育体系，"巧妇难为无米之炊"，农村教育仍在困难中苦苦挣扎。历史沉积的和现实差异形成的办学设施落后、危房改造任务繁重等问题压得基层政府财政透不过气来，使湖南农村义务教育缺乏可持续发展的后劲。

3. 教师队伍结构性矛盾十分突出

最为突出的是，与农村经济建设和社会发展相适应的师资支撑体系不健全。没有高质量的教师，就没有高质量的教育与高质量的人才，也就没有高质量的经济社会发展。建设高水平的教师队伍，是农村教育事业不断得到健康发展的基本保证。目前，教师教育改革和基础教育改革对教师的素质提出了更新、更高的要求，但农村中小学教师队伍整体状况确实令人担忧，教师队伍结构性矛盾十分突出。

第一，农村教师队伍起点偏低。湖南全省"民转公"的小学教师大体上占70%。以湖南省株洲市小学教师为例，"民转公"教师大体占60%以上，自20世纪80年代以来中等师范学校培养的素质相对较高的教师不到40%。因此，大部分农村教师教育思想观念陈旧，知识和年龄结构老化，教学方法落后，难以适应教育改革发展的需要，这在新一轮基础教育课程改革中已充分暴露出来。

第二，学历达标与能力达标反差巨大。经过十多年的努力，农村中小学教师学历达标率有了大幅度的提高。但由于大部分教师在学历进修中都选择了相对比较容易通过的中文、政教等文科专业，使得农村教师学非所教的问题十分突出，知识结构没有得到很好改善，造成大部分农村中小学教师学历虽然达标了，可实际教育教学能力水平和整体素质并没有得到相应提高。

第三，农村教师"层层拔高"使用，教师队伍整体水平难以保证。随着青少年学龄结构的变化和普及义务教育的需要，农村教育资源特别是师资不足的矛盾日益突出，进而不得不从初中教师中选拔优秀者进高中任教，从小学高年级教师中选拔优秀者进初中任教，这种"层层拔高"的现象，使原本合格的教师变成了不合格的教师、原来的骨干教师变成了一般教师，以至于农村教师队伍的教育教学水平和专业素质整体严重下降。

第四，农村教师职业道德有待加强。由于待遇低、工作量大、生活艰苦、接受的专业教育程度低、管理松散等原因，一部分农村教师工作责任心不强，职业意识淡薄。近年来，为解决上述问题，湖南省通过学历达标、继续教育等教师教育措施，教师队伍素质虽有一定提高，但农村教师队伍整体水平偏低且不稳定，是当前一个不容回避的现实问题。农村教育工作环境差，教师待遇低，许多骨干教师人心思走，流向城市和经济发达地区。农村教师专业化水平低，仍是农村教育中十分突出的问题。就农村教师队伍现状而言，绝大部分教师专业化只停留在讲授语（文）数（学）外（语）、（物）理化（学）生（物）、政（治）（历）史地（理）等文化课程度，但音（乐）体（育）美（术）劳（动）和信息技术等综合实践活动课、职业技能课教师明显匮乏，农村职业教育"双师型"教师奇缺，是制约农村教育健康发展的"瓶颈"。

（二）发展湖南县域农村教育相关对策

1. 更新农村教育理念

更新农村教育理念，最主要的是在价值取向上要牢固树立为农服务的农村教育观念，把服务社会主义新农村建设作为农村教育的一项根本性任务。

"中国乡村教育之所以没有实效，是因为教育与农业各干各的，不相闻问。"60多年前我国著名教育家陶行知先生针砭时弊的话，可谓一语中的。从正面来理解，陶行知先生这句话对我国目前更新农村教育理念仍有着强烈的现实指导意义。诚然，致力于普通文化知识传播和提高升学率的湖南农村教育，为湖南赢得了"湖南人会读书"的美誉，但也产生了很多问题。比如对于那些学习基础比较差的学生来说，远离生活实际的课本知识不能激发他们的学习兴趣，他们在学校里面所学到的单纯的文化知识，没有内化为思考人生、完善自我的本能动力，在与少数升学的"精英学子"比较后，带给他们更多的是失败感的与日俱增和自信心的逐渐丧失。而且对于那些九年义务教育后无法继续深造的学生，由于没有得到适当的职业教育和创业意识熏陶，远离农村生活实际的学校教育不能给他们毕业后的工作和生活提供更多的帮助。所以，"要解决农村教育中致富无术的问题，必须改变教育观念。要把狭小的学校教育改变为大教育观念。"在这方面，山西省柳林县前元庄实验学校的经验为湖南农村教育的发展提供了启示。该校的教学目标是使学生"升学有基础，回乡有技能"。前元庄实验学校的做法和经验是多方面的，其核心就是坚持农村教育改革，实行基础教育、职业教育、成人教育"三教统筹"和"农科教结合"，不断增强教育为"三农"服务的能力。前元庄实验学校教育改革的基本指导思想是：农村教育要与农村经济和社会发展紧密结合，为农村经济和社会发展服务。依靠发展教育，带动解决农业、农村和农民问题。具体做法是：在办学方向中实行"农教结合"。一是农村经济发展和教育发展同步规划，同步实施，相互促进。二是建立教师联系农户制度，为农民脱贫致富当参谋和提供技术指导。三是学校教师被聘为村委会的"智囊团"，共同参与对全村经济建设和教育发展重要问题的决策。学校专任教师兼任成人教育的文化课教师，有专长的农民受聘兼任学校劳技课和实习的指导教师。四是资源共享，学校的图书、实验仪器等向全村农民开放，村里的果园和农田作物为学生实验和实习提供基地。这个曾经穷得叮当响的小山村，1987年开始走上"农科教结合"的路子，把脱离农民生活、脱离农村经济的普通小学改成"村校一体"的实验学校。在这里，孩子们多了一门课程叫"劳技"；在这里，教师不单纯教书，还是村里经济发展的"智囊"；在这里，村里经济发展和教育发展同步规划、同步运行。现在，村里的年轻人不仅都达到初中文化程度，每个人还掌握了一两门实用技术，全村人均收入也从以前的 320 元增加到 1 700 多元。前元庄实验学校的成功说明，农村教育在改变贫穷落后乡村的面貌过程中是大有作为的。

湖南农村教育要发展，必须坚持走与农业、农村发展相结合的道路，担负起为新农村建设奠定智力基础的重大责任。当然，这并不是说农村教育就只能定位在为农村服务，仅仅培养走向田间的新农民。在新的历史条件下，让农民走出农村也是解决农村问题的重要途径，许多村民经济收入的 70% 以上来源于打工。新的农村教育既要解决回乡务农、劳动致富、发展现代农业的问题，又要解决引导农民走出农村、灵活就业、拓展发展空间的问题，还要解决农村与城市、农业与工业、农民与市民之间的功能转换与角色适应问题。归根结底，农村教育要端正办学思想，真正使农村教育与当地经济建设和社会发展有机结合，成为当地经济建设和社会发展的助推器。与此同时，农村教育要以全面提高广大农民素质为核心，使广大的农村学生都具有宽广的知识基础，在德、智、体全面发展的基础上，掌握一定的劳动生产基本知识和基本技能，使每一个青壮年农民能接受不同形式的职业技术教育，培养宜工、宜农、宜商，具有广泛社会适应性的多方面人才。因此，农村教育应逐渐转变其发展模式，即变"升学教育"为"素质教育"，变"离农教育"为"兴农教育"，变"学历教育"为"能力教育"，使农村教育朝着全面可持续地与社会主义新农村建设相协调的健康方向发展。在推进农村教育发展的过程中，既要加强对学生进行热爱农村、献身农业现代化建设的思想教育，培养学生良好的劳动观点、劳动习惯和劳动态度，又要着力培养学生的现代意识、市场意识、竞争意识、经营意识，鼓励学生大胆开拓、自主创业、走多元化的发展道路。同时，继续发挥为高一级学校输送合格人才的功能，为农村学生获得公平深造的机遇创造条件。

当然，农村教育理念更新并不能一蹴而就，还有一个逐步到位的认识深化过程。同时，农村教育理念更新也不仅仅是教育部门一家的事情，更重要的是，需要政府和宣传舆论的正面引导、农民群众的积极配合，以及全社会对为农服务的教育价值的认同。由此观之，更新农村教育理念任重而道远。

2. 深化农村教育改革

深化农村教育改革，其基本要求是加强农村教育，促进农村经济发展和改造传统农业的目的性，把开发农村人力资本、培育新型农民作为农村教育的主攻方向。农村的主人是农民，社会主义新农村建设的主体也是农民。社会主义新农村建设，是一项长期的、复杂的系统工程，而大力开发农村人力资本，培养和造就大批"有文化、懂技术、会经营"的新型农民是关键。新农村建设说到底要靠农民自己来完成。加强对农民的培养教育,不断提高其自身素质是一项非常重要的工作。但长期以来,教育特别是农村基础教育严重偏离了这个方向,成为为升学考试服务的机构,由此导致的严重后果就是:少部分所谓的"优秀学生"考上了大学,进了城,最后变成了城里人。大多数的学生却成为这种教育制度的失败者、牺牲品,他们除了学习了几个脱离农村现实生活的抽象概念外,教育留给他们更多的是心理阴影。千辛万苦培养的"优秀学生"离开了农村,留在农村的更多的青少年——明天的农民,却是"升学无望、就业无门、致富无术"的社会弃儿!农村教育如果继续在这样的轨道上发展,无论投入多少资金,无论培养出多少所谓的"优秀学生",都不可能为新农村建设提供真正的人才和智力支持。因此,在培养造就社会主义新农村建设者的过程中,农村教育面临着怎样为农村经济社会发展服务,怎样把教育的发展与新农村建设紧密地结合起来,怎样把农村青少年的升学深造与就业培训结合起来,改变"小学→初中→高中→大学"的简单升学模式,怎样把培养和造就素质高、能力强的新型农民和培养适应"三农"多样化需求的人才作为立足点,让教育真正成为农村经济发展链条的"第一车间",为新农村建设培养出更多新型农民等一系列问题。要解决这些问题,湖南省就必须深化农村教育改革,明确农村教育改革的主攻方向。目前,湖南大多数的农村地区经济尚处于落后阶段,传统农业在经济中仍占主要地位。人是生产力中的主导因素,和生产的其他要素相比,对于刺激和促进生产发展,解放生产力,更具决定性作用。根据人力资本理论和新经济增长理论,劳动者的素质和能力,即人力资本已经逐步成为经济增长的决定因素。建设湖南新农村就必须通过发展教育的途径,开发和培育农村人力资本。

根据湖南农村教育的现状,人受教育的层次越高,其流动性就越大,而且这种流动往往是从贫困地区流向发达地区、从边远地区流向中心城市。就教育地区结构而言,初中以下教育主要分布在广大农村,它要影响农村人口的文化素质,而中等和高等教育主要集中在县城或县城以上的城市。因此,要从根本上改变农村人口文化素质过低的状况,很好地促进农村经济的发展,应重点巩固"两基"成果,提高义务教育质量,这是提高农村人口文化素质的关键所在。只有全面巩固提高义务教育,才能使最大多数的农民受益,才能为学生的后续发展奠定坚实的基础。农村义务教育必须从目标、内容、形式、结构和布局方面全面改革,贴近农村实际。只有这样,才能使科学技术在广大农村得到推广和应用,从根本上改变农业方式落后、生产率低的面貌。农民的温饱解决了，乡镇企业的发展就有了坚实的基础；农业发展了，国民经济的增长就有了后劲，同时也为高一级人才的培养与就业创造了更多的机会。因此，湖南除少数经济发达的农村外，大部分农村地区的教育应放低重心发展。在今后一段时期内，湖南应主要立足于九年义务教育的巩固和提高，立足于整合农村各种教育资源，立足于发展农村职业教育和成人教育。在人才培养结构上，湖南要把提高农村劳动者素质，培养各级农村人才摆到突出的位置上。

3. 强化教育资源公平配置责任

根据我国教育资源主要由政府统筹配置的特点，强化教育资源公平配置责任，就是要求各级政府强化为农村教育提供人力、财力、物力的保障责任。教育公平理论给予我们的重要启示就是：实现教育公平的前提条件就是以教育经费为核心的教育资源配置要公平，只有实现这种公平，才能为实现教育公平创造条件；否则，要求实现教育公平就会成为空话。结合湖南的实际来谈，在落实教育资源公平配置责任方面至少应该抓住几个关键问题。在保障农村义务教育的投入上，一是增加经费投入总量，在财政分配政策上消除城乡差距，同时可向困难地区倾斜；二是要改善投入结构，将教育经费的投向重点关注到农村，将公共财政的阳光惠及农村农民；三是要遵循事权与财权统一和财政能力与事业发展承受能力对称的原则，构建适合湖南省情的教育财政管理体系。因此，湖南要强化政府对教育经费投入的主渠道作用，确立义务教育财政拨款在公共财政中的优先地位，优化投入结构，重点投入基础教育和农村教育，确保农村基础教育经费的增长。在目前义务教育投资体制之下，农村教育高度依赖当地的经济发展状况（县级财政收入），致使农村经济的贫困与农村教育的落后总是相伴而行。

我国"以县为主"的农村义务教育管理体制，由于绝大多数县级财政无法担当起教育经费投入主体的责任，最后使得农民子女上学难的问题依然严重。基于此种现实，应按照财权和事权相对称的原则，建立省级财政统筹、中央和地方各级财政根据各自职责共同分担的教育财政体制，即：中央政府承担义务教育经费中的教师工资部分；省级政府承担公用经费的支出；而像校舍建设这样弹性比较大的项目，应由监督距离最短的县级政府承担经费。这样，权利和义务明确了，财权和事权相匹配了，既有利于调动地方政府对农村进行教育投入的积极性，又能使地方政府承担得起对农村教育的投入，而无须再向农民伸手。当然，在基础教育的投入上不能搞"一刀切"，也可以考虑另一种投入方式，如将发达地区和贫困地区分别对待。发达地区主要由地方财政投入，贫困地区主要由中央财政投入。对于取消教育附加费给地方财政带来的损失，中央财政应给予补偿。

虽然义务教育属于公共产品性质,政府应当全部承担办学经费,但是为了义务教育的更快发展,也不应当排除社会资金的进入。鉴于湖南教育和经济的现实,应当充分运用市场手段来筹集教育资源。例如可以考虑以下措施:一是建立教育政策性银行,通过贷款、投资、担保、补贴、贴现等资金运用方式来保障教育金融业务的顺利开展;二是以政府投入为基础,建立教育发展基金;三是运用产业政策优惠、税收减免等手段,鼓励社会捐资农村教育等;四是充分调动社会力量办学,注重义务教育的民间资本开发和利用。这样,就可以逐步形成以政府办学为主、社会各界参与、民办教育占一定比例的农村教育格局。

同时,在教育经费的分配上,政府教育经费应当重点向基层和农村倾斜,保障农村教育正常发展的稳定需要。好的教育,应该是公平的教育,以人为本的教育,为大多数人提供同等机会和同样优质的教育。按照义务教育的本义和世界各国的惯例,由国家主办的义务教育应当平等地对待每一个学生。在我国,基本普及九年义务教育工作已取得了很大成就,但基础教育在城乡之间、不同地区之间和同一地区之间,仍然有很大差异。这都违背了教育公平原则,应该予以改革。因此,国家应该逐步调整城乡分割的教育投入体制,中央和省级财政要加大对县域尤其是相对贫困地区转移支付力度,义务教育经费负担由县级为主逐步转移到省和中央为主,使广大农村中小学与城市学校一样,拥有稳定的教育经费、优质的教育资源和优秀的教师群体,促进其尽快改善办学条件,迅速提高教学质量,成为社会主义新农村建设的重要力量和提供强有力的人才支撑。公平的教育财政责任体系建立了,其他教育资源公平配置才有基础和保障,师资队伍问题、办学条件问题就迎刃而解了。

9.3 发挥资源区位优势,发展特色经济

9.3.1 依靠湖南农业基础优势,大力发展绿色农业产业

在中国特色社会主义新时代,人民日益增长的美好生活需要对农业发展提出了新的更高的要求。湖南农业生产需要进一步调整发展战略和思路,坚持走绿色、可持续发展之路,加快农业生产由满足人民温饱需求向满足人民营养健康需求转型升级。为此,必须大力发展绿色农业。

绿色农业是指在符合资源、环境、生态安全要求下,满足人民日益增长的营养健康需求的优质农业。绿色农业代表着农业发展的方向。一是人民群众的

营养健康需求日益增长，对食物的需求逐步由吃饱转向吃好，食物营养健康和绿色无污染已成为消费者优先考虑的问题，这为绿色农业发展提供了广阔市场空间。二是农业生产方式发生巨大变化，由种植业、畜牧业、渔业向加工业、物流业延伸发展，绿色农业的范围不断扩大。三是农业业态发生巨大变化，生产、加工、流通和消费都出现新变化，电商、物联网、植物工厂、智慧农业等新模式、新业态不断涌现，为湖南绿色农业的发展创造了有利条件。

同时也要看到，湖南发展绿色农业还面临一些问题与挑战。一是农业生产与生态环境之间的矛盾比较突出。农产品需求总量持续增长，农业资源供给紧张局面有所加剧，农业发展面临的资源和环境问题突出。二是食物供给结构与营养健康需求之间存在矛盾。优质安全的绿色生态农产品、地域特色农产品供给不足，常规农产品时有过剩；粮食和肉类产品的供给过量，牛奶的供给远远不足。三是农业产业化经营与增加农民收入之间存在矛盾。虽然近年来我国农业产业化经营快速发展，但仍有一些农民无法稳定分享产业化经营的红利。四是农业产业技术与绿色农业发展需求之间存在矛盾。支撑农业绿色发展的科技创新体系尚不完善，在农业投入品减量高效利用、种业主要作物联合攻关、有害生物绿色防控、废弃物资源化利用、产地环境修复和农产品绿色加工贮藏等领域还需要尽快取得一批突破性科研成果。

破解难题、应对挑战，推动绿色农业发展，当前各县域应从 5 个方面着手。一是进一步深化农业供给侧结构性改革，调整农业、畜牧业、渔业、林业的产业结构和产品结构，提升生态农产品、绿色农产品和品牌农产品的比重。二是坚持保供给、保收入、保生态协调统一，促进农民增收。各县域在保障国家粮食安全的基础上，增加绿色优质农产品供给，构建绿色发展产业链和价值链，提升质量效益和竞争力，变绿色为效益，促进农民增收，助力脱贫攻坚。三是加强科技研发推广，提高绿色农业发展水平。完善科研单位、高校、企业等各类创新主体协同攻关机制，开展以农业绿色生产为重点的科技联合攻关。完善农业绿色科技创新成果评价和转化机制，探索建立农业技术环境风险评估体系，加快成熟适用绿色技术、绿色品种的示范、推广和应用。四是强化营养消费知识普及，加大对优质农产品的推介力度。消费者营养知识缺乏是制约绿色农业发展的重要因素。各县域应积极开展消费引导活动，提高居民对营养健康消费的认可度。同时，加强优质农产品的品牌宣传、科普解读、生产指导和消费引导工作。五是促进农村一、二、三产业融合发展，提高绿色农业经济效益，帮助农民解决就业问题，促进绝对贫困人口脱贫，让农民更好地分享绿色农业发展成果。

9.3.2 利用湖南青山绿水优势，积极发展生态旅游产业

（一）湖南发展生态旅游产业的资源概况

湖南位于长江中下游流域，地处南北交通的要冲，东西连贯，南北通达。湖南山川纵横，土地肥沃，气候宜人，其地域辽阔，资源丰富，历史上就有"湖广熟，天下足"的美称，也是驰名中外的"鱼米之乡"。湖南是中国的旅游大省，历史悠久，风光秀丽，旅游资源得天独厚。全省现有十大旅游景区和百余个旅游景点，山水风光、名胜古迹遍布三湘四水。湖南旅游资源曾被概括成一句话，叫作"东边一条线，西边一大片"。"东边一条线"是指湖南东部自北向南有岳阳的洞庭湖、君山、岳阳楼、屈子祠等，长沙的马王堆汉墓、岳麓山、岳麓书院及众多的近现代革命旧址，还有湘潭的昭山、韶山，衡阳的南岳衡山，株洲陵县的炎帝陵，郴州的苏仙岭、义帝陵等，如同一串明珠，各具异彩。"西边一大片"是指桃花源、索溪峪、猛洞河、张家界、天子山等景区，它们组成了一个广阔神奇、绚丽多彩的自然风景区，当之无愧地被联合国教科文组织列为"世界文化遗产"。

1. 独具特色的自然景观生态旅游资源

湖南已查明的自然景观资源多处，其中有被列为世界遗产的武陵源风景区、张家界森林公园。张家界以其独特的地质、地貌集奇、险、秀于一身，堪称国之瑰宝。有五岳独秀的南岳衡山世外仙境桃花源和诗情画意的壶瓶山自然风光。大自然的神奇造化把湖南的山山水水点缀得绚丽多彩，形成了湖南独具特色的自然景观旅游资源。湖南是个林业大省，素有"金色油桐之乡"的美称。丰富多彩的动植物资源给游客带来了美的感受，让游客流连在大自然的怀抱中，更是人们生存的理想环境，休闲、度假的胜地。

2. 丰富的民俗文化旅游资源

湖南地处祖国东西和南北交通的重要连接位置，民族迁徙活动频繁，湖南有多个少数民族，各民族的服饰、习俗都具有自己的特点和内涵，加上湖南地貌类型多样，形成了湖南"十里不同天，百里不同俗"的独具特色的民俗旅游资源。像岳阳的张谷英村、湘西的德夯苗寨、永顺王村的土家古镇，这些地方别具特色的歌舞和奇风异俗令人沉醉，让人们充分感受到了别样的生活和文化体验。还有湖南的茶文化、酒文化、石文化、扇文化、寿文化、宗教文化等，形成了别具一格的湖湘文化。

（二）湖南生态旅游发展现状

2017 年 1-11 月，湖南旅游总收入达 4 602.84 亿元，比 2016 年同期增长

24.59%。整体来看，2017年湖南省旅游人数基本处于稳中有增状态，1-11月，湖南全省接待国内外游客5.69亿人次，比2016年同期增长21.08%，其中接待入境旅游211.07万人次，同比增长11.52%；接待国内游客5.67亿人次，同比增长21.12%。1-11月入境游客中接待香港同胞527 435人次，同比增长25.59%；接待澳门同胞206 862人次，同比增长19.22%；接待台湾同胞363 402人次，同比增长20.34%。具体见图9-1所示。

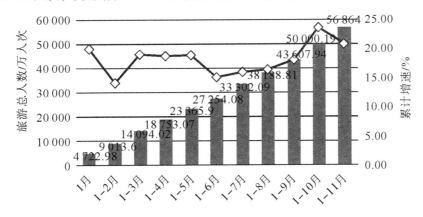

图9-1　2017年1-11月湖南省旅游人数统计

2017年湖南旅游业已经迈入了发展的快车道，正成为国内外重要的知名旅游目的地，创新推出创意新颖的9大主题系列活动，开展各种形式的旅游合作。"十三五"期间，湖南省规划建设284个重大旅游项目，计划投资12 274.54亿元，旅游产业将成为投资的"蓝海"。

整体来看，2017年湖南省旅游收入稳中有增，基本保持20%左右的同比增速。2017年1-11月湖南省国内外旅游收入合计4 602.84亿元，累计同比增长24.59%。1-11月入境旅游收入共计78 112.26万美元，同比上涨了1.96%。2017年1-11月湖南省共有4州（市）旅游外汇收入过亿美元，14市（州）中有9市（州）旅游外汇收入与2016年同期相比有所增长，5州（市）收入有不同幅度下降。其中张家界接待游客数2 602.96万人次，入境旅游收入为15 500.93万美元，在湖南省各市（州）中收入排名第一，但是与2016年同期相比，收入大幅下降了38.54%。紧接着是郴州累计收入14 241.2万美元，同比增长了20.59%。收入排名第三的是长沙市，1-11月长沙市入境旅游收入14 162.27万美元，同比微增1.79%。具体见图9-2所示。

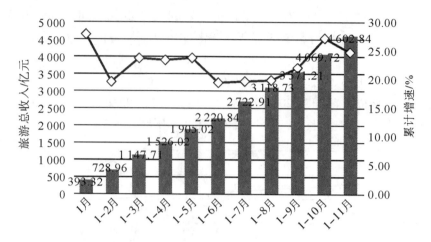

图 9-2　2017 年 1-11 月湖南省旅游收入统计

　　2017 年 1-11 月各州（市）旅游人数最多的是郴州市，累计接待游客 4 921.39 万人次，同比增长 20.33%；旅游收入累计 336.35 亿元，同比增长 21.47%。其次是湘潭市，1-11 月接待国内外游客 4 887.28 万人次，同比增长 20.4%；旅游收入共计 321.19 亿元，同比增长 21.83%。怀化旅游人数排名第三，1-11 月共计接待游客 4 663.1 万人次，同比增长 48.8%；旅游收入 331.3 亿元，同比增长 57.33%。具体见表 9-1 所示。

表 9-1　2017 年 1-11 月湖南省各市（州）旅游总人数和总收入情况统计

排名	城市	人数/万人次	同比/%	总收入/亿元	同比/%
1	郴州	4 921.39	20.33	336.35	21.47
2	湘潭	4 887.28	20.4	321.19	21.83
3	怀化	4 663.1	48.8	331.3	57.33
4	株洲	4 567.67	17.53	329.26	24.31
5	岳阳	4 483.83	13.19	369.69	24.76
6	衡阳	4 270.22	12.64	293.65	17.86
7	常德	3 743.94	26.55	312.87	44.18
8	永州	2 835.98	30.2	181.71	21.76
9	娄底	2 801.6	20.7	201.18	21.38
10	益阳	2 716.49	35.37	175.24	30
11	张家界	2 602.96	10.97	400.59	40.49

表9-1(续)

排名	城市	人数/万人次	同比/%	总收入/亿元	同比/%
12	湘西	2 572.77	32.98	201.43	11.94
13	邵阳	2 352.56	35.32	209.01	41.79

(三) 湖南生态旅游业发展存在的主要问题

1. 缺乏环保意识和生态意识

湖南在宣传环保方面所做的工作不少,可是一些破坏环境的行为却比较常见。如湖南洞庭湖因淤积和围湖,湖区面积缩小,湿地面积萎缩,生态系统质量下降,导致洞庭湖生态功能受到严重的损害。人们往往只看到眼前的利益,不曾想环境遭到破坏后,反过来威胁人类。湖南人大多没有真正的生态保护意识。无论是在农村还是在城市,随意破坏环境、糟蹋环境的例子时有发生,不胜枚举。因此,湖南还远没有形成一个稳定的生态旅游市场。从国际市场看,大多数到中国来的旅游者主要是为了了解中国的文化,看看中国的历史遗迹,真正寻求生态旅游的并不多。因此,湖南无论是培育生态旅游市场还是开发生态旅游产品都还有很长的路要走,要花费大力气去培育。

2. 管理制度不完善

到目前为止,湖南已建立了 8 个国家级风景名胜区、9 个国家级自然保护区、25 个国家级森林公园,国家也确立了相关的法规。美国管理公园,在控制人数方面做得不错,并采取了环境教育人的方式来保护生态环境。非洲许多地方改狩猎旅游为观赏动物的旅游形式,既协调了生态平衡,又起到了对生态保护的宣传作用。湖南地区应根据本地区的实际情况制定相关管理制度。在张家界森林公园,可以看到游道两边的树上处处刻着游客的不文明留言,对树木造成了损害,影响了生态环境。作为景区的管理人员,应采取措施,制定有针对性的行动方案。

3. 保护与利用之间的矛盾

任何旅游活动都会对人类生态环境产生影响,任何开发都会伴随着一定程度的破坏。发展与保护常常发生矛盾。特别是在不同主体利益的背景之下,有时还会演变为激烈的冲突。如何鱼与熊掌兼得,如何进行取舍,让生态旅游更符合其本质原始含义,是需要开发建设者、旅游者与当地居民共同面对的问题。特殊的民族文化区域更是如此。湖南的少数民族有着独特的民俗风情,旅游者希望更多地接触当地的居民,品尝"原汁原味",而当地居民则要"告别原始",实现现代化。旅游业的发展无疑是一种催化剂,对原始的民族文化保护和传承是发展生态旅游者必须要考虑的问题，这也是社会进步和发展的必然趋势。

农民办旅游仍然是目前许多景区的特色，如"农家乐"、生态园等，但其"非专业化"的问题是非常严重的。比如，他们不注意生态旅游，而生态旅游产品的开发，是需要实实在在的产业支持的。虽也有个别的企业投资生态园建设，但片面追求经济利益，不重视生态环境的保护。

（四）促进湖南生态旅游业发展的相关对策

1. 统一规划，有序开发

湖南旅游资源非常丰富，汗青文化、自然景观资源品位高，韶山、花明楼、岳麓学堂、凤凰古城等知名度较高，要聘请各方面的专家进行生态旅游认证，并将这些资源通过市场配置，整合与旅游相关的资源和要素，如风景点、动植物活动规律、历史文化、旅游线路和宾馆饭店等，建立统一的数据平台，实现多部门数据共享，建立环境和经济影响模型，进行旅游资源评价、综合旅游规划和旅游环境容量管理，不断做大产业链条，做强旅游产业。现代人在休闲时间更多地追求回归自然，因此，在规划设计时，应努力满足人们对返璞归真的追求和愿望。在规划开发的同时应加强配套建设，配备相应的食、住、行、游、购、娱等服务设施，积极开发生态旅游项目和产品。在自然生态环境好的地方，要充分利用得天独厚的条件，精心设计和打造，将其建成生态旅游的典型区、精品区，为发展生态旅游探索出一种切实可行的经营和发展模式。

2. 加强生态旅游管理，倡导低碳旅游体式格局

低碳旅游是指在旅游活动中，旅游者尽量降低二氧化碳排放量，即以低能耗、低污染为基础的绿色旅行，倡导在旅行中尽量减少碳足迹与二氧化碳的排放，也是环保旅游的深层次表现。旅游产业是绿色环保产业，是符合全球低碳经济要求的产业。在国家倡导的低碳旅游体式格局中，和其他行业相比，旅游业很早就有了"无烟工业"的美称，本身属于服务行业，占用资源少，卖的又是环境和文化，而这恰恰与节能减排的目标相吻合。旅游产业要率先提速发展，积极为"两型社会"建设做贡献。具体而言，如城市居民开始不自觉地把低碳作为旅游的新内涵，在旅游全程中力争符合环保、低碳要求。出行时多使用公共交通工具，自驾外出时尽可能地多采取拼车的方式。在旅游目的地，多采取步行和骑自行车的游玩方式。在旅途中，自带必备生活物品，选择最简约的低碳旅游方式，住的时候选择不提供一次性用品的酒店……这些，需要越来越多的人来践行。

3. 强化法制观念，保护生态环境

旅游业的发展，对环境造成了特殊性影响和累积性破坏。因此，必须制定切实可行的法规保障生态旅游，"以法兴游""以法治游"是旅游业长期健康发展的必由之路。发达国家大都有比较完善的立法，如《国家公园法》《自然保护法》等，而我国只有一些管理暂行条例和法规，实施起来难以达到生态旅游的标准。我们也可寻求通过立法，采取规划生态区建设和管理工作的措施。例如张家界颁布实施了《张家界武陵源世界自然遗产保护条例》地方性法规，对保护生态环境与可持续发展都有很大的作用，其他地区同样可制定适应当地生态旅游发展的法规。因此，各级政府主管部门要制定合理的政策，尽快出台相应的法律法规，强化行业管理，完善生态旅游这一产业的相关系统制度。

首先，要加大环保执法力度。当前我国涉及旅游资源与环境保护的法律法规已经比较健全和完善，有《国家文物保护法》《环境保护法》《关于加强旅游区环境保护工作的通知》等，但"有法不依"的现象使其未能起到有效保护旅游资源与环境的作用。"执法必严"是切实保障旅游环保法规发生实际效力的根本。政府执法部门应站在保障旅游业可持续发展的高度，加大旅游环保执法力度，协调旅游、环保、建设等部门齐抓共管旅游环保管理工作，真正做到"执法必严、违法必究"，严格约束和控制旅游企业的环境破坏行为，履行资源与环境保护的义务和责任。

其次，要加大环保立法力度。法律法规本身需要不断完善，旅游业的健康发展也有赖于法规的健全。要依法管理，就需要有法可依。走生态旅游可持续发展道路，需要政府相关部门加大立法工作力度。

最后，还需要对旅游业进行法制化管理和必要的监督。旅游地的保护，单单靠国民素质的提升和公民的道德自觉，是很不够的。监管不力，各种破坏性行为就会不断发生。通过有效的监管，逐步培养良好的情操，最终实现人与自然的和谐，是我们的目标。

4. 加强生态旅游的宣传和教育

湖南省历史文化底蕴深厚，自然生态旅游资源丰富。但是，湖南较高层次的生态自然旅游资源和产品较少，特别是世界级的旅游资源和产品不多，生态旅游景区往往各自为政，还没有完全形成合力。有一些生态旅游仍停留在营销层面上，对生态旅游资源和大环境的保护与营造的力度还不够。生态旅游有赖于全社会公众的生态意识和环境保护意识的提高。我国公民普遍缺乏生态意识，对资源认识不足，缺少经营管理人才，科技水平低。因此，开展生态旅游的首要工作是大力宣传，提高认识，在继续发展大众旅游的同时做好生态旅游。开展多方面的生态旅游教育是非常有必要的。可通过自由教育方式，融入环保与生态意识，特别是对下一代人的宣传教育，动员热心的志愿者参与实际活动。可以开展"环保与生态旅游节"活动，建立生态保护教育中心，以各种宣传手册、电子宣传设备、专业知识等为教育手段，建立表扬与批评报告系统。建议借鉴美国的做法和经验，制定"湖南省生态旅游指南"，做好游客、公众和导游的生态旅游教育和行为管理，增强环境保护意识。

10 优化要素投入，破解发展环境与资源要素矛盾难题

10.1 落实绿色发展，补齐生态环境短板

为了应对全球范围内的气候变化、自然资源约束和生态环境危机，以及由此引发的对全球经济可持续发展的严峻挑战，推动世界各国形成应对气候变化、实现经济发展和生态保护的共赢，2015 年 9 月，联合国召开大会通过了《变革我们的世界》作为 2030 年可持续发展议程。同年 12 月，作为联合国气候变化框架公约，《联合国气候变化框架公约》（简称《巴黎协定》）成为 2020 年以后全球经济发展生态约束性公约，意味着全球经济发展和全球生态治理进入到新的框架和格局。党的十九大报告提出要坚持新发展理念。"发展是解决我国一切问题的基础和关键，发展必须是科学发展，必须坚定不移贯彻创新、协调、绿色、开放、共享的发展理念"，坚持人与自然和谐共生。建设生态文明是中华民族永续发展的千年大计，必须树立和践行"绿水青山就是金山银山"的生态文明发展理念，坚持节约资源和保护环境的基本国策，像对待生命一样对待生态环境。

在上述背景下，我国的"十三五"规划提出的绿色发展理念站在全球经济可持续发展的视野上，结合我国现代化发展进程中的需要，对建设生态文明、实现绿色发展做出全面部署，基于"五位一体"总体布局和"四个全面"战略布局，把绿色发展作为建设生态文明、参与全球生态治理、实现中华民族永续发展的有效路径，体现出鲜明的问题意识和目标导向。"十三五"规划强调实现绿色发展和建设生态文明，目标是生态环境质量的总体改善、生产生活方式的绿色化以及自然资源的有效利用，形成完善的生态安全布局和机制。我

国"十三五"期间经济发展的显著特征是新常态。新常态下经济发展的主要特点是：经济增长的中高速、发展方式的质量效率、经济结构的存量调整和增强优化同时并举、发展动力的创新驱动。谋划未来中国经济发展，必须进入新常态、适应新常态、把握新常态、引领新常态。新常态下，我国经济虽然面临诸多下行压力，但仍然是发展的战略机遇期和政策窗口期，经济发展持续向好的基本面、支撑基础、保障条件、前进态势基本没有变。新常态下，我国经济要破解的困境和难题，本质上是人与自然、经济发展与生态保护的关系问题。要避免"先污染后治理"的老路和"中等收入陷阱"，中国的现代化必然要求绿色化。经济新常态的一个重要方面是，支撑未来中国经济发展的自然环境承载力已经达到自然的极限，以往"三高"的粗放型发展方式已经难以保证经济的可持续发展。新常态要求的经济绿色化，本质是实现经济发展和生态保护的和谐统一，用生态绿色的方式推进经济结构的转型和升级，形成绿色生产和生活方式。中国生态文明建设中的具体实践经验已经说明，坚持绿色发展，实现发展与保护的统一，绿水青山和生态环境本身就是金山银山和生产力。

10.1.1　坚持绿色发展理念，面临诸多挑战

第一，传统经济发展的思想观念的挑战。发展社会主义市场经济，政府是很重要的角色，从一些地方政府对绿色发展理念和绿色经济的认知上看，很多仍然停留在理念、理论的认识层面，没有主动去思考经济新常态下什么是绿色发展、为什么要实现绿色发展以及如何实现绿色发展的问题。另外，对于经济发展的绿色转型需要配套的制度、政策、机制、体质等根本性问题还没有深入探索和实践。

从经济发展过程中的环境治理来看，还没有形成政府、企业、社会、个人之间的良性互动，自上而下的社会公众参与机制和交互性的生态保护治理的机构、渠道和体制尚未真正建立起来。

第二，新常态下已有经济增长模式的挑战。改革开放以来，在实现现代化的进程中，工业化、城市化要求高污染、高能耗的污染密集型产业的增长势头，这种重型化、能耗型的经济产业结构在短时期内还不能做到根本性的改变。加快推进现代化的当代中国，正是自然资源和能源需求较快增长的阶段，来满足基础设施建设和改善人民群众的物质生活水平，从而带来不断上涨的资源消耗和能源消费，从而成为经济可持续发展的制约和挑战。如何确保在经济发展和人民生活水平提高的同时，不以牺牲自然生态环境为代价实现经济发展，实现绿色发展、生态发展、低碳发展和循环发展，是当前中国经济所必须

面对的挑战和难题。

第三，新常态下科技创新落后的挑战。客观地讲，我国还未完全建立起完善的市场体制机制来保障绿色科学技术的创新、应用和推广。虽然中央和地方政府出台了诸多鼓励性和保障性的政策，但大多停留在解决已有的资源耗费和环境污染的问题上，在新型绿色产业的扶持和绿色产品的创新能力上还存在不足。还有，在绿色科学技术的创新上，绿色技术的引进量较大，绿色技术的自主创新、研发和应用还存在不足。

10.1.2　落实绿色发展、补齐生态环境短板的建议

按照党的十九大报告的精神，推进绿色发展，建立清洁低碳、安全高效的能源体系。加快建立绿色生产和消费的法律制度和政策措施，建立健全绿色低碳循环发展的经济体系。构建市场导向的绿色技术创新体系，发展绿色金融，壮大节能环保产业、清洁生产产业、清洁能源产业。推进资源全面节约和循环利用，实施国家节水行动，降低能耗、物耗，实现生产系统和生活系统循环链接。倡导简约适度、绿色低碳的生活方式。

一是要培育生态文明理念。习近平总书记在全国生态文明建设工作推进会议上对生态文明建设做出重要指示，强调树立"绿水青山就是金山银山"的强烈意识。协调发展、生态发展和绿色发展是理念也是举措，必须在政策保障和贯彻执行上落实到位。这为当前中国正确处理人与自然、经济发展与生态保护的关系提供了理念遵循，强调了发展和生态都是主线和底线，要在生态文明理念和绿色发展理念的引领下，实现经济绿色转型和绿色发展。要实现经济的绿色发展，必须在全社会培育、强化和推行生态文明理念。正确引导人民群众对自然的认识，认识到人与自然的和谐统一关系，对自然客观规律要有正确的态度。人只有认识并尊重自然规律、合理利用自然规律，才能实现人和经济的全面发展。将人与自然、经济与生态和谐统一的生态文明理念融入自己的认识和实践中，把生态、绿色、健康的要求转化为内在的心理诉求，形成绿色发展、生态文明的价值理念和社会风尚，形成推进生态文明、实现绿色发展的社会理念的新合力。

二是要积极培育和推行健康绿色的生活方式。在全社会大力宣传和倡导节约、绿色、健康的生活方式和勤俭、低碳、文明的消费方式，在日常生活的细枝末节中体现绿色生态的生活方式，形成健康的价值理念和生活习惯。在日常生活中广泛开展绿色生活的宣传和行动。自觉反对和拒绝参与各种奢侈性的不合理消费。引导公众购买绿色环保产品，实现绿色低碳出行，通过健康文明的

绿色生活方式，营造绿色发展和生态发展的社会氛围，使绿色生态的消费和生活方式成为全社会的自觉理念和自主行动。

三是要推进产业结构的转型升级。首先要着力推进绿色发展，通过绿色经济来实现经济发展的提质量、优结构和增效益。改变原有传统的经济增长依赖路径，把经济发展的中心从简单粗放型转移到质量效益型的发展模式上来。通过经济的全面深化改革，以实现绿色发展为经济发展路径，找到新的投资增长点，培植新的绿色消费点，形成具有绿色竞争力的经济增长点，实现经济和生态的均衡。其次是着力推进经济的绿色转型和结构优化升级，特别是加快推进清洁能源产业、自然再生能源产业和新型生态环保产业的发展，在清洁能源的投资以及建筑、农业等领域实现节能和有机化发展，拓展新的产业领域，优化经济产业结构。最后是实现从要素驱动向创新驱动的发展，在政策、体制和制度上来激发绿色科技的自主研发和创新能力。做好绿色科技创新驱动的顶层设计，建立健全政府、企业和民众资金投资的引导和主体相结合的绿色科技创新融资模式，确立和推进绿色科技创新的生动局面。

四是建立绿色考评体系。实现绿色发展，需要转变束缚经济可持续发展的旧观念旧理念，也需要突破约束经济结构深入调整的旧政策旧体系。因此，构建完备的生态文明制度体系和绿色发展制度体系，必须处理好政府与市场的关系这个基本主题，在发挥市场决定性作用的同时，坚定推进政府的职能转变，依法构建生态环境的治理方式，建立健全政府在生态文明建设和实现绿色发展中的体制机制，其中一个重要的方面是建立绿色考评体系。建立适应绿色发展的生态责任机制，政府对推进绿色发展负责，层层落实，并建立完善自然生态环境损害追责制度。开展制度改革试点，让那些损害自然生态者赔偿、自然生态环境受益者付费以及自然环境保护者得到合理的价值补偿。经济的发展方式在转变，市场的作用从基础性到决定性，政府的考核体系也要做到与时俱进，把绿色指标纳入考核体系中成为当务之急。摒弃唯 GDP 和政绩工程观，进一步提升绿色指标和环境质量考核在政府考核体系中的权重，把保障人民的健康生存权和改善自然生态环境质量作为政府考核中更具约束力和制度性的硬性要求和指标。增加生态考核、绿色考核的导向作用，把绿色绩效考核贯穿于经济社会发展的始终，落实具体环节中的主体责任，完善政府考核的科学性和有效性。

10.2 坚持"五资联弹"，着力破解融资难题

一是千方百计引"外资"。积极创新招商模式，完善招商方式，围绕重点产业、重点区域，全力引进和培育一批涉及高端装备制造和先导型服务业的大项目、好项目，着力推进产业集群化、规模化发展。二是优化服务扩"银资"。切实加强信用体系建设和金融风险防范，着力优化金融软环境；建立健全银政企对接平台和联席会商机制，加强银行和企业沟通对接，加大信贷投放力度；强化金融服务和金融产品创新，加大农村产权抵押和扶贫小额信贷投放力度；做实做细重大项目前期工作，切实加强政府投资项目融资对接。三是科学整合盘"闲资"。坚持"资产换资金"和"促进国有资产保值增值"双重原则，积极通过招商出租、公开拍卖等方式实现闲置资产盘活增效。四是加强引导吸"民资"。积极探索政府和社会资本合作（PPP）模式。五是向上汇报争"国资"。加大对上汇报力度，积极争取国家预算内资金和政府债券资金支持地方经济发展。经营性项目，如高速公路、桥梁、自来水厂、污水处理厂、垃圾处理设施等具有竞争性的行业，在政府统一规划和规范管理的前提下，通常可以采用 BOT（建设—经营—转让）、TOT（转让—经营—转让）、ABS（资产证券化）等多种项目融资方式来引入民营资本，或者在城市建设领域引入股份制、股份合作制，通过市场机制引进民营资本，逐步形成投资、经营回收的良性循环机制。

当前的融资方式有：

（1）PPP（Public-Private Partnerships）融资。这是一种公私合作融资模式，是政府、营利性企业和非营利性企业基于某个项目形成相互合作关系，合作各方参与某个项目时，政府并不是把项目的责任全部转移给私人企业，而是和参与合作的各方共同承担责任和融资风险。项目所在地政府或者所属机构与项目的投资者和经营者之间相互协调，共同在项目建设中发挥作用。其中政府的公共部门与私人参与者以特许权协议为基础，进行合作。它们的合作始于项目的确认和可行性研究阶段，并贯穿于项目的招投标、建设、运营、移交的全过程，双方共同对项目的整个周期负责。在项目的早期论证阶段，双方共同参与项目的确认、技术设计和可行性研究工作；对项目采用项目融资的可能性进行评估确认；采取有效的风险分配方案，把风险分配给最有能力的参与方来承担。其具体运作流程见图 10-1 所示。

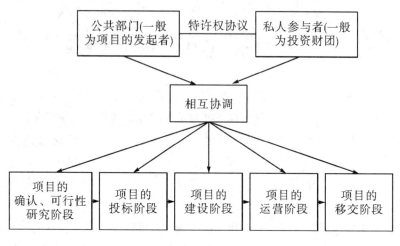

图 10-1　PPP 模式运作流程

　　PPP 融资方案的影响十分巨大。一是这种组织机构的设置形式可以尽早确定哪些项目可以进行项目融资，并可以在项目的初始阶段更好地解决项目整个生命周期中的风险分配。二是 PPP 融资模式可以使得参与公共基础设施项目融资的私人企业可以在项目的前期就参与进来，有利于利用私人企业的先进的技术和管理经验。三是在 PPP 方式下，公共部门和私人企业共同参与公共基础设施的建设和运营，双方可以形成互利的长期目标，更好地为社会和公众提供服务。四是通过 PPP 融资模式，使得项目的参与各方重新整合，组成战略联盟，对协调各方不同的目标起到了关键性作用。五是在 PPP 融资模式下，有意向参与公共基础设施项目的私人企业可以尽早和项目所在地政府或有关机构接触，可以节约投标费用，节省准备时间，从而降低最后的投标价格。

　　PPP 方式突破了目前的引入私人企业参与公共基础设施项目组织机构的多种限制，比较适合于大型、一次性的项目，如道路、医院、地铁以及学校等。目前，中国第一个成功运用 PPP 模式的城市基础设施建设项目是鸟巢项目。按照 PPP 模式，北京市对奥运场馆进行了国际公开招标，通过两轮竞标，最大的鸟巢项目由中信—城建—金州联合体中标。鸟巢项目总投资 35 亿元，北京市政府出资 58%，回报在 30 年后取得；企业出资 42%，回报在 1～30 年内取得。通过这种方式运作，政府只投入 20.3 亿元的投资便可实现项目的建设和如期使用（比计划的 35 亿元省了 14.7 亿元），并且不承担运营期的亏损补贴，减小了财政负担；企业仅投入 14.7 亿元便可建设、运营整个项目，在建成后通过发挥企业的优势在运营中取得回报。

　　（2）PFI 也是民营资本投资准经营性基础设施建设的一种较好融资方式。

PFI（Private - Finance-Initiative），国内学者译为"民间主动投资"方式，是由私营企业进行项目的建设与运营，从政府方或接受服务方收取费用以收回成本。它是一种在私营企业分担项目风险的基础上建立的长期的契约性的公共和私人之间的伙伴关系，由私营企业分担政府公共部门交付的公共服务。PFI的基本思路是政府确定投资项目和项目建设标准，由政府通过项目招标的方式确定投资主体即私营部门，采取授权经营的方式，授权投资主体按照要求负责项目的筹资、建设、运营与维护工作，其中授权期内由政府每年从财政性资金中向私营部门支付一定的报酬或租赁费，授权经营期限过后，项目无偿转让给政府。

PFI的优势在于：第一，可减轻政府的财政负担。采用PFI方式建设的项目，其融资风险及责任均由投资者承担，政府不提供信用担保，只需在授权期内相对比较均衡地支付报酬或租赁费。因此，它是降低政府财政负担和债务的一种良好方式。第二，有利于加强管理、控制成本。PFI项目可以引进先进的管理方法，提高项目建设速度与质量，降低工程成本，提供更好的服务，以较低的价格最终使消费者受益。PFI项目实行的项目管理方式，能集中与项目有关的各方面专家，有利于解决工程中出现的各种问题，从而实现降低成本、提高效益、创造利润的目的。第三，PFI不会像BOT方式那样使政府在特许期内完全失去对项目所有权或经营权的控制，政府在特许权期内不出让项目的所有权，可随时检查PFI的工作进展。

PFI在一些发达国家已有多年的发展历史，我国也有项目进行了这方面的成功尝试。湖南外环隧道建设项目，由湖南省政府授权湖南爱建信托投资公司建设和运营，实际上就是一种典型的PFI融资方式。

（3）股权融资。股权融资的主要途径是发行股票和公开上市，以及增发或持续配股进行融资。利用股票市场为城市基础设施融资，是将民营资本导入城市基础设施领域最有效的方式之一。股票市场融资的优势不仅在于能在短期内为基础设施发展筹集巨额资金，而且不需偿还本金，从而没有债务偿还的压力，而股东的选票和市场摘牌的压力又使得上市的基础设施公司努力经营，提高效率。此外，股权融资还有利于城市基础设施部门的产权改革，使产权多元化，为政府逐渐退出某些基础设施部门和引入竞争机制提供了有利的条件。但由于股权融资市场风险比较大，只有具有长期稳定性、经营灵活、效益显著的经营性城市基础设施项目才最有可能采用这一方式，如收费公路等。如我国A股上市公司中有虹桥机场、延边公路、天津港等，B股有深大洋、深招港等，红筹股有湖南实业、北京控股等，其募集资金用于城市基础设施建设的项目较多。

（4）BOT。BOT 是英文 Build-Operate-Transfer 的缩写，意译为"建设—经营—转让"，是基础设施投资、建设和经营的一种方式，以政府和社会投资者之间达成协议为前提，由政府向社会投资者颁布特许令，允许其在一定时期内筹集资金建设某些基础设施并管理和经营该设施及其相应的产品和服务。在协议规定的特许期限内，投资者可以向社会使用者收取适当的费用，以此来回收项目的投融资、建造、经营和维护成本并获取合理回报；政府部门则拥有对这一基础设施的监督权、调控权。在特许期限结束后，社会投资者按约定无偿将该设施移交给政府部门，由政府指定部门进行经营和管理。

BOT 比较适合于发电设施、高等级公路、桥梁、隧道、城市供水等建设规模大并具备收费条件、有长期稳定预期收入的经营性城市基础设施建设项目。BOT 具有市场机制和政府干预相结合的特色，这样可使民营资本投资城市基础设施建设具有可行性。一方面，利用 BOT 形式吸引民营资本能够提高城市基础设施投资、运行的效率。BOT 项目的大部分经济行为都在市场上进行，政府通过公开招标的方式来确定项目公司，只有实力强大、基础设施投资、运营经验丰富的企业才能入围，而且招投标的机制也保证了基础设施价格的公正、合理，减少"寻租"机会，有利于整个社会福利的提高。对于中标企业来说，为了得到更多的利润，必须不断提高项目管理水平，面对风险，要进行客观、理性的决策。另一方面，政府也可以有效监管民营资本投资城市基础设施。在 BOT 项目下，政府自始至终都拥有对项目的控制权，政府和民营投资者达成的相关协议为政府干预提供了有效的途径。在立项、招标、谈判三个阶段，政府的意愿起决定性作用。在履行约定阶段，政府又具有监督权、调控权，而且项目经营中价格的制定也受到政府的管制。

（5）TOT。TOT（Transfer-Operate-Transfer）是指需要融入资金的政府，把已经投产运行的基础设施项目（一般指收费公路、桥梁等）的特许经营权移交给私营机构经营，私营机构凭借项目在未来若干年内的现金流量，一次性地付给政府一定的资金，用于建设新的项目。项目经营期满，私营机构再把设施移交给政府部门。其具体运作流程如图 10-2 所示。

TOT 融资模式的实质是政府部门在项目建成后可迅速收回投资，有利于扩大基础设施融资规模，提高基础设施开发效率。还有利于盘活国有资产存量，为新建基础设施筹集资金。此外，TOT 模式对于投资者来说，既消除了前期费用负担，避免了项目开发建设阶段复杂的审批程序，又减少了运营期的风险，因而对民营资本具有较大的吸引力。

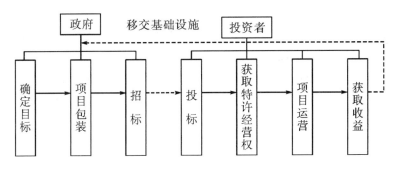

图 10-2　TOT 运行流程

TOT 融资方式只涉及经营权转让，不存在产权、股权之争，巧妙地回避了国有资产流失问题，保证了政府对基础设施的控制权，易于满足我国特殊的经济及法律环境的要求。因此，在现行条件下较易推广进行。

（6）ABS。ABS 融资，即资产证券化（Asset Based Securitization）融资，是以项目所属的资产为基础，以项目资产可以带来的预期收益为保证，通过在资本市场发行债券来募集资金的一种项目融资方式。它是 20 年代 80 世纪以来世界金融领域重大金融创新之一

10.3　坚持体制创新，放手发展产业经济

10.3.1　构建新型政商关系，营造亲商、护商、扶商的好氛围

一个国家或地区的政商关系对其经济、社会的发展稳定具有很大程度的影响。从改革开放到现在，我国的经济、社会发展迅速，经历了广泛而又深刻的变革。民营企业从无到有，再到成为我国经济的重要组成部分，增强了我国经济可持续发展的内在动力，使我国政商关系进一步深化。现在，我国正处于全面深化改革促进市场化的过程之中，政商关系是理顺政府与市场关系的重点。党的十八大召开后，随着反腐倡廉建设的深入和全面从严治党对政治生态的净化，不少"老虎""苍蝇"纷纷落马和政商疏离趋势的显现，让我们深刻认识到了扭曲政商关系的严重危害，需要尽快建立起健康的政商关系。2016 年 3 月 4 日下午，习近平总书记在政协会议上，会见了民建、工商联等各界委员，他在"鼓励、支持和引导非公有制经济发展"的讲话中用"亲"和"清"两字定位和阐明新型政商关系，引起了委员们的强烈反响和共鸣。

李克强总理多次强调，企业是市场主体，为企业的健康发展创造稳定、公

平的市场竞争环境，政府责无旁贷。为此，政府应转变职能，完善宏观调控作用，引导经济、社会转型。政府不仅要简政放权，释放市场活力，还要进一步健全社会管理和服务职能。新型政商关系的建立不仅有利于市场发展营造稳定、公平的良好竞争环境，还有利于企业做到依法治企，加强创新。新型政商关系的"亲"说明政府和企业之间需要加强合作，是服务与被服务的关系，要做到激励有为、协作共赢；"清"则说明政府和企业要划清边界，要做到有序沟通、规范交往。构建新型政商关系对政府职能转变、企业可持续发展、形成良好的社会文化都具有十分重要的意义。

一是要完善制度建设，构建新型政商关系的法治理念。"清"要做到明晰边界、权责分明，是构建新型政商关系的基本前提。界限明晰即要界定清楚政府和市场的活动范围，设置负面清单，限定政府的活动边界，防止政府越界；也要明晰企业的活动领域，以防出现不正当竞争，使企业享有同等的待遇和服务。权责分明即要明确政府和企业权责，设置权力清单，把公权力关进制度的笼子里，防止权力被滥用；设置政府责任清单，以督促政府政策的落实，保护企业权益；设置黑名单，追究企业社会责任。要保证政府和企业遵法、信法、守法、用法，依法行政，依法经营，依法维权。只有以法治理念完善制度建设、法律建设才能营造健康、和谐的政商关系。

第一，健全和完善"权力清单"与"责任清单"制度。只有厘清权力的边界，杜绝不作为、乱作为或以权谋私等乱象，才能使权力有效行使。划清利益边界管住权力，要做到改革限权、依法授权、科学配权、依法确权、监督行权，加强权力的分置制衡和综合监督。以清单的模式来引导和规范双方之间可以做什么、不可以做什么和怎样做。"权力清单"制度作用的有效发挥，需要"责任清单"制度的有效落实，针对权力运行实施问责机制。因此，需要健全和完善责任的认定与评估制度、激励与约束制度，以保证政府部门恪尽职守、阳光作业，防止权力不作为、乱作为。

第二，建立和完善"规范行为"的制度体系。为此，我们需要规范政府行为、企业行为、协会行为、个人行为。首先要规范政府的审批、采购、监管、服务和回应等行为。探索事中事后监管新模式，注重服务态度，转变服务方式，提高服务质量和效率，服务反馈及时，完善服务制度，全面建成服务型政府。对企业而言，要调整服务重点，主动开拓民营企业家参与政治、参与民主监督的渠道，引导民营企业家有序参与国家事务管理。同时，企业也要建立现代企业制度，依靠企业的核心竞争力做大做强。对行业协会而言，其需要建立和完善行业自律制度，加强行业协会对新型政商关系的促进作用。除此之外，我们还需要进一步完善诚信制度，建立"企业信用评价体系"和个人诚信档案。

二是要以法治建设规范政商关系的行为边界。构建新型政商关系要使"政"和"商"两者在法治框架下建立一种平等合作的融洽关系。政府必须依法行政，法无授权则不可为。政府要认清手中的权力，更要明确担负的责任，要在法治的制约下实现有选择、有必要性的监管。就企业而言，法无禁止则可为。充分行使自主决策权以应对瞬息万变的市场，企业必须做到守法经营、合法营利、依法纳税，不断强化员工的法律意识、职业道德和职业操守，通过科技研发、产品创新等市场手段来取得市场竞争优势或获得政府优惠政策的支持，而不是通过金钱等非法手段来和政府官员拉关系谋私利。为此，需要做到以下三点：

第一，通过科学立法建立政商关系的法治前提。要完善立法规划，突出立法重点，坚持立、改、废并举，提高立法科学化水平。完善限权、授权、配权、确权、示权、行权等制约和监督公权力的法律体系，改变以权代法、以权压法的落后局面，为构建新型政商关系提供有力武器。

第二，通过严格执法维护政商关系的法治底色。加强对执法活动的监督，对食品、药品、环境等问题严重的领域可以实施异地交叉执法，以防止地方保护主义。政府要履行维护经济和社会秩序的法律义务，促进企业公平竞争。

第三，通过公正司法建立政商关系的法治防线。深化司法体制改革，确保司法机关独立公正行使审批权、检察权。完善审批监督机制和程序。推进设立巡回法院，设立跨行政区划法院以及知识产权法院，使成绩审批体系和审批能力现代化。

三是要创新数据驱动改进新型政商关系的实践方式。公开透明是现代政治的重要目标，同时也是当代社会主义民主政治的自我完善。罗伯特·达尔在谈到民主的标准时也指出，"充分的知情权是民主的五大标准之一"。科学发展观要求按科学发展规律办事，数据是科学的基础，也是科学的度量标准。在大数据时代，政府决策应更多地基于科学的数据、分析、事实和对科学规律的把握。在云计算、移动互联网和大数据等新兴技术的引领下，可以创新数据驱动改进新型政商关系的实践方式。随着信息技术的发展，信息获取的便捷性和充分性不仅可以使交易、服务成本降低，提升政府服务水平，而且可以为政商之间提供有效沟通的平台，加强合作，做到"亲"。

四是要以信息公开提高政商关系的透明程度。透明是法治的基石，信息公开提高政府决策过程和结果的透明度，规范权力的运行过程，有效抑制政商勾结，做到"清"。《中共中央关于全面深化改革若干重大问题的决定》中有 18 处涉及"公开"、7 处涉及"透明"，主要涵盖市场机制、市场监管机制、市场监督机制、财政制度、政府管理、司法审判等领域。其中特别提出，要推行权力清单制度，完善公共事务的公开制度，对权力运行流程依法公开，促进从决策、管理到服务和结果的全过程透明化。

政府信息公开，不仅能提高政府权力运行的透明程度，而且有利于加强公众监督。政府信息公开是服务型政府建设的内在要求，也是政府管理理念和管理方式的重要转变。让权力在阳光下运行，打造公开、透明的政府还是国家治理能力现代化的重要体现。全面公开涉企服务事项及办事流程，编制发布办事指南，全面推行行政许可和公共服务标准化，为非公有制企业办事提供明确指引。制定涉及非公有制企业及其经营者重大利益的地方性法规和政府规章及其他规范性文件，在做出涉及企业重大利益的决策时可以通过听证会、论证会、座谈会等形式，充分听取非公有制企业及其负责人的意见。积极推进公开行政审批中的服务事项清单，非公有制企业财政扶持专项资金的申报、审批、拨付应当全程公开、决策透明、网上公布、公平公正。

五是要以大数据技术加强政商之间的信息沟通。科技的发展为构建新型政商关系提供了技术支撑，大数据技术的合理应用能有效减少政商之间的信息不对称，使得政商之间的交流提供平台，为两者协助共赢，做到"亲"提供技术基础。

随着科技水平的发展，在信息时代，大数据对企业而言，如何从靠关系到创造性地利用数据分析为用户提供更加贴心的服务，实现企业的可持续发展，值得企业家用心研究。苏宁控股董事长张近东在 2017 年的政协会议上就谈到企业需要持续创新，对互联网和大数据等新技术的应用可以实现企业业务运营监控、精细化运营、精准营销等，将有利于提高企业用户生命周期管理水平和战略分析能力，积极推动供给侧结构性改革。在信息时代，大数据成为重要的资源，除了对企业具有方向性的战略指导意义外，对于政府工作人员的工作开展也具有重要启发。2014 年 3 月，"大数据"被写入政府工作报告，国务院总理李克强在多次的考察中都提及并反复强调，要加强政商之间的信息沟通，可以基于大数据技术为政商关系搭建有序、合理沟通的平台，在政府的领导下建立数据资源中心，从而解决各个跨部门、跨组织的应用之间的数据交换、数据共享、信息流转等问题，消除低水平重复建设现象。政商有序交流的平台应改变传统的"供给导向"服务模式，开启"需求导向"的服务新模式，既能实现政府部门之间的信息共享，又使社会企事业公众能获取政府服务。为此，需要做到统一平台、统一网络、统一应用、统一标准、统一认证；共享资源、共享数据、共享服务；拓展应用，集中拓展共享应用，优先发展跨部门应用，积极开展部门应用；同时，也需要加强对信息安全的管理，以保证网络、数据的安全。大数据和政府治理的结合通过多渠道的数据采集和快速综合的数据处理，将推动政府公共服务的技术创新、管理创新和服务模式创新，增强政府现代化治理能力。

六是要改进流程以简化政商之间的沟通过程。随着网络技术的发展和大数据平台的建立，政府公共服务可以将管理和服务通过网络技术进行集成，通过对政府信息资源和企业信息资源的有效整合，提高政府的工作效率、服务质量、决策水平，从而改进政府的组织结构、业务流程和工作方式，向社会公众提供高质、高效的管理和服务。这不仅有利于加强政商之间的合作，提供优质的服务，而且能有效堵住徇私的渠道，保证政商关系"亲"上加"清"。

第一，改善公共服务。有效利用信息技术，将大数据等多种技术和各种网络公众服务平台相结合，为企业热忱服务，增加服务内容，扩大服务范围，提高服务质量，建设服务型政府，推动智慧政府公共服务延伸到街道、社区和乡村。

第二，转变政府职能。各级政府部门与企业进行有效的资源整合，建立大数据平台，在改善公共服务的同时，有效推动政府职能转变。强化政策、法规和信息咨询服务，加快推进政务服务体系建设，扩大信息公开范围，促进信息资源共享，推进政务协同，提高行政效率。

第三，强化综合监管。围绕财政、金融、税收、工商、海关、国资监管、质检及食品药品安全等关键业务，统筹规划，分类指导，有序推进中央与地方之间、相关业务系统之间的信息共享，促进部门业务协同，提高监管能力，规范和维护市场秩序。例如，政府的行政审批系统应实现四个"一"功能：一口受理、一表登记、一网审批、一站领证。企业的联合审批，可以通过跨部门、多事项的业务流程再造和重组，打通工商、经济贸易、卫生、公安、质量技术监督、国税和地税等各部门之间的壁垒，实现跨部门的业务协同和政务信息资源的共享，从而提供一体化的整体服务。审批项目的受理、承办、批准以及办理的各个环节都应有操作规范和审批时限。

政府要以开放创新重塑政府服务型行政文化。从价值追求上看，政府服务意识的培养是服务型政府的根本要求。在科学技术发展的基础上，树立开放创新、协同创新的政府行政文化，让民众参与公共管理，不仅能满足民众需求，而且有利于政府执行力和公信力的提高。基于多元数据平台，在云计算、物联网等新一代信息技术工具和社会性网络服务、社交媒体等社会工具应用的技术支持下，以政务公开为基础，以政务服务为核心，建立多渠道的沟通方式，通过开放的平台让公众参与政府提供服务产品设计、生产和供给等各个过程，不仅能使政府更加深入和广泛地了解民情、民意，更有利于促进社会和谐发展，营造民主、平等、公正的文化氛围。

10.3.2 强化产业结构调整和升级，大力发展新兴产业

（一）强化产业结构调整和升级

从产业结构的演进规律可以看出，产业结构发展趋势是从第一产业转向第二产业、第三产业发展。在经济发展水平较低的阶段，作为国民经济基础的农业，在劳动力和资金的投入上数量最多，其产值在三次产业中所占比重最大；当经济不断发展，工业化水平提高后，对第二产业投入的劳动力和资金数量开始加大，第二产业产值占 GDP 的比例迅速提升，成为主导产业；到了经济发展水平较高的阶段，由于劳动生产率大大提高，从农业和第二产业中释放出大量的劳动力，这部分劳动力开始向第三产业转移。此时，无论是产值所占比重还是就业所占比重，第三产业都占据主导地位，于是，产业结构不断向着合理化与高级化方向发展。

从国际看，全球经济增长速度呈现出缓慢下降的趋势，以人力、技术、市场、资源等为中心的竞争越来越激烈，发达国家开始重新重视实体经济，在新材料、新能源、信息环保等领域上重点发展，并提出"智慧地球""再工业化""低碳经济"等新理念，在未来产业发展中占据领先地位。从国内看，我国经济发展处于工业化、城镇化进程的加速阶段，市场需求潜力巨大，仍处于可以大有作为的重要战略机遇期，并且我国急需调整传统经济增长模式，改变社会发展与经济发展落后的局面。

总体而言，湖南产业结构调整迎来了前所未有的发展机遇，同时也面临着巨大的挑战。传统产业仍占据主导优势，战略性新兴产业规模不大，产业亟须进一步优化升级，以消耗资源为主的传统发展模式给生态环境保护带来了较大压力。因此，一方面，湖南在加快经济总量提升、城市化发展步伐加快的基础上，对生态环境改善提出了新要求；另一方面，需要通过足够的投资拉动内需，保证稳定的出口，加速产业结构的优化升级，积极转变经济增长方式。

在不同阶段、不同背景下，产业结构调整的方向也会有不同。根据产业结构调整的原则以及现阶段经济发展水平，湖南省产业结构调整的方向有以下几个方面：

1. 第一产业调整方向

在湖南省产业结构演进历程中，第一产业比重不断下降，第一产业在产业结构中的优势地位已被第二、三产业取代。然而作为国民经济的基础部门，第一产业的发展仍具有重要的战略地位。

首先，要深化农村改革，积极培育新型农业经营主体，通过政策引导，建设农村龙头企业，推进农村土地承包经营权流转。其次，要加快转变农业发展方式。加强国家现代农业示范区建设，大力发展渔业、蔬菜、畜牧、水果、花卉五大优势特色产业，支持以农作物为主要原料的食品工业，推进农业现代化进程。最后，要促进农业与服务业的协同发展、跨界发展、创新发展，建设农业高科技创新基地，使农业朝着规模化、集约化、标准化、产业化、生态化和高效化方向发展。

2. 第二产业调整方向

湖南虽然拥有强大的工业基础，但工业内部发展不平衡，对传统产业的改造迫在眉睫。同时，湖南目前面临着水资源、土地资源稀缺的问题，并且万元GDP能耗已接近临界点，资源承载力达到极限。这些都不断制约着产业结构的合理化发展，因此，应把工业结构优化升级作为发展现代产业体系和调整产业结构的重点。

首先是推动传统产业转型升级。加快企业技术改造，从产品、管理以及商业模式上进行创新，促进工业化与信息化的融合发展，推动制造业向系统集成和制造服务化转型，全面提升制造业等传统产业综合竞争力，提高企业经营管理系统和物流系统信息化水平，让传统产业"老树开新花"。其次是加快先进产业基地及重点项目的建设。着力打造以长株潭国家自主创新示范区为核心的科技创新基地、以中国智能制造示范引领区为目标的现代制造业基地、以精细农业为特色的优质农副产品供应基地、以影视出版为重点的文化创意基地、以"锦绣潇湘"为品牌的全域旅游基地五大基地建设。长株潭地区集聚了工程机械、轨道交通、装备制造、新材料、电子信息等一大批在全国、全球都有影响的现代制造产业。长株潭地区高校云集，特别是国防科大、中南大学、湖南大学等高校，能够为这五个基地的发展提供技术和人才支撑。长株潭地区有大批创新企业，能够把这些创新资源迅速转换成现实的生产力。此外，省委、省政府为了鼓励自主创新，出台了吸引人才、技术成果转化等一系列政策。这都为科技创新基地建设打下了坚实的基础。

3. 第三产业调整方向

从湖南省产业结构与经济增长的发展现状来看，第三产业在经济发展中的作用越来越重要。但是，相对于第二产业，其总体规模不高，发展程度较低，无法满足和配合第一、二产业的发展需要。因此，第三产业调整的方向是在促进传统服务业升级的同时积极发展现代服务业，不断提升服务业整体质量。

一是推动金融保险服务业的发展。推动湖南金融中心的建设，积极拓展银行、保险、证券等金融机构的业务，完善现代金融服务体系，发挥湖南商品交易所的旗舰作用，重视互联网金融、航运金融和科技金融，实现多层次资本市场的快速发展。

二是大力发展旅游业。重点抓好以长沙为中心、以张家界为龙头的四条精品线路建设。鼓励社会参与投资旅游基础设施建设和项目开发，特别要改善重点旅游城市、镇区的交通、通信、食宿、购物等条件。进一步清理整顿旅游景点收费，加强旅游资源保护，特别是自然生态环境保护，强化旅游行业管理，规范服务，提高质量。加大湖南旅游形象宣传和促销力度，加强省内外各旅游景区（点）和国内外旅游机构之间的横向联系与合作，建立完善旅游服务网络，提高本省旅游产品在国内外的知名度和竞争力。进一步开发名人故里、民俗风情、生态漂流、龙舟竞渡等传统特色旅游，积极推出科技旅游、体育旅游、农业观光旅游、影视旅游、购物旅游等新型旅游品种，努力拓展国际旅游客源市场，激活国内大众旅游休闲消费市场。

三是积极发展文化教育产业。首先是坚持社会效益与经济效益相统一的原则，鼓励社会各方面兴办形式多样、富有地方特色的文化产业。加强市场研究，实施精品战略，调整优化湘版图书和影视艺术作品的品种结构，进一步扩大市场影响力。积极推进文化艺术、新闻出版的产业化进程。运用资本运营等方式，突破行业、地区和所有制局限，促进文化艺术、新闻出版、广播电影电视与教育、旅游、信息等相关行业之间的互相渗透，联合发展。积极组建具有规模优势和较强竞争力的文化艺术、新闻出版、广播影视等产业集团。其次是深化教育改革，全面推进素质教育。进一步调整现有中小学校布局，突破行政区划限制，相对集中办学。在确保义务教育健康发展的同时，调整现有教育体系结构，运用产业经济发展方式，大力发展高中阶段、职业和大学教育等非义务教育。积极推动现有高校强强联合、优势互补，适应经济社会发展需要，调整专业结构，扩大招生规模，提高办学质量和效益。建立多渠道筹资机制，加快教育基础设施和配套设施建设，大力提高教育技术手段的现代化水平和教育信息化程度。制定优惠政策，鼓励和支持社会力量以多种形式办学，扶持长沙岳麓山民办教育园建设，尽快形成规模效益。加快高校后勤管理体制改革，鼓励社会力量参与兴建学生公寓、承办学生食堂、组织生活物资供应等学校后勤服务。完善奖学金、贷（助）学金和特困生补助制度，解决城乡绝对贫困家庭子女就学问题。

四是鼓励发展信息服务业。认真落实国家关于支持软件开发、生产、销售企业的优惠政策，积极培育和发展湖南省地方计算机品牌和软件产业，抓好长沙南方软件产业基地的建设。努力发展各种信息网络服务，大力推动电子商务、远程教育、电子媒体和政府上网工程。规范和发展广告业，积极发展新型广告媒体，结合城市美化、环境保护和精神文明建设，努力提高广告设计制作水平和服务质量。积极发展咨询服务机构，不断提高咨询服务业的知识含量和科技含量。现有中介咨询服务机构要与政府部门彻底脱钩，面向市场，规范服务。在严格资质审查的前提下，鼓励国内外人才、资金进入湖南省创办各类咨询服务企业。

（二）大力发展战略性新兴产业

重点发展高端装备、新材料、生物、新一代信息技术、绿色低碳、数字创意等六大产业领域，加快培育经济持续健康发展的新动能。

1. 高端装备

顺应制造业智能化、绿色化、服务化、国际化发展趋势，加快突破关键技术与核心部件，推进重大装备与系统的应用和产业化。重点发展轨道交通、高端工程机械、航空航天、制药机械、海洋工程、高端农业机械等产业，推动高端装备与信息技术融合，提高核心技术装备的性能、质量和市场占有率。增强高端装备基础制造能力。着力提升核心装备与部件的性能和质量，强化基础支撑。推动制造业与新一代信息技术深度融合，大力发展智能制造系统。探索构建贯穿生产制造全过程和产品全生命周期，具有深度自感知、智慧优化决策、精准控制自执行等特征的智能制造系统，推动机器人自动化生产线、数字化车间和智能工厂建设，提供重点行业整体解决方案。重点发展和研发高精度减速器、高性能控制器等关键技术与核心部件，加快高档数控机床与智能加工中心研发和产业化，开发和推广精密、高效、柔性并具有网络通信功能的高档数控机床、机床制造装备及集成制造系统。发展与主机技术水平相匹配的专业化、规模化配套企业，提升基础元器件、核心零部件及关键系统的配套能力。建设测试验证平台，完善工业互联网体系和信息安全系统，推动建立完善的产业体系。

2. 新材料

顺应新材料高性能化、多功能化、智能化、绿色化发展趋势，重点发展先进储能材料、硬质材料、复合材料、新型合金材料、陶瓷材料、化工新材料6

大新材料,加强前沿材料布局,优化新材料产业化及应用环境建设,推动新材料融入高端制造供应链。提高新材料基础支撑能力,面向航空航天、轨道交通、海洋工程、新能源等产业发展需求,推进高强轻合金、碳纤维、C/C复合材料、磁性材料、动力电池材料的规模化应用。围绕新一代信息技术、绿色低碳等产业需求,以下游应用为牵引,加强新材料产品研发设计、标准制定与下游行业设计规范衔接配套,提升新材料产品附加值。推动特色资源新材料开发应用,实现稀土、钨钼、钒钛等特色资源高质化利用,加强专用工艺和技术研发,推进复杂难冶金属共生矿的高效开采和综合回收利用。在特色新材料开采、冶炼、分离、深加工等环节,推广智能化、绿色化生产设备和工艺。突破石墨产业化技术,拓展纳米材料在光电子、新能源、生物等领域的应用,开发智能材料、仿生材料、超材料、低成本增材制造材料,形成一批具有重大带动作用的创新成果。

3. 生物

以建设健康湖南为契机,把握生命科学纵深发展、生物技术广泛应用和产业交叉融合创新的新趋势,推进基因工程技术加快应用创新,推动生物医疗向精准化和个性化发展,加快农业育种向高效精准育种转变,促进生物工艺和产品在更广泛领域替代应用,创新生物能源应用模式,培育高品质专业化服务新业态,将生物经济打造成为继信息经济后的重要新经济形态。推动创新药物发展。开发临床重大需求的创新药物和生物制品,实现重大疾病防治药物的原始创新和临床应用。推进基因测序、多肽药物、靶向和长效药等药品的研发和应用,开发新型抗体、疫苗、基因治疗、细胞治疗等新产品和新型治疗模式。加强化学药物研制和高端制剂开发,推动化学通用药物的一致性评价,加速特色中药新药研发和中药产品标准化建设,推广个性化、绿色化制药生产技术。

4. 新一代信息技术

紧紧围绕建设网络强省战略目标,重点发展核心电子器件、高端通用芯片、网络设备、信息安全、系统软件、云计算、大数据、移动服务、物联网、智能终端、北斗卫星导航、数字医疗等产业,促进新一代信息技术与经济社会各领域创新融合,培育"互联网+"生态体系,形成融合创新、智能协同、安全可控、特色鲜明的新一代信息技术产业体系,为全面建成广覆盖、高性能、多内容的"信息网"提供坚实的产业基础。培育信息技术核心产业。强化核心关键技术协同创新,重点突破新一代信息技术相关芯片、器件、软件、设备与系统的研发与制造能力,提升产品的自主、安全、可控能力。瞄准产业发展制高点,选择移动互联网、大数据、云计算、新型计算、人工智能、生物智能传感、量子计算等前沿关键技术开展联合攻关，争取产业发展主导权。突破高端存储设备、智能传感、信息安全、新型显示、数字医疗等新技术，强化基础软硬件协调发展，构建先进核心技术体系，实现群体式创新突破

5. 绿色低碳

把握"两型"社会建设要求，以绿色低碳技术创新和应用为重点，引导绿色消费，推广绿色产品，提升新能源和新能源汽车应用比例，推进高效节能装备技术研发和系统集成，推动水、大气、土壤污染防治技术和装备应用、集成创新，促进节能和环保服务业发展，加快能源节约、污染排放减量、资源循环利用的产业体系建设。加快新能源产业发展。推进风电高效利用，大力发展智能电网技术，加快发展5兆瓦级以上的风电机组、风电场智能化开发与运行及维护。推动太阳能多元化规模化发展，加强新型太阳能电池技术研发，加速高效率低成本太阳能利用新技术、新材料、新产品产业化。推动分布式能源综合利用，加速融合储能、微电网应用分布式能源发展，大力推动多能多补、协同优化的新能源综合开发。推进新能源汽车发展。把握全球新能源汽车轻量化、智能化的科技发展趋势，提升纯电动汽车和插电式混合动力汽车产业化水平。提升整车性能与关键零部件技术水平，突破互联网应用、车辆集成和协同控制、环境感知与定位、信息融合与信息安全等关键技术。

6. 数字创意

围绕人民群众对文化生活的新需求，加快形成以文化创意、设计服务为核心，以数字技术为依托的数字创意产业集群。重点发展创意技术装备、数字出版、数字教育、数字娱乐、创意设计等产业，创造新型文化供给，形成文化引领、内容丰富、技术先进的数字创意服务体系，把湖南省打造成国内领先、世界一流的全国数字创意产业中心。一是构建数字创意产业无边界渗透格局。推动数字内容和技术在出版、教育、影视、设计、制造、商贸、旅游、医疗等领域的集成应用和融合发展，培育多向交互融合的新型业态，提高相关产业附加值。二是促进传统领域的文化创意产业融合、转型和提升，强化文化创意对信息产业的内容支撑、设计提升和价值挖掘作用，提升用户体验。提升数字创意技术与装备应用水平。加强计算机图形图像、虚拟现实、增强现实、自然人机交互、智能语音、文物素材再造、交互娱乐引擎等技术在教育、娱乐、旅游等领域的应用，加速新业态数字化升级，重构产业发展生态。鼓励运用数字创作、网络协同等数字化手段提升数字创意企业生产效率与能力。制定数字创意领域关键性技术标准，加快形成具有领先地位的标准体系。三是丰富数字文化创意内容和形式。鼓励对艺术品、文物、非物质文化遗产等文化资源进行数字

化转化和开发。充分利用模式识别、语音识别、计算机视觉、智能物联网等计算机感知新技术，挖掘特色文化资源，创造具有鲜明地域特点和民族特色的数字创意内容产品，加快推进出版发行、影视制作、演艺娱乐、艺术展览、文化会展等行业数字化进程，不断提升文化资源快速数字化能力，努力推进出版、影视、动漫、游戏、文化等湖湘创意产品进入国际视野。

10.3.3 坚持以人为本，切实建设好人才队伍

随着经济全球化的发展和国内外形势的深刻变化，全球范围内的经济结构调整对人才素质提出了更高要求，综合国力的竞争更加倚重科技进步和人力资源开发，人才全球化趋势进一步增强，世界人才竞争日益激烈。党的十九大报告指出，人才是实现民族振兴、赢得国际竞争主动的战略资源。要坚持党管人才原则，聚天下英才而用之，加快建设人才强国。实行更加积极、更加开放、更加有效的人才政策，以识才的慧眼、爱才的诚意、用才的胆识、容才的雅量、聚才的良方，把党内和党外、国内和国外各方面优秀人才聚集到党和人民的伟大奋斗中来，鼓励和引导人才向边远地区、边疆民族地区、革命老区和基层一线流动，努力形成人人渴望成才、人人努力成才、人人皆可成才、人人尽展其才的良好局面，让各类人才的创造活力竞相迸发、聪明才智充分涌流。当今，人才资源已经成为一个国家重要的战略资源，人才的数量和质量是经济增长和社会发展的关键因素，能否拥有和保持一支高素质的人才队伍，事关一个国家在竞争中的兴衰成败。

（一）制定和完善有利于引进国内经贸领军人才的政策

第一，参照首批发布的高端装备、新材料、生物、新一代信息技术、绿色低碳、数字创意六大领域的人才开发专项目录，根据湖南省城市定位和经贸发展的实际需要，在广泛征求各有关部门、重点企业意见与人才需求的基础上编制湖南省经贸人才开发专项目录，并根据专项目录做好人才开发工作。

第二，探索经贸领军人才成长的规律和模式，探寻经贸领军人才良性发展的职业通道和环境要素，认真分析经贸领军人才的历史发展、现状及需求，研究经贸领军人才成长的关键影响因子，剖析领军人才发展瓶颈，积极开展湖南经贸领军人才成长规律研究，提出经贸领军人才成长的基本规律和典型模式，建立健全有利于高层次人才成长的环境和长效机制，制定适应湖南省经贸发展需要的人才工作对策，尽快培养造就一批高水平的经贸领军人物，为实现提升湖南省服务全国的能力以及湖南省国际产业竞争力的目标提供人才保障。

第三，依托湖南省重点产业项目，着力培养一批产业发展的领军人物，培

育形成具有国际经营管理水平的首席执行官和首席工程师群体。一是规范首席专家产生的程序和机制，制定和完善首席专家管理的实施细则。二是研究建立首席专家预选制度，建立动态管理的首席专家人选库。三是推动学科首席专家制度建设。四是继续推动首席专家聘任工作。力争到"十三五"期末，在先进制造业和现代服务业内形成一批国际知名的领军人物、首席执行官和首席工程师。在重点行业领域，以重大和优势项目为依托，建立比较完善的首席专家制度。构建经济贸易领军人才发展的绿色通道，提出促进竞争和创新的挑战计划，建设一支符合湖南经贸发展需要的领军人才队伍。

（二）制定和完善有利于引进国内外经贸高端人才的政策

"人才全球流动"已成为世界各国（地区）关注的重要课题。一方面，各国（地区）都为引进人才制定了优惠政策，允许他们来去自由；另一方面，人才也会择其所需，从一个国家（地区）向另一个国家（地区）、从一个领域向另一个领域流动。在这种情况下，必须建立适应"全球人才移动"的环境和制度，重点引进国内外高层次人才。一是在世界著名跨国公司、金融机构、国际组织担任高级职务的专业技术人员，二是持有国际水平或填补国内空白的高技术成果的人员，三是在世界一流刊物上发表学术论文，并在国外著名大学或科研机构担任教授或领衔研究的人员。在人才引进上，构建"海纳百川、人才汇聚"的平台，促进海内外各类人才尽快回国（来华）为祖（中）国服务。具体建议如下：

第一，制定和实施湖南省经贸产业所需国内外高端人才的引进计划，积极倡导留学人员长期或短期回国工作，鼓励他们通过项目合作、兼职、考察讲学、学术休假、担任业务顾问等多种形式为祖国服务。重点引进高端装备、新材料、生物、新一代信息技术、数字创意等方面具有世界水平的专家，以及国际贸易和企业管理方面的高级专门人才。

第二，实行开放式的专家引进制度。国内外高端人才以柔性引进为主，"不求所有，但求所用"。借鉴国际上的经验，实行"驻地专家制度"。由湖南组织人事部门建立"驻地专家"专用基金。有关用人单位可以提出申请，通过专项资金部分资助或全部资助方式保障专家们的生活水准。

第三，配套完善国内外引进高端人才住房、医疗、社会保险、子女入学和家属就业政策。

第四，配套完善薪酬、户籍、投资创业政策，为人才落户湖南省开设"绿色通道"，尽快形成有利于国内外高端人才来湘工作的政策环境。

第五，进一步加强和改进留学人员创业园区建设工作，为留学人员回国工作或为国服务提供发展空间。

第六，修改完善有关法律法规，研究制定投资移民和技术移民法，为吸引和聘用国内外高级人才提供法律保障。对引进的外国高级专门人才实行在华长期居留或永久居留制度。

（三）构建人才培养体系，提升经贸人才的就业、创业和创新能力

一是加强产业部门、人才部门与教育部门的沟通与协调，由市政府专门机构统筹、协调，定期组织湖南省企事业单位、社会用人机构和相关专家，加强对湖南省产业发展对近、中期人才需求的预测，为各级、各类教育机构确定人才培养的目标提供指导或参考。鼓励产业部门和企业把产业发展与人才培养、引进、使用等有机结合起来，注重在实践中培训、提高人才适应产业发展、推动产业发展的能力。深入推进教育综合改革试验，主动适应产业结构调整的需要，大力优化教育办学层次与结构，努力满足产业结构调整和社会发展对人才资源的需求，特别是要大力加强与现代服务业和先进制造业发展关系紧密的院校、学科、专业，优化人才培养的规格与层次，如支持和鼓励湖南省有关高校设置太阳能、风能、生物能专业学科。

二是进一步完善湖南省经贸产业发展急需人才的职业教育和职业培训，优化职业教育结构，在整合职业教育和培训资源的基础上，集中建设一批适合产业发展方向、代表行业先进水平的公共实训基地，免费向高等职业院校开放，提高劳动者实践能力。对于涉及湖南省经济社会发展重要领域紧缺的管理、技术和技能型人才的培养培训，政府采用政策引导和财政支持等措施，调动包括培训机构在内的各方面的培训需求，吸引、鼓励和扶植专业化的培训机构等社会力量积极参与，并由政府给予必要的补助。支持产学研合作平台和"高层次管理、创新人才培养基地"建设，引导企事业单位采用校企结合、院所企结合的模式，构建开放的各类人才继续教育培训体系，力争高技能人才占技术性从业人员的比重得到大幅提升。

三是开放培训教育市场，加强国内教育机构与国外教育机构的合作。加强与国家外国专家局所属中国国际人才交流中心合作，本着"融全球智力、求共同发展"的宗旨，多层次、多元化开展国际人才交流、人才培养、项目洽谈等活动，推动湖南省国际化发展进程。降低国外培训公司的市场准入门槛，利用国外先进的培训教育理念和优质资源，提升湖南省经济贸易人才培养的质量和规格。注重在开展国际合作、交流的过程中扩展经贸人才的视野，培养企业家职业精神。鼓励经贸人才在更大范围、更广领域和更高层次参与市场竞争和国际经济技术合作，提升经贸人才队伍的国际化水平，努力造就一批懂技术

善经营的国际化、复合型的经贸领军人才。

（四）加大人才政策创新力度，从政策创新走向制度创新

目前湖南省制定出台的相当一部分人才政策，仍然带有浓重的计划经济痕迹，处在一种低水平的具体政策的层面，没有把人才政策上升到人才体制、机制创新的高度，没有把着眼点放在促进与市场经济体制相适应的新的人才体制和机制的健全完善上。因此，当前体制、机制层面的人才政策创新的力度必须加大，人才政策的市场化取向作用需要进一步强化。新的人才政策的制定应该努力突破现有人才体制性、机制性障碍，从政策创新走向制度创新。要立足于"引"和"逼"，就是要引出激励机制，逼出竞争体制，诱导市场主体行为，逼迫人才参加市场竞争，激励人才在市场竞争的创业、创新中去积极实现社会与自我的价值。创新人才管理机制，强化产业发展部门与人才管理部门的联系与协调，建立和完善产业人才的管理体制机制。建立由人事、发改委、经贸委、财政、公安、劳动等部门参加的人才管理协调议事机制，打破人才管理上政出多门、相互封闭的格局，克服人才流动的体制障碍，制定全省产业人才发展规划，定期研究产业人才发展情况。建立产业部门与人才部门的长效互通机制，产业部门应及时向人才部门通报产业发展方向、发展规模、发展重点和产业对人才的需求，人才部门应主动加强与产业部门的联系，增强人才开发工作的针对性和有效性。建立人才部门联系企业制度，定期组织专家为重点企业制定人才资源开发规划，协调和解决人才引进工作中的矛盾，为人才提供创业、创新服务。

创新人才引进开发集聚机制，强化人才高地建设。人才引进、开发、集聚是人才结构优化的重要环节，要进一步创新吸引人才的政策、机制和环境，使湖南省成为国内外优秀人才的荟萃之地，成为人才集聚中心。

创新引进模式，深入推进国内外人才集聚工程。继续采用灵活多样的方式引进顶尖人才、高知人才特别是国内外留学人员。充分利用政府、国际组织间的交流合作渠道和民间渠道，扩大与国内外行业协会、专业团体等的合作关系，逐步形成国内外人才引进的长效机制。完善国内外人才评价、引进激励等政策，支持引进重点产业发展所需的国内外管理、技术和高级技师等各类紧缺人才，对于关键人才的引进，省政府相关部门要增加"软"投资。在国外大城市设立招聘国内外留学人才的工作网点和窗口，引导和鼓励通过购买国际知名猎头公司、咨询公司的相关服务，在世界范围内搜寻各类优秀人才。

（五）突出重点，吸引人才，优化人才结构

一是加强平台建设，强化"筑巢引凤"功能。充分发挥企业在技术创新

中的主体作用，在高新技术重点领域和重点行业，支持引导企业、高等院校和科研单位开展产、学、研合作，鼓励有条件的企业以科研项目为依托，采取建立博士后工作站、流动站等形式，引进高层次人才从事科研工作。二是制定优惠政策，吸引各类人才创新创业。牢固树立"以价值体现价值、以财富回报财富"的用人理念，进一步出台更加优惠的人才政策，探索技术、管理、技能等要素按贡献参与分配的办法，建立以政府奖励为导向、以用人单位和社会奖励为主体的人才奖励体系，增强对人才的吸引力。三是健全评价激励机制，强化管理服务。改进人才评价标准，建立健全以业绩为依据，由品德、知识、能力等要素构成的人才评价指标体系。改进评价方法，打破人才评价中的"证书化"倾向，从重学历、重资历向重实绩、重贡献转变。

（六）建立和完善人才激励机制

建立良好的人才激励机制是实施好湖南省人才战略的关键环节。针对当前存在的主要问题，完善人才激励机制，应采取以下措施：

首先提高对做好人才激励工作的认识。马克思主义认为，人是生产力中最活跃的因素，人具有主观能动性和创造性，这也是人才资本与其他资本的本质区别。美国哈佛大学教授威廉·詹姆士研究发现，在缺乏激励的环境中，人才的潜力只发挥一半，而在良好的激励环境中，同样的一个人在受到充分激励后所发挥的作用相当于受到激励前的一倍。可见，要想做到人尽其才、才尽其用，就必须注意人才资本的这个特点。这就需要我们在人才资源的管理与开发中，充分利用激励方法满足人才的不同需求，使人才的积极性、主动性和创造性得到最大限度的发挥，使人才的潜能得到充分展现，使人才在奉献社会中实现自己的人生价值，从而促进经济社会发展。

其次是把握完善人才激励机制应遵循的原则。一是公平原则。依据美国心理学家阿达姆斯创立的公平激励理论而设定，体现的是多劳多得，让人才在对报酬与贡献进行比较时觉得公平，感到满意。二是实事求是原则。要根据客观存在的需要，施以相应的刺激和鼓励。三是适时性原则。把握最佳时机，适时奖励，以提高激励效益。四是按需激励原则。尊重人才的需要，增强人才回报相应组织的动力，处理好个性与共性的关系。五是坚持物质激励与精神激励并重的原则。六是坚持激励手段和激励效果一致的原则。七是坚持激励与约束相结合的原则。激励与约束二者从不同的角度对人才的行为施加影响，使系统趋向积极的状态，向预定的目标运动，因此，二者的目的是共同的、一致的。只有遵循这些原则，才能在制定激励机制时把握正确的方向，收到好的效果。

最后是构建形式多样的物质激励。一是完善体现人才资本价值的分配激励机制。进一步完善职责、职务与职级相结合的党政机关薪酬制度，适当拉开同一职务不同任职年限人员的收入差距，逐步建立起与经济发展相适应的公务员收入增长机制。进一步完善符合不同类型事业单位特点、以岗位绩效工资为主体、形式多样、自主灵活的事业单位薪酬制度，重实绩、重贡献，收入分配政策向关键岗位和优秀人才倾斜。进一步完善市场机制调节、企业自主分配、职工民主参与、政府监控指导的企业薪酬制度，大力推行国有企业经营者年薪制，支持鼓励企业对专业技术人才和高技能人才实行按任务、岗位、业绩定酬的分配办法。二是探索和鼓励科技成果等生产要素参与收益分配。建立人才资本和科研成果有偿转移制度，把知识、管理、专利、商标、科技发明和原创科研成果等有形或无形资产转化为货币或股权，实行人才资本产权激励制度。鼓励企业对有特殊贡献的人才奖励红股或股份期权。允许专业技术人员兼职从事技术创新活动。专业技术人员在不侵害所在单位知识产权、不泄露商业秘密、不影响本职工作和不损害他人利益的前提下，可以到其他单位兼职从事技术开发和技术管理、技术咨询等工作，并获取合理报酬。三是完善人才保障措施。落实人才保障制度。用人单位必须及时为所聘人才办理社会保险手续，鼓励用人单位为各类人才建立补充养老和医疗等保险。实行人才困难补助办法。在必要的社会救助基础上，对意外原因造成家庭生活特别困难的人才给予一定的经济补助。对引进人才实行住房补贴。建立高级人才定期疗养体检制度。每年安排享受国务院政府特殊津贴、有突出贡献的专家进行疗养和体检。在完善现有各类人才培训体系的基础上，建立优秀人才带薪学习制度，凡单位选派培养的拔尖人才在进修期间享受原工资待遇。支持人才自我提升知识水平和专业技能，在职人员自费赴国内外研修学习的，在一定期限内保留公职，有条件的单位可以为个人进修学习提供适当的资金补助。

11 湖南县域经济面临的风险以及防范措施

11.1 风险的概念

目前，学界对风险的概念还没有统一的定义，由于对风险的理解、认识程度和研究角度不同，不同的学者对风险有着不同的定义，主要有以下几种具有代表性的观点：莫布雷在《保险学》中称，风险为不确定性；小阿瑟威廉姆斯在《风险管理与保险》中则将风险定义为在给定的条件和某一特定的时期，未来结果的变动性；玛奇萨皮亚则认为风险是事物可能结果的不确定性，可通过方差测度；鲁夫利等学者则将风险定义为不利事件或事件发生的机会。这种观点又分为主观学说和客观学说两类。主观学说认为不确定性是主观的、个人的和心理上的一种观念，是个人对客观事物的主观估计，而不能以客观的尺度予以衡量。不确定性的范围包括发生与否的不确定性、发生时间的不确定性、发生状况的不确定性以及发生结果严重程度的不确定性。朱淑珍在总结各种风险描述的基础上，把风险定义为：风险是指在一定条件下和一定时期内，由于各种结果发生的不确定性而导致行为主体遭受损失的大小以及这种损失发生可能性的大小。风险是一个二维概念，风险以损失发生的大小与损失发生的概率两个指标来进行衡量。王明涛在总结各种风险描述的基础上，把风险定义为：所谓风险是指在决策过程中，由于各种不确定性因素的作用，决策方案在一定时间内出现不利结果的可能性以及可能损失的程度。它包括损失的概率、可能损失的数量以及损失的易变性三方面内容。

综合以上观点，本书认为风险是指由于主客观因素的限制，使决策过程和决策执行过程产生不确定性，从而造成决策活动偏离预期决策目标，使决策执行结果带来负面影响和造成相应损失的可能性。

11.2 行政决策风险

行政决策是指行政主体为履行行政职能所做的行为设计和抉择过程，它是公共组织特别是国家行政机关及其工作人员在处理国家政务和社会公共事务过程中所做出的决定。公共组织针对社会生活中存在的或正在发生的问题做出决策，并转化为相关的公共项目，通过调动各种组织机构，调配各种社会资源，运用各种功能手段，达到解决问题、稳定政治和发展经济的目标。

11.2.1 行政决策风险及其危害分析

（一）经济风险导致巨大损失

当前，我国贫富差距问题、社会保障问题、贪污腐败问题等都深深地困扰着我国社会的发展。这就需要国家和政府果断决策，通过出台一系列切实可行的政策进行调控和治理。一项重大行政决策从酝酿到形成再到最终执行，必然要投入大量的人力、物力和财力，因此，一旦在决策及其执行过程中，无法完全规避风险而导致决策失败，首先将造成巨大的经济损失。可怕的是，这种经济损失是难以补救的。中华人民共和国审计署原审计长李金华说过，重大决策失误比"钱装个人腰包"的危害还要大。对于一项重大决策，贪腐不可能将财政拨款全部装入自己腰包，但决策失误者却敢使其全部付诸东流，而决策失误大多是决策中的不确定性造成的。

（二）社会风险不断扩大

我国目前正处于社会转型时期，如同其他转型时期的国家一样，面临着各种各样的社会风险。更为重要的是，这些社会风险存在着一种"风险并发症"，即长久以来积压在社会结构内部的各种问题同时引发的各类社会风险。它们本身就是社会转型期所不可避免的风险，同时它们又具有很强的连带性和极广的波及面，能够引发出各类新的社会风险，在某些特定环境下，甚至会使原本属于个案的社会危机和社会风险演变成为整体化、广泛化的社会危机和社会风险。面对转型时期的社会危机和风险，政府在进行决策时必须深思熟虑，充分考虑各种因素，尽可能避免危机扩大化和风险串联发生。而政府的决策一旦出现失误，社会风险就有扩散发展的危险，将对我国社会的安全运行和健康发展构成极其严重的威胁。贵州省瓮安县一名女学生李树芬溺水死亡后，在事件的调查中，公安机关认定为自杀，但家属和民众对死因鉴定结果不满。此时，政府没有及时公开信息和对舆论进行引导，导致矛盾激化，使事态不断严重化。县委、县政府、县财政局、县公安局被群众围攻和烧毁，同时伴有严重的打、砸、抢、烧等破坏行为。贵州"瓮安事件"的爆发无疑是政府决策引发重大社会风险的一个具有代表性的例证。

（三）环境风险威胁人类生存

环境领域的风险直接关系到人类的命运，由自然环境风险导致的能源枯竭、生态破坏、气象灾害给人类的生存和发展造成了严重的损害。工业革命以来，随着全球经济的快速发展，随之而来的是自然灾害的发生日趋频繁，气候日益变暖，森林大面积锐减，淡水资源急剧减少，大气质量持续下降，物种大量灭绝，人类赖以生存的环境遭到日益严重的破坏，出现了空前的生存危机。这些变化迹象表明，这些现象并不仅仅是天灾，更重要的是"人祸"，与人类不合理的活动对地球环境的破坏有关。在这些活动中，政府参与决策的为数不少。长期以来，由于客观国情的限制，我国在经济发展中实行以环境换发展的政策，这种策略短期来看确实能使我国经济在较短时间内取得较大的发展，但长远来看则是弊大于利的。百年不遇的大洪水、我国西北部地区经常遭遇的沙尘暴等正是牺牲环境换取发展的决策所带来的恶果。虽然目前我国已开始逐渐意识到环境保护的重要性，并提出向环境友好型、资源节约型社会发展，但仍有不少地方官员为了所谓的"政绩"，为了眼前短期的增长，在重大行政决策特别是那些与环境保护相冲突的决策中依然无视环境保护，执意进行无度的开发。从长远来看，这些决策对环境和生态保护存在巨大风险，一旦发生则将严重威胁到人们的生存和发展。

（四）政治风险使政府丧失公信力和权威

政府的合法性和权威性来自公民的信任，这种信任来源于政府持续不断地制定完善的公共政策和提供良好的公共物品及服务的能力。但是，在这个充满危机和风险的开放社会里，政府的这种能力显然将遭遇巨大的挑战。从政府的角度来看，重大决策风险带来的远不止上述危害，更是对政府公信力和权威性的威胁。如果政府在执政过程中无法有效地遏制风险的发生，致使公共政策频繁失误，公共物品及服务都得不到良好的供给，经济利益损失巨大，环境污染破坏严重，社会危机不断深化，公民对政府的信任便会持续下降，政府的合法性将受到质疑，甚至可能导致更为严重的政治危机。特别是近年来一些重大群体性事件的发生，严重地威胁着社会和政治稳定，给政府的重大行政决策敲响了警钟。

11.2.2 我国行政决策风险成因分析

一是决策者的自身素质低下。在科学技术日新月异,世界高速发展的今天,知识更新的速度惊人,人类近百年所创造的价值比之前几千年所创造的价值还要大。在这种情况下,作为行政决策的制定者,首先要面对的是纷繁复杂、变幻莫测的决策环境,这使得决策者的知识和能力必然出现相对滞后;同时,在现代行政决策中,决策者必须充分衡量政治、经济、环境等多方面的因素,但决策者单一的知识构成则使得决策愈加困难。正是由于决策者在决策中的有限理性,使得决策中难以避免各种各样的不确定性,从而使决策风险从可能变为现实。

二是决策者缺乏责任意识。长久以来,有些决策者一直轻视行政决策失误,认为决策失误仅仅只是交一次"学费",所以只需"批评教育","责成有关方面纠正"即可。责任追究制度虚设更是让某些决策者对自己应担负的责任毫不在乎。在这种观念的引导下,行政决策中出现了大量的"三拍"现象——决策前拍脑袋决策、决策中拍胸脯保证、决策失误后拍屁股走人。但是,这些不计后果的决策使人民和国家财产遭遇了巨大的风险,有的甚至造成了巨大的损失。

三是决策主体单一。许多官员一直以来都认为行政决策是政府内部的事务,不需要也不愿意将决策问题放置于公众议程中,排除公众对行政决策的知情权和政策议程设置的参与权,主张行政决策是政府和官员的专利。行政决策议题在封闭系统内"酝酿",政府垄断信息,闭门造车。虽然在政府改革中逐渐发展出公民参与和专家咨询的相关制度,但在实际决策时,这些团体仍然被排除在决策者的范围之外。决策主体单一的问题在重大行政决策中主要表现为以下几个方面:①"一言堂"决策。按照政府规定,凡涉及辖区国民经济和社会发展计划、财政预算、城市总体规划、近期建设规划和重要专项规划、重大改革方案和政策措施、重要资源配置和社会分配调节、重大建设项目等关系全局的重大决策,由政府全体会议或政府常务会议讨论和决定。但在实际情况中,由于传统文化和官僚体制的双重影响,一些领导一旦定调发言,底下的班子成员便唯命是从,没有任何的讨论。这样,一项重大行政决策实际上成为领导个人决定重大事项的"一言堂"决策。②"民主决策"走过场。重大行政决策事项,由于涉及的利益和造成的影响极其广泛,不可能也不应该成为政府一家之言,而应该通过广泛开展调查研究,在听取多方意见的基础上形成决策方案。重大行政决策一般都应通过听证会等形式广泛听取社会的意见和建议。

但是，部分地方征集民意的措施在实践中却暴露出缺乏具体的适用规则、暗箱操作等弊端，并没有真正体现民意，专家也不能在其中发挥积极的作用。某些地方甚至以听取民意之名行践踏民意之实，提供不完全的信息，通过各种方式操控民意，使公民参与的程序和机制不能发挥应有的作用。许多让公民参与的决策程序和机制成为一种"民主做秀"或"走过场"，加剧了公众对政府决策的信任危机，导致不少决策在执行阶段出现阻滞，这无疑增大了决策的风险和执行的难度。

四是决策咨询机构未能被充分利用。在行政决策中，决策咨询机构可以利用自身优势为决策中枢机构提供更为全面和专业的各种备选方案，有利于弥补决策中枢机构专业知识的不足，同时能限制其滥用权力，促进行政决策科学化。然而，现实中某些机构名为研究所、信息中心，实际功能却是起草文件和报告的秘书班子。此外，由于行政体制造成的条块分割，也在很大程度上影响了这些研究机构，制约着它们的作用的发挥。

五是决策信息不对称。有限理性奠基者西蒙把决策活动分为四个阶段，其中第一阶段便是情报活动，可见，决策的信息收集是决策活动的第一道大关。然而，在许多政府决策中，总是未能积极地去捕捉决策信息，缺少科学的预测和判断，一味闭门造车；即使是通过主动调查获得决策信息，在情报资料收集机制不健全、信息反馈渠道不畅通的情况下，获得的决策信息也难以做到全面、及时和准确，给决策方案的设计和决策的执行带来许多困难。加之我国政府系统的信息化工作起步比较晚，科学化、现代化水平较低，东、中、西部地区发展很不平衡。现已建立的行政信息系统也还存在不少问题，主要表现在：行政信息网络系统不健全，覆盖面比较狭窄，特别是作为行政决策依据的政务信息，存在一般信息过多过滥，适用信息偏少，时效性差等问题，不利于迅速、有效地做出行政决策，不利于政府部门与社会各界进行广泛的信息反馈与交流，制约了行政决策民主化的进程。

六是决策过程监督乏力。目前，我国的行政系统已经建立起既有内部监督又有外部监督、既有自上而下的监督也有自下而上的监督、既有专门机关监督也有广泛社会监督的具有特色的监督机制，但是在行政决策过程中依然存在着监督乏力的情况。首先，人大监督权在实际运行中缺乏实效。宪法和法律都赋予了人大对政府决策的监督权，但这种监督权过于泛化，主要是缺乏对决策具体细则和问题监督的相关制度和方式方法，导致在实践中监督往往流于形式。其次，广大人民群众的监督权名不副实。广大人民群众的监督权主要体现在对重大行政决策的知情权以及对政府工作人员的控告检举权和批评建议权，这些权利在宪法和法律中都有所体现。但在行政决策过程中，政府官员往往漠视群众意见，甚至杜绝群众的监督途径，群众的监督权并未得到有效保障。再次，民主党派的监督流于形式。由于各民主党派对政府决策的监督大多以参与协商的形式进行，不具有国家权力的性质，基本上难以发挥监督作用。再其次，社会舆论监督难以发挥效力。社会舆论在西方被认为是现代社会的四大支柱，而目前在我国，其主要用途还是政府的政策宣传工具，在监督方面鲜有成效。最后，行政系统自我监督不足。决策监督系统没有独立的地位，权力配置上仅有建议处理权而缺乏直接处理的权力，这使得系统内的自我监督作用难以发挥。

七是决策责任追究机制不完善。现阶段，我国从中央到地方都出台了不少有关行政决策责任追究机制的规范性文件，涉及这方面的制度建设也逐步展开，但其中规定的责任标准过于笼统，缺乏统一性和科学性，难以有针对性地适用。不同的问责标准，使得同样的责任事件在不同地区可能呈现出不同的问责结果。现有的一些制度，不是要求过高，缺乏现实性，就是过于原则、抽象，难以实施。而且，决策的责任追究往往偏轻，使得决策责任追究往往难以发挥实效。对待责任主体，追究行政责任的居多，而很少涉及刑事责任和民事责任，于是便出现不少官员在承担责任"落马"以后又在别的地区迅速"东山再起"的现象。决策责任追究机制的不完善带来的是行政决策中决策者风险意识和责任意识的淡薄，决策者在决策中往往不会考虑决策风险是否发生，因为即使发生他们也无须承担严重的后果。如果不去预防风险，发生风险后又无人真正承担责任，行政决策风险的治理也就无从谈起。

11.2.3 预防和减少行政决策风险的措施

（一）建立多元主体参与的风险评估工作机制

目前，主要的风险评估可以分为两类，即事前的风险评估和事后的风险评估。具体来说，事前的风险评估是针对尚未发生而有可能在未来发生的风险事件进行预先的评估以制定科学对策，合理规避风险。风险的发生意味着企业利润的损失，因此企业风险评估一般是为预防经济风险而实施的，它是典型的事前风险评估。同时，企业主要追求的是可以具体量化的经济效益，因此在企业风险评估中，企业大都主要运用可以定量化的风险评估工具来进行事前风险评估，通过有关的分析工具，可以较为精准地计算风险发生的概率和损失的大小。事后的风险评估则是在风险事件发生之后对风险所造成的损失大小进行评估并制定相应对策进行科学的治理以减少风险所带来的损失。社会稳定风险评估则属于事后的风险评估，一般是在可能引发社会不稳定的风险事件发生之后，通过对其造成的损失大小以及继续引发损失的可能性进行科学评估，并制定相应的应对措施。社会稳定风险评估中，许多评估的相关因素都不容易具体量化，因此其运用较多的是定性的分析工具。社会稳定风险评估主要针对风险发生的危害进行分析，而相对忽略风险发生的可能性，通过划分风险等级来对风险进行评估。具体到行政决策领域的风险评估，则有着与以上二者不同的特点。首先，评估领域多元化。一项重大行政决策往往是考虑多方面的政策目标的结果，决策在执行过程中的影响领域也十分广泛，这使得决策往往容易遭遇多方面的风险因素，决策风险发生后也往往带来多方的损失和危害。因此，不同于企业风险评估比较集中地关注经济方面的风险，重大行政决策风险评估则需要综合考虑，主要从决策在经济发展、社会稳定和生态环境三个领域的风险进行研究。其次，评估主体多元化。一方面，重大行政决策往往对公民特别是利益相关人的切身利益有着巨大的影响，作为利益主体的公民应该享有知悉和监督重大行政决策过程的权利。随着公民意识的觉醒和公民社会的逐渐形成，公民更理所应当地成为风险评估的主体之一。另一方面，重大行政决策的复杂性则决定了风险评估工作需要有专家的参与才能保证其正确性。再次，评估方法多样性。对于重大行政决策来说，经济领域的风险可以通过计算风险的发生概率以及将风险影响货币化进行评估，而社会稳定和生态环境领域中许多风险难以定性量化，只能用相对定性的方法进行评估。目前，我国已有部分地方的相关法律文件中明确了风险评估的主体，其中的大部分都确立了"谁决策，谁评估，谁负责"的风险评估原则，如《大连高新技术产业园区社会稳定风险评估暂行办法》第三条、《四川省社会稳定风险评估暂行办法》第十条，这些相关法律文件的规定确定了由政府决策部门来组织重大行政决策的风险评估，为政府在风险评估中的主导地位奠定了基础。但这种规定也引来了对风险评估运行有效性的质疑，一些人认为决策部门既决策又评估，这是让政府既当运动员又当裁判员的表现，显然不利于对政府行政决策权的监督和限制。这种担心有一定的道理，但可以通过对风险评估机制的合理设计来有效地避免。一方面，要加强公民以及大众媒体对风险评估的监督，使他们在风险评估中能够真正地限制政府决策权的扩张，同时充分发挥专家在风险评估中的作用，弥补政府在风险评估中的能力不足；另一方面，风险评估机制中必须有相应的责任追究制度，对于决策机关不进行风险评估或风险评估效果不到位而导致的决策风险，必须追究相关政府部门和主要责任人员的责任。

因此，我们可以让重大行政决策风险评估由决策部门进行组织评估，但还需要界定评估的具体工作由哪些部门承担。在概念界定部分，我们曾界定行政决策的风险评估主要从三个领域进行，分别是经济领域、社会领域和生态环境领域。在具体的评估实践中，政府也需要由不同的部门对这三个领域进行风险评估。

经济领域的风险评估可以主要由各级政府的发展改革部门和财政部门承担，这是由它们的职能决定的。发展改革部门的职能在于参与财政和货币政策的制定，拟定并组织实施产业政策和价格政策，同时对它们进行监督和检查。财政部门的职能则是拟定和执行财政发展的战略和方针，以及统筹管理中央或地方的公共财政收支。发展改革部门和财政部门的职能决定了它们比其他政府工作部门更为熟悉和了解国民经济的运行过程，能更好地把握重大行政决策在经济领域中可能遭遇的风险。

对社会稳定方面的风险进行评估可以主要由各级维稳部门和信访部门来承担，这些部门在日常的行政管理过程中能接触更多的公民，它们在知悉民情的同时能更多地掌握影响社会稳定的相关因素的信息。以信访部门为例，在日常的信访接待中，它们直接面对群众，能更好地了解群众对政府工作的意见和态度，也能更多地接触一些比较敏感的问题和矛盾，而且，信访部门长期从事化解社会矛盾、解决社会问题工作，对影响社会稳定的风险因素有更多的认识和处理经验。

在重大行政决策的生态环境风险评估方面，可以主要由各级政府主管生态环境保护的行政管理部门来进行。生态环境风险评估所需要的数据和指标都非常专业，这些数据只有各级环境保护部门才能测量和掌握，如空气污染指数、水污染情况。风险评估的目的是实现对风险的预防和治理，各级环保部门同时也是治理环境问题的主导者，以它们为主要的生态环境风险评估部门有利于形成一体化的风险治理机制。

重大决策风险评估需要多元主体的参与才能保证其有效性，然而，由于风险治理主体的多元化，在风险评估中可能会出现相互制约、评估的顺序混乱等问题而导致评估进程缓慢。要实现重大行政决策风险评估的有序进行，政府应该发挥其在社会管理和融合社会资源方面的强大能力，运用各种方式方法组织专家咨询和公民参与有序进行。在实践中，专家咨询方面，政府可以聘请相关方面的专家对决策风险进行评估，也可以向专业的政策测评机构和风险评估机构提出决策咨询。公民参与方面，政府可以通过抽样调查、重点走访等方式沟通民情、知悉民意，获取他们对重大决策的意见和看法。

信息的不对称是政府重大决策出现失误和风险的重要原因之一。虽然随着时代的发展，现代政府收集和处理信息的能力不断增强，但实践中很多情况下政府往往鞭长莫及，还是难免会遗漏许多决策信息。从决策风险的角度来说，公民对重大行政决策的态度尤其是利益相关者对决策的态度，是足以影响决策执行的一项重要信息。近年来，群体性事件频发，正是因为一些地方政府在重大行政决策时未能充分考虑到公众对决策的态度和接受能力。因此，民意是决策风险评估中应该首先要掌握的信息。政府可以通过不同的方式对这些信息进行收集，但政府的能力毕竟有限，公民尤其是重大决策的利益相关者可以主动向政府部门反映他们对政府决策的态度和意见。在现代行政体制中，政府的行政决策系统是一个结构复杂、多因素紧密联系、相互配合的有机系统，可以分为决策中枢系统、决策信息系统、决策咨询系统和决策监控系统。在以往的决策过程中，决策咨询系统为决策者拟定决策方案，并对各种决策方案进行价值评估，有利于保证行政决策的科学化。建立行政决策风险评估机制以后，也需要充分发挥"内脑"的决策咨询作用，政府在今后的决策咨询系统建设中需要提升和完善其进行风险评估的能力，具体的风险评估将交由政府部门中的决策咨询系统负责。实践中，由决策部门根据决策风险可能涉及的相关领域确定风险评估的主要部门，并组织这些部门连同它们的决策咨询系统组成政府的风险评估系统，发挥部门论证的优势。

我国政府在过去的执政过程中，往往奉行"事后通报"的原则，一些重大行政决策往往是等到决策已经制定甚至到执行过程中才会告知公众，这样必然使公众难以接受。在这种情况下，社会表面上可能体现出服从控制、稳定的一面，但实际上则是暗流涌动，谣言四起，社会秩序存在失衡的危险，重大行政决策也面临着较大的社会风险。同时，重大决策的风险评估需要多方治理主体的共同参与，信息公开也是共同参与的前提。因此，政府在行政决策风险评估的另一项重要的职责便是公开重大行政决策信息。除涉及国家安全的信息外，政府应该及时主动地公开重大决策信息，通过政府公报、政府网站、新闻发布会以及报刊、广播、电视等便于公众知晓的方式公开。各级人民政府应当在国家档案馆、公共图书馆设置政府信息查阅场所，并配备相应的设施、设备，为公民、法人或者其他组织获取政府重大决策信息提供便利。需要注意的是，政府进行重大行政决策信息的公布应该在决策之前，并根据实际情况随时更新信息。

（二）完善重大行政决策的公民参与机制

建立健全多种形式的重大行政决策公民参与机制，首先是建立重大行政决策的公告和评论机制。做出重大行政决策的政府机关应通过各种形式公布政府决策，并积极寻求和接受社会各界对重大决策的评论，并将各种评论的意见记录在案。其次是建立重大行政决策的民意协商和沟通机制，畅通公民的利益表达渠道，形成对政府重大行政决策的意见和看法，允许社会公众通过彼此博弈式的协商，并通过座谈会、听证会等形式与政府进行沟通。再次是建立重大行政决策的投票和公决机制。对于一些重大决策方案，可以采用投票表决方式、规划性较弱的规则可采用代表投票制方式运行决策。最后是建立重大行政决策的通告和听证机制。对于一些有法可依的决策，如价格决策，可以应用通告、听证等非正式制定程序，听证应该在重大行政决策之前，由公共部门将有关决策的方案、地点、时间通告相关利害关系人，并告知其听证的权利以吸收公民参与公共决策，同时，应允诺公民运用选举权对公共决策者的政治责任进行追究，以增强决策者的责任感和使命感。

（三）建立重大行政决策风险评估的跟踪反馈和责任追究机制

现代行政环境的复杂性决定了重大行政决策在实际执行中不可能完全符合决策者的预期，当中许多风险因素也不是决策制定和风险评估过程中可以完全预计到的。因此，需要建立重大行政决策的风险跟踪反馈制度，及时跟踪和掌握处于动态变化中的决策风险动态，反馈决策风险的具体信息，实现风险信息的动态协同，调整决策执行的方向，从而制定相应的风险应对措施。需要注意的是，重大行政决策的影响力决定了决策在执行完毕之后仍有一定的不确定因素，因此决策风险的跟踪反馈制度不仅仅是在决策执行过程中，在决策实施完毕后仍需进行决策风险的监控、跟踪和反馈。重大行政决策部门应该在决策执行之前组织相关的部门和专家成立决策风险监控机构，随时监控决策执行中的风险动态，并根据决策的执行程度或是决策执行后的效果进行相应的分析和评估工作。具体评估的相关因素包括：决策的实施结果与决策制定目的是否符合；决策实施的成本收益分析；决策风险的变化；决策风险带来的负面影响；决策实施中社会公众的接受程度等。评估后将相关信息和数据及时向决策部门反馈以决定决策的调整计划。

首先，明确责任主体。决策的实施部门以及决策的风险评估部门都与决策风险评估的有效性息息相关，因而都是重大行政决策风险评估的责任主体。其次，明确具体责任。在明确了责任主体的基础上，应当明确各责任主体的具体责任，使它们能在具体的风险评估中承担好自己应尽的职责。对于决策部门来说，其在风险评估中的主要职责在于组织决策的风险评估部门，对于应当组织风险评估而没有进行的，则应追究决策部门的相关责任；对于决策审批部门来说，决策并未进行风险评估而给予审批通过的，则应追究其责任。对于决策的实施部门来说，没有进行决策风险评估而去执行的，则需追究其相关责任。对于决策风险评估部门而言，对风险评估组织实施不利，在风险评估中搞形式主义，弄虚作假，失职渎职而造成决策重大风险发生的，则应当严肃追究相关部门和人员的责任。最后，加强相关立法。要想落实重大行政决策风险评估的责任追究机制，归根到底还是需要法律的保障。应该通过立法对重大行政决策风险评估中的责任主体、责任履行的形式、责任大小、责任追究方式等进行确定，使风险评估的责任追究制度化、常态化、实效化。

11.3 财政风险

通常来说，财政风险主要包括两个方面，一个方面是政府采取不当的财政行为造成政府自身受到危害的潜在可能性，另一个方面是指这种不恰当的财政行为给经济社会造成危害的潜在可能性。本书重点讨论 PPP 模式中的财政风险。在 PPP 项目中，政府应承担两方面责任，一方面来自公共服务主体应承担的责任，另一方面来自 PPP 合同所规定的责任。这些责任将根据其特征形成不同类型的财政支出，包括直接财政支出、可能的财政支出、隐性财务支出与财务担保等。见表 11-1 所示。

表 11-1　财政风险的类型（PPP 模式）

PPP	显性负债 （由法律和合约确认的 政府负债）	隐性负债 （反映公众和利益 集团压力的 政府道义责任）
直接负债 （在任何条件下 存在的债务）	政府付费 可行性缺口补助	利益集团施压，政府出于政治考虑，对 PPP 项目进行的长期补贴 PPP 项目引致的对公众的补贴要求
或有负债 （在特定时间 存在的债务）	政府担保： 特定风险的担保，如最低需求担保、汇率担保 不可抗力担保 合同终止补偿	政府对 PPP 项目的救助（如果一个项目由于政治、社会因素不能失败，那么政府即使没有法定承诺，仍要承担相应的支出责任） 政府继续提供公共产品和服务的财政成本（合同提前中止或正常终止） 合同调整或重新谈判导致的额外财政成本 PPP 项目导致的环境污染治理等费用

11.3.1 PPP 模式下财政风险的特征

传统的公共融资主要是"政府资金+银行贷款"模式。该种模式筹措资金简便快捷、资金量有保障，可以有效缓解地方财政的短期压力。然而，由此衍生出的高成本、高杠杆率等问题加剧了政府和企业的财务负担，政府为了保障项目的顺利运营，就必须持续增加财政投入来补贴企业，这无疑大大增加了政府中长期财务负担，可能导致债务违约等重大风险。与传统公共融资模式不同，PPP 模式的财政风险具有以下特点：

（1）风险的隐蔽性。PPP 模式的融资性或杠杆性可以帮助现期地方政府想做但由于缺乏资金而搁浅的项目落地，避免了现期直接的财政支出，也就避免了现期预算中赤字的出现，PPP 模式的变通性导致地方政府可以通过此方法来规避中央规定的财政限制。此外，地方政府出于对政绩的考虑，一般不会主动披露 PPP 模式中的各种负债信息，而各银行可能考虑到政府存在"隐性背书"即政府的特殊地位，而对于 PPP 项目的负债情况缺乏了解的积极性，加之存在信息的不对称，银行也一般很难全面掌握负债情况。

PPP 模式的财政风险主要来源于各种未来的或有负债，是可预期的，但由于一般期限较长，在短期来说，当期地方政府领导并不会过多地考虑偿债问题，等同于寅吃卯粮。如果该问题得不到重视，极有可能导致风险逐步扩大并在某种条件下集中爆发。由此可见，PPP 模式的财政风险有极强的隐蔽性，从主观和客观两个角度来看透明度都很低。

（2）风险的不确定性。PPP 模式的财政风险存在较强的不确定性，具体表现为：第一，政府担保存在一定的负面影响，将政府公权用来背书会对社会资本有一定误导性，但其影响大小、范围以及程度都难以确定。具体来说，就是债务偿还时间与偿还金额无法在事前确定。第二，政府担保的时效性。由于属于或有负债，但影响其转化的因素与转化时间均存在不确定性，因而无法确定政府担保是否会、何时会转化成实际债务抑或消失。第三，地方政府担保也有着不完全可控性。因为地方担保的时效性很强，不可控因素可能会与结果产生一定的偏离，但是这也就意味着地方政府担保可能出现意外情况。

（3）风险的传导性。PPP 模式中利益相关方关系复杂，负债方式多样，传导速度快，规模扩张性强，一旦某一环节出现问题，会迅速进行扩散，加速积聚各种财政风险。在理论上，项目承担公司、商业银行和地方政府是绑在一起的利益共同体，共享收益、共担风险。在实际操作当中，当地方政府担保的或有事件发生时，利益共同体会出现其风险的"多米诺骨牌效应"，即原本由企业承担的风险转移到政府，地方政府将承担最终偿付义务，变为财政风险，政府增加了直接负债。一旦地方政府由于种种原因出现违约，风险就会转嫁至银行，进而波及整个金融体系。随着一系列投融资平台的崩塌，金融系统性风险就可能波及整个社会，出现经济危机。

11.3.2　完善 PPP 模式的法律法规及其风险管理体系的建设

（一）建立和健全 PPP 模式的法律法规体系

从目前国际上成熟的 PPP 模式经验来看，各国 PPP 相关政策文件中均包含着具有实际操作性、符合本国实际情况的操作指引。以英国为例，英国财政部累计颁布了《资金价值评估指南》《定量评价用户指南》《标准化 PFI 合同指南》等相关文件。但目前，我国尚缺乏完整的 PPP 项目操作指引体系，目前仅有财政部发布的《政府和社会资本合作模式操作指南（试行）》和国家发展改革委发布的《政府和社会资本合作项目通用合同指南（2014 年版）》。但这两个文件更多的是从整体出发，只建立了财政风险的原则性框架，并没有具体的指导标准或者实施方案。

因此，有关部门应该加强有关 PPP 模式的相关法律制定，从顶层设计开始，自上而下完善相关法律法规，并形成全国统一的 PPP 模式财政风险分担标准。同时应修改预算、招投标、担保方面的法律以保障各部门法律法规的统一性。可以概括为"四个通过"：通过完善的法律法规体系环境给 PPP 一个合适的环境；通过制度性的法律法规来体现国家对于推行 PPP 模式的坚定信念，免除投资者的后顾之忧，增强投资者信心；通过统一立法为法律法规体系的基础；通过使用单项立法作为统一立法的灵活补充，对于具体项目与地区，应因地制宜地调整来最大限度地适应项目操作中的具体情况，最大化法律法规体系的可操作性。具体而言，一是对现有 PPP 法律法规和政策措施进行清理。清理现有法律法规和其他部门文件中涉及 PPP 的内容，整合各部门的有关规定，避免政策法规出现冲突。完善《政府采购法》《招投标法》《土地法》《企业国有资产法》《合同法》《公司法》《会计法》《税法》《仲裁法》等法律与 PPP 模式有冲突的内容，并根据需要进行清理和修改，做到于法有据。建议召开一次各部门联席会议确定清理的具体办法和步骤。二是加快推进 PPP 特别法的研究和立法工作。在对现有法律法规进行清理的基础上，在国务院层面研究制定 PPP 实施条例。该条例内容应当有统一明确的 PPP 定义和范围、协调一致的 PPP 政府管理机制和操作程序、PPP 各方的权利与义务；尤其要为建设运营管理的全生命周期提供法律保障，如社会资本的退出机制、争端解决机制、PPP 项目的长期监管和考核机制等；还要进一步明确 PPP 税收优惠等支持政策，继续实施污水处理中的增值税减免政策等。2016 年，国务院第 140 次常务会议已明确由国务院法制办牵头制定 PPP 条例并向社会公开征求意见。这个 PPP 条例应该主要解决"政出多门"和协调性不足的问题，在确定"三个一"即一个主管部门、一个项目库、一部操作细则的同时，明确对《合同法》《招标投标法》《政府采购法》《会计法》《税收征收管理法》《商业银行法》《价格法》等法律中与 PPP 全流程各环节相关条目的司法解释，完善特许经营、环保、价格、项目备案审批等 PPP 项目相关配套政策、优惠政策。三是推进信息公开。在全国范围内建立政府投融资及信用信息公开平台。各地政府的重大招商引资、投融资活动中的信息以及政府在这些活动的信用情况同时公开。有重大违约状况发生的，相关政府部门及有关责任人进入信用黑名单，由行政和司法联动对政府失信行为进行惩戒，对政府不守信用的行为在行政体制内以及司法体制内应当承担的责任逐渐规范化制度化法制化。

（二）建立权责明晰的风险管理体系

PPP 项目中，基于全生命周期，建立科学合理的财政风险监管机制与风险分摊矩阵也是必不可少的。各级政府需要建立一个结构清晰、责任明确的风险监管机制，制定并实施专门的财政风险监管办法，实行 PPP 项目全生命周期全过程监管，有效降低各级政府所承担的财政风险。

首先，必须确定各级政府在各类型 PPP 项目中所承担的风险的种类与范围。例如，中央与省级政府应主要承担 PPP 模式中的上层风险，以防范政策波动、完善法律法规体系、树立典型 PPP 案例、培养 PPP 实际操作人才等职责为核心，发挥宏观管理的作用；而省级及以下的各级政府应更多地针对特定的 PPP 项目实施具体的监督与支持，主要负责项目的风险识别、监控过程中的风险发生概率以及相应的应对措施等，着力于微观管理，预测风险可能性，积极有效应对风险发生情况。其次，各部门风险分配应遵循权责匹配的原则，政府应有专人负责项目风险的分配与管理，主要负责政府部门与私人部门之间的风险分配工作，同时将分配结果上报，并且作为招投标阶段风险分配的因素；同时，还应负责政府间职能部门的风险划分，理清各部门在 PPP 项目中的职责，并且清晰地分配相应风险分担情况，力争做到各职能部门各负其责、各担其职。

此外，从 PPP 各阶段各环节来看，大体按项目进行不同阶段可分为项目识别论证、采购、执行监管以及移交监管等主要部分。在项目识别论证阶段，将是否达到物有所值作为判断依据，建立项目财政风险评价模型；在项目采购、签订合同阶段，严格监管政府招标过程以及审核参与 PPP 模式的社会资本的市场准入资格，建立项目合同财政风险评价指数，选择优秀的社会资本；在执行阶段，应建立执行阶段与项目回购阶段的动态风险监管模型，模型监管的内容应包括但不限于价格、调节机制、服务质量、财务情况等指标，并且以此作为相关部门与人员的绩效监管标准。建立模型的目的在于保障和加快项目建设、提高运营期间效率，对于项目运营中出现的情况做到早发现、早处理，防范社会资本从中牟取不正当利益，同时防范市场供求关系变化带来的合同违约、拖延的情况，避免由于项目回购带来的不必要的财政损失，降低 PPP 模式的财政风险；在项目移交阶段，对移交资产进行评估和审查；编制科学合理的项目全生命周期财政风险监管手册，系统化和流程化等对各阶段风险管控提供详细参考。

（三）加快转变政府职能

首先，只有进一步加强转变政府职能的思想理念及认知程度，全面增强政府自上而下的风险意识，提升政府对 PPP 项目的财政风险管理能力，才能形成政府层面行之有效的财政风险管理体系。对于我国各级政府来说，首先要破除风险管理短期化、事后化的固有思维，努力树立基于长远目标的全过程风险管理意识与全生命周期的风险动态管理模式，以应对 PPP 模式长达十年乃至几十年的项目时间跨度。

其次，在 PPP 项目实施中，政府因其公权身份，一般来说都会占主导地位，而 PPP 模式要想顺利运营，则必须要求政府对其职能进行转变，即政府要从其传统的管理职能转化为服务职能，简单地说就是要做服务型政府。与此同时，应当加快政府的社会职能向社会组织转移的步伐，把一些原本由政府承担的工作，例如服务、技术和协调等工作，交给合作的社会资本承担。但这绝不是说政府可以推卸责任，在转变职能后，政府更要将其精力投入到自身应该承担的职责上，把好质量关，充分发挥好自身公权部门的优势，支持和帮助合作伙伴积极完成项目，协调好 PPP 模式中社会资本各参与方的权利和义务，有必要时成立专门的管理小组或部门开展相关工作。

最后，要形成统一协调的管理机构。由于 PPP 项目需要提供的是公共服务，在项目过程中需要涉及多个领域以及相应的管理部门，而且管理方式也与传统的政府主导或者政府购买模式有显著区别，因此各国通常都设置了专门的项目管理机构，负责项目全程的监督管理。目前国际上常见的模式有两种，一是通过单独的专门管理机构，或者独立的监管部门来管理相关 PPP 项目，其典型代表为英国、澳大利亚等；二是通过现有部门的专门化来实现对 PPP 项目的管理，其典型代表为葡萄牙、菲律宾等。

11.4　项目风险

"项目"这个词，在社会各界的使用频率越来越高，其来源于社会组织活动的再次分化。美国项目管理协会认为，项目其实就是多项工作的总称，也是一项将要完成的任务。项目具体有三个方面的含义：①项目属于一项特定的任务，且该项任务有特定的要求；②完成该项任务有时间限制；③该项任务的完成需满足一定的质量、指标要求。另外，该项任务的完成，是一个不确定的过程，因为完成该项任务的过程是复杂的、创新的、一次性的，途中会遇到各种不确定因素，因此，完成这项任务，存在着诸多风险。这些风险的存在，若不能及时预防和控制，就会对项目造成各种损失。因此，在项目管理中，必须充分考虑这些存在的风险，并提出解决和预防风险的对策建议。并且，项目风险不仅仅存在于项目的某一阶段，而是贯穿于项目的全部生命周期，且各阶段的风险各不相同。所以，项目风险与项目阶段有着密不可分的关系。

项目风险除了具有一般存在的风险之外，还具有其独有的风险，这些风险主要有以下特征：第一，风险具有随机性。项目风险的发生并不是必然的，在一个项目中，无法准确地确定某种风险必然会发生，其发生与否，说到底，只是一种概率。即使人们对以前的相同的情形进行研究归纳，得出了规律，也不一定保证在某一个项目中，该风险就一定会发生。因此，其具有随机性。第二，风险具有相对性。即使是同一风险，在不同的项目中，在项目的不同阶段，对于不同的管理者而言，其产生的影响和造成的结果也是不同的。因为，不同的项目，其承担风险的能力是不同的；不同的管理者，其处理风险的方式也是不同的。第三，风险具有渐进性。大部分的项目风险，并不是忽然之间爆发的，而是随着项目内外部环境的变化逐渐发展而来的，因为质变是量变积累的结果，发生项目风险，是因为某些风险因素长期积累达到一定极限才出现的。第四，风险具有阶段性。项目风险的发生，不是突然爆发的，其从出现到最终爆发，具有三个阶段的演变过程，即风险潜伏阶段、风险发生阶段、风险造成后果阶段。第五，风险具有突变性。项目存在的风险，不是一成不变的，由于项目内外部环境的变化，项目的风险也会相应变化，该变化可能是一个渐进的过程，也可能是突然发生的。因此，项目的风险随项目本身内外部环境的变化而变化。在县域经济发展过程中，本书以乡村旅游产业项目风险为例进行分析。

（一）乡村旅游业的波动风险

任何一种经济形态，在其发展过程中，都存在着上下波动的规律，乡村旅游作为经济形态的一种，也不例外，发展有好有坏。周期理论认为，经济形态的上下波动具有周期性，周期性波动是一种正常的形态，在其波动过程中，是有一定规律可循的，可以适当采取一定措施进行预防，例如淡旺季的上下波动。但是，若是发生剧烈的波动，则是一些外部条件冲击造成的，这些波动无法提前预见，所造成后果的严重程度取决于该经济系统本身抵抗冲击的能力。乡村旅游具有较强的季节性。在旅游旺季，客流过多，超过旅游地的最佳接待数量，则会造成旅游服务设施不能满足所有游客的需求，同时，对生态环境也会造成破坏；淡季时间过长，客流过少，如不到全年的 20%，则大量设施闲置，甚至只好停业。

（二）不同文化的同化和异化风险

文化在传承过程中是不断交流与融合的，对于乡村文化来说，由于地处偏僻，对外交流较少，文化交流与融合的过程较为缓慢，所以，在很长时间内，都可以保持本民族本区域内的特色文化。随着乡村旅游的开发，外来旅游者增多，将会加快这些地区的文化与外来文化的交流与融合速度。在文化交流过程中，外来文化往往更加先进、更加丰富，因此，很容易影响本地文化。在外来文化的逐步影响下，人们的生活方式将会越来越接近，本地的民俗文化将会逐渐被淡化甚至废弃。一些宗教信仰往往被认为是封建思想，最明显的变化是年轻人，在完全接受了外来文化后，不愿再接受本民族本地区的原有文化。例如，在一些民族地区，除了一些重要节日外，基本上看不到年轻人穿戴本地服饰。民族语言也随着文化交流与融合逐渐被普通话取代，说民族语言的民众正在逐年减少。一些具有地方特色的房屋也逐渐被水泥房子取代。例如，在云南宁蒗县住着摩梭人，他们长期奉行的是母系文化体系。但是近年来随着旅游业的发展，他们也被严重汉化了，过汉族的节日，穿汉族服饰，连延续了几千年的走婚制度都不再愿意接受。随着乡村旅游的发展，乡村的民俗文化正在逐渐失去自己独有的特性。

在文化交流过程中，不同文化之间难免发生碰撞，产生这种情况的原因主要是这两种文化的反差较大，能够相互包容的地方较少的缘故。这种文化碰撞，可以发生在语言层面，也可以发生在生活方式层面，还可以发生在价值观和宗教信仰层面。乡村旅游活动的开展，对当地居民的生活带来了很大影响，当地居民对乡村旅游的态度也会随着旅游业发展的深入而变化，初期时可能会欢迎，到后期可能会厌恶，甚至敌视。因为各地游客的素质参差不齐，他们在面对不同的生活方式和风俗习惯时，可能会有一些行为会被当地居民认为是对他们的不尊重和挑衅。部分游客到了某地，总以为自己比别人优越，喜欢摆阔的同时，嘲笑当地的落后和贫穷，就会引起当地居民的反感。还有一些游客，到乡村旅游时，总喜欢找当地劳作的居民合影，使得当地居民感觉自己被当成稀奇物种来参观，引起他们的厌烦。还有些游客，到某地旅游，只顾自己享受，大声喧哗，践踏庄稼，完全不顾及当地居民的感受。这些都将造成当地居民反感。

（三）乡村旅游的生态环境风险

一是自然资源遭到破坏。旅游生态环境问题是指旅游开发者在进行项目开发过程中没有充分考虑环境保护、生态环境的可承受能力等因素，导致生态环境的恶性循环，最终造成环境污染和环境资源的破坏。我国乡村地区基本上属于生态环境比较脆弱的地区，当地村民为了满足日常生计，在开采当地自然资源的过程中，没有考虑环境保护的因素，对资源进行掠夺式开发，久而久之，当地的自然资源被严重破坏，并最终形成了一个恶性循环的趋势，越贫穷越开发，越开发导致破坏越严重，从而造成更加贫穷。如果旅游业在这样的地区开发，那么环境所承受的压力将会更大，所引起的环境问题会更加明显。对乡村旅游扶贫项目来说，其生态环境风险产生的原因主要是交通建设和游客的旅游活动。

二是交通建设落后。在我国许多农村，地理位置偏僻，交通严重不发达，有些地区道路等级低，还有些地区甚至尚未开通车辆。然而，一些自然美景常常隐于深山老林中，可进入性特别差。要想在乡村发展旅游业，首先要解决的问题是交通问题，不仅要对原有公路进行维修，还要修建更多的新道路，以方便游客进入，因此，开发乡村旅游业，交通建设是一项规模较大的工程。虽然交通建设工程大，但是交通公路的修建对旅游业的发展有非常大的影响。与此同时，交通建设会破坏当地的生态环境，例如，在修建公路桥梁等设施时，很容易造成水土流失的现象。这些问题具体表现在以下几个方面：①当道路经过土质疏松等地段时，挖山建桥容易造成泥石流、崩塌、山体滑坡等，还容易毁坏现有植被。②采用爆破和机械开山挖土，地面原有覆盖层将会被撼动，不仅会损害植被，还会改变原有地形地貌。原有河谷被填平，使得自然环境与水土保持之间的平衡关系被打破，地面抗腐蚀能力下降，水土流失现象严重。③在开山挖土建桥过程中，多余的废土被倾倒在沟谷、河道、小溪中，使得河道被堵塞，小溪、沟谷流水出现断面，容易引发洪灾。④大量废土随意堆积，没有实行保护措施，使得该区域的土地结构非常松散，容易引发水土流失。

三是主体游览行为。在乡村旅游者的旅游活动中，进行旅游活动的主体是游客即旅游者，客体是环境，主体可随时随地对客体产生影响。旅游景区一旦对外开放，该景区就一定会受到游客的影响，包括正面影响和负面影响，其中负面影响包括引起旅游地环境质量下降，并且可能导致旅游地资源的独特性渐渐消失。如果这些负面影响一直延续下去达到一定程度，旅游景区的吸引力将会逐渐减少，从而游客减少，其经营将变得困难。旅游者的游览行为中，会对景区造成负面影响的主要有：随意践踏景区内景观，恶意破坏旅游设施，采摘景区内花草，乱扔垃圾，随处涂鸦。造成负面影响的这些行为基本上是因为旅游者素质低下和其环境意识淡薄。在这些会带来负面影响的游览行为中，部分行为，例如乱扔乱画对景区环境造成的危害不是很明显，但是当这些行为达到一定数量时，量变引起质变，就会对环境产生很大的负面影响。例如，面对景区内鲜艳的花朵和成熟的果实，虽然知道有禁止采摘的告示，但还是忍不住去采摘，某一位游客采摘一两颗是不影响景区整体效果的，但是如果所有的游客都如此行为，那么整个花圃或果林就会被破坏。研究表明，在有组织的团队旅游中，通过导游或旅游成员的提醒，游客对景区环境的破坏相对较少。但是对于单个旅游者来说，其行为缺乏相应的约束，容易做出一些破坏环境的行为。

某些旅游项目，其本身会对环境产生不利影响。例如，在少数民族地区，篝火晚会一向很受游客青睐，在这些地区，篝火晚会作为固定的旅游项目，通常用来招待游客。但是举办一场篝火晚会，需要大量的木材，而这些木材都是采伐当地山林得来的，这些地区很容易出现滥砍滥伐的现象。除此之外，长达数小时的烟火会造成一定区域的环境污染，同时火星飞溅，还有诱发火灾的风险。

（四）乡村旅游管理风险

管理风险是指企业管理行为所引起的风险。在项目管理过程中，面临的管理风险主要有以下几种：

（1）项目战略规划风险。战略规划风险，是指在项目开发过程中，企业决策层由于决策失误而给项目带来的不利影响。企业战略规划直接决定投资决策方向，一旦战略规划失误，很可能使项目偏离轨道，对项目的影响是非常大的，所以说，企业投资战略规划风险，是一种方向性风险。除此之外，项目规划不合理、不全面，将会影响项目最终目标的实现。

（2）项目环境调查风险。项目环境调查风险，是指企业在项目开始前，对目标地环境条件调查不全面、不准确，给项目开发造成的不利风险。因此，旅游集团在正式开始项目之前，要对目标地的自然生态、人文环境做详细调查研究，分析这些因素会对项目造成哪些有利影响和不利影响，并预测目标地环境变化对项目造成的不利影响，采取措施适当预防，降低风险。

（3）项目实施控制风险。在项目开发过程中，即使已经做了准确的项目规划，同时对目标地环境也做了详细的调查研究，但是如果控制手段不到位，措施不当，项目开发还是会有风险。旅游项目由于其特性，往往投资周期较长，规模较大，项目投资回报的周期也相应较长，因此，开发乡村旅游的企业将会承担更大的资金风险。对于现代企业来说，在投资过程中都会向银行申请贷款，在其投资期间，银行利率波动，会对投资企业产业较大影响，因为资金数额大，即使银行利率波动很小，对贷款企业来说也是非常大的。当然，银行利率的波动，对企业的影响也不都是负面的，总是有利有弊。

（五）乡村旅游项目的财务风险。

投资开发乡村旅游，投资规模大，周期长，所需资金数额大。根据财务管理理论，企业将资金投入到某一项目中去，都是有时间价值的，并且，一旦将资金投入到项目中去，该项资金就失去了获得其他更高收益的可能性。在企业投资过程中，一旦金融市场出现对项目发展不利的变化，就有可能给企业带来巨大的资金压力，会加大企业的财务风险。在旅游项目开发过程中，可能面临的财务风险主要有以下几种：

（1）投资基准收益率变动。开发乡村旅游项目，旅游行业的基准收益率将会对企业投资决策产生巨大影响，一旦项目正式启动，旅游行业的基准收益率往不利于投资的方向变动，将会影响企业的开发决策。应该对旅游行业市场进行重新分析，根据变化后的标准，再结合当地实际情况，对投资决策进行适当调整。因此，财务决策应建立在对行业平均水平进行分析的基础上，并随时参考行业水平。

（2）项目营运过程中的财务风险。项目运行过程中的财务风险，是指项目建成之后，所带来的预期现金流入是否稳定的风险。项目投入运行后，其投资收益说到底是由预期现金流入影响的，预期现金流入高并且稳定，说明投资收益大。

（六）乡村旅游项目的经济风险

乡村旅游项目面临的经济风险主要有：

（1）目标市场经济状况。目标市场经济状况变化，也就是该地市场供求关系的变化，会对项目开发带来不小的影响。调查发现，湖南省大部分县域的乡村旅游开发尚处于初级阶段，游客数量有限，即使是在旅游黄金周，游客数量也不多。可能是因为各县的旅游资源未得到充分利用，旅游产业较少。因此，旅游集团在进行项目调研时，一定要结合实际，充分考虑旅游者的实际消费能力以及当地居民的消费实力，从而了解到当地市场的真实经济状况。一旦忽略了市场经济状况，盲目开发，有可能会带来严重的资金风险。

（2）物价水平变动。物价水平上下波动，可能会引起通货膨胀，进而对企业未来收益产生影响。通货膨胀率的高低将会影响通货膨胀风险的高低。有些乡村旅游项目，若该地在较长一段时间内持续通货膨胀率较高，物价水平也跟着提高，相对来说，货币贬值，同样金额的货币所购买的东西减少，民众的购买能力下降，对旅游服务企业来说是非常不利的。若通货膨胀率下降，物价下跌，货币升值，同样的货币购买的产品相应增多，民众消费能力上升，消费需求增加，对旅游产品的需求也会相应增加，对旅游服务企业是非常有利的。所以，在项目开发过程中，要时刻注意当地的通货膨胀情况，并制定相关措施降低通货膨胀引起的项目风险。

（3）利率水平变动。利率水平变动风险，也就是银行利率变化对项目产生的不利影响，影响项目进程和收益。因此旅游集团在项目开发过程中，应该采取正确的风险控制手段。

（七）施工操作风险

在乡村旅游项目施工过程中，特别要注意施工安全，安全原则必须贯穿于项目的始终。因此，项目管理层必须时时强调施工安全，制定安全施工标准，并随时监督施工单位的作业是否严格按照安全标准进行。与此同时，施工单位还要积极预防，对可能出现的安全风险进行评估，并设置相关的安全技术措施，尽量降低安全隐患的发生。乡村旅游项目施工风险，是指在项目开发过程中，具体操作者因为职业技能不熟练和不规范操作引起的风险。这种风险一般分为三种，具体如下：

（1）项目参与人员的熟练程度。在估算项目参与人的专业技能时，通常是以技术人员或典型工人这类人员的专业熟练程度为标准估算的。在旅游集团的乡村旅游项目开发过程中，项目参与人的技能是否熟练，将直接影响施工的进度。因此，旅游集团在项目开发过程中，要特别关注施工人员的专业技能，条件允许情况下，可适当进行技能培训。

（2）行为责任风险。项目参与人的行为责任风险，也就是项目技术人员的行为责任风险。在旅游集团的乡村旅游项目开发过程中，如果技术人员在施工时不严格按照规定操作，或者不履行责任合约，在项目施工时故意失职，那么项目施工将会面临巨大风险。

（3）社会责任和职业道德风险。旅游集团在开发乡村旅游项目时，企业和施工人员都要承担相应的社会责任。在项目进行过程中，如果项目的某些施工将会影响社会公众的利益，那么，必须以维护公众利益为前提，对项目进行重新规划。例如施工给当地居民带来环境污染，应以保护环境为主。在施工过程中，如果项目利益与施工人员自身利益发生冲突，则应该严格按照项目规定的要求，首先维护项目的利益。只有这样，才能减少项目风险。

11.5　互联网金融风险分析

11.5.1　互联网金融风险的内涵

在传统的金融业中，风险是指对金融行业取得资本和收益产生负面影响的可预期或不可预期的潜在可能。对于银行业来说，在 1997 年 9 月，巴塞尔银行监管银行监管委员会颁布了《有效银行监管的核心原则》，将商业银行风险分为八大类：信用风险、国家和转移风险、市场风险、利率风险、流动性风险、操作风险、法律风险、信誉风险；2001 年 5 月，巴塞尔银行监管委员会颁布了《电子银行风险管理原则》，将电子银行中由技术因素引发的风险归纳为：操作风险、声誉风险、法律风险和其他风险；1991 年 10 月，美国财政部将电子银行风险划分为九类：信誉风险、信用风险、流动性风险、价格风险、合规风险、利率风险、汇率风险、交易风险和战略风险。

综上所述，互联网金融业的风险内涵由传统的风险演变而来，国际上并未对互联网金融的概念做明确的定义，但互联网金融的本质仍是金融业。因此这里所讨论的互联网金融风险是指金融和互联网结合而形成的对取得资本和收益产生负面影响的潜在可能。

11.5.2　互联网金融与传统金融的共性风险

（一）系统性风险

系统性风险是指在经济联系越来越紧密的今天，各行各业都需要面对比较严重的风险。随着金融市场的不断发展和完善，投融资双方可以直接通过互联网金融企业获得资金融通服务，因此，与传统金融业一样，互联网金融也需要注意系统性风险。

由于依赖于计算机或者移动设备的软硬件配置，互联网金融具有较高的系统风险。如互联网金融的欺诈风险、互联网企业内部员工泄露客户数据风险。互联网金融机构融资支付平台是基于多边信用建立起来的，涉及每个网络节点，双向互动，一旦发生风险，很可能会蔓延到整个网络，严重时可导致整个金融体系瘫痪。

（二）市场风险

市场风险是指由于产品价格波动使得实际收益与预期收益发生偏离所带来的损失，包括利率风险、汇率风险等。比如，若市场利率上升，可能导致互联网金融产品投资者所持有的理财产品价值缩水，或借出款项的收益率低于市场利率从而造成收益金额减少；若市场利率下降，可能使借款人通过其他渠道获得资金以提前还贷，从而减少贷款人的收益；利率的波动可以通过影响借款者进行融资的方式，进而影响互联网金融产品的年收益率变动，从而影响投资者的收益。所谓汇率风险，是指汇率变动的不确定性给参与者带来的不利影响。目前，互联网金融涉及的业务范围或提供的服务不仅在本国范围内，而且在国际上也普遍展开。随着互联网金融的不断发展，以后将会有更多的业务跨越国门的界线，在国际上开展相关的互联网金融业务，这就会受到汇率波动的影响。

（三）信用风险

可以说，信用风险不仅存在于一切信用活动中，而且也存在于一切交易活动中，在互联网金融方面则主要表现为信息不对称风险和道德风险。互联网金融的业务活动大多是在由电子信息构成的虚拟空间中进行的，交易双方不需要面对面的接触，只需通过网络便能进行交易。这在给交易双方带来便利的同时也增加了对交易者身份和交易真实性的验证难度，从而导致了交易双方在身份认证、信用评级、财务状况等方面的信息不对称程度加大，进而导致信用风险加剧。此外，由于征信体系不完善，难以有效实现信息共享，很容易造成不同体系和不同平台之间的信息套利，这种道德风险给搭建平台的互联网金融模式带来的损失将是巨大的。可见，无论何种道德风险，给互联网金融带来的信用风险都是难以估量的。

（四）操作风险

操作风险是指企业或机构由于内部控制不健全或失效、人为操作失误或外部事件等原因造成损失的风险。从上述定义可以看出，所有互联网金融中介和市场的内部程序在任意环节出现的问题、相关业务人员出现的疏漏，都属于操作风险的范畴。根据风险的来源差异可以分为：内部操作风险、第三方风险和客户操作风险，其中内部操作风险主要来自对互联网金融机构网上银行业务缺乏系统性管理、内控相对滞后，第三方风险主要来自服务提供商风险、互联网金融机构与银行信息技术外包风险。操作风险涵盖的内容广泛，相对于传统金融模式而言，互联网金融的内部程序和系统所带来的操作风险有所上升，而且针对不同的模式，又会产生不同形式的操作风险，其所带来的后果同样有可能是非常严重的，甚至是致命的。

（五）流动性风险

流动性风险是指企业或金融机构无法及时提供足够的资金，或产品在市场上无法及时变现而遭受损失的风险。互联网金融中的很多"宝宝"产品都可以实现 T+0 的到账交易，从货币基金的角度来讲是很难实现的。根据传统的基金赎回方式，在 15：00 后进行赎回应当是 T+1 到账，然而在用户跟风大量赎回购物时，"宝宝"产品必须满足 T+0 赎回，为了实现任何时段的赎回承诺，就必须在非交易时段为回赎资金进行垫付，然后再在基金交易时间内进行结算，实际上真正结算还是要等到交易时间。但是，如果在非交易时段发生大量资金的同时段退出，资金池则有可能难以应对，从而使"宝宝"无法实现资金的即时支取。

11.5.3 互联网金融特有的风险

（一）技术性风险

技术性风险主要是指来自计算机网络系统的当前阶段的不足所带来的风险。互联网金融的发展依托于互联网技术的发展，由于软件、计算机系统、认证系统等存在缺陷，从而造成相关的技术性风险。互联网金融平台技术性风险还不同于普通互联网平台，普通互联网站偶尔出现宕机问题影响也不大，并且可以在后台不断进行漏洞修复和改进。互联网金融平台由于采取的都是无纸化和电子化交易，并且管理和决策也是信息化的，所有的信息数据不能有任何丢失，因此绝对不能有宕机等问题，对系统的稳定性要求极高。即使出现较大的事故，比如地震、火灾等问题，也要第一时间切换到异地容灾备份服务器上，确保整个系统的良好运行，否则损失将是巨大的。

（二）法律政策风险

法律政策风险是指与互联网金融相关的法律法规不健全甚至缺失，以致交易过程中出现损失的问题，没有明确的法律规范进行处理，从而导致权责不明的风险。我国的互联网金融虽然在高速发展，但互联网金融的体制并不健全，我国并没有将互联网金融纳入法律体系内。很多风险在发生后，人们才发现有法律空白，从而给互联网金融的投资者造成严重损失。建立健全互联网金融法律监管体系迫在眉睫。

（三）洗钱犯罪风险

洗钱是指将违法犯罪所得及其产生的收益，通过各种手段掩饰、隐瞒其来源和性质，使其在形式上合法化的行为。通过金融领域洗钱是常见的一种方法。但在传统金融领域，我国已经有健全的反洗钱监管体制，由于互联网金融交易虚拟性和隐蔽性的特点，其成为新的洗钱渠道。因此，互联网金融的发展，加大了洗钱犯罪的可能性，对洗钱犯罪活动的监管提出了新的挑战，应该全方位、多角度地采取相应措施对洗钱犯罪活动进行防范和惩处。

11.5.4　解决互联网金融风险的措施

党的十九大要求，"深化金融体制改革，增强金融服务实体经济能力，提高直接融资比重，促进多层次资本市场健康发展。健全货币政策和宏观审慎政策双支柱调控框架，深化利率和汇率市场化改革。健全金融监管体系，守住不发生系统性金融风险的底线"。这是习近平新时代中国特色社会主义思想在金融领域的根本要求，是金融发展一般规律与我国金融改革实践探索相结合的科学部署，是指导金融改革发展稳定的行动指南，是做好新时代金融工作的根本遵循。

我国互联网金融涉及众多行业领域，其市场涵盖面大，参与者呈快速递增态势，交易方式多样化。要有效控制互联网金融风险的传染和扩散，监管协调必不可少。为推动互联网金融可持续发展，可从以下三个方面加强监管协调：一是在现有金融监管协调机制的基础上，加大跨部门信息共享力度，包括互联网金融运营数据指标、业务分析和风险状况等，以此加强沟通互动并协调监管立场。二是加强司法部门与金融监管部门、行业自律组织三方的协调合作，严厉打击利用互联网金融的特性故意实施违法犯罪的行为。三是以维护金融秩序稳定、守住安全区域性及系统性金融风险底线为目标，加强互联网金融监管部门与地方政府的协调与合作。从互联网金融监管协调现状观察，若能实现全行业信息共享，显然更有利于多层次监管协调机制的确立和运行，在此基础上形成的监管立场的协商也是监管协调机制的重要内容之一。

一是出台措施保障互联网金融消费者的合法权益。保护金融消费者权益是世界各国对金融行业风险进行监管的一致的重要目标，互联网金融风险监管作为金融风险监管的分支也不例外。在我国互联网金融运行的过程中，存在与传统金融极其相似的有悖保护消费者权益的情况。例如，在互联网金融理财产品销售中不时存在夸大收益、风险提示不充分等误导消费者的产品内容推介；又如，通过网上签订产品合约，经常利用网页的局限性，单方面提供合约内容，仅仅提供客户点击"已阅读风险提示，并同意接受"等强制操作方式，而未向客户提供附加条款输入项，即确认合约内容。当然，只要消费者对互联网金融风险有充分的认识，还是可以减少权益受损的，这就要求政府及其监管部门在加强风险监管的同时有效进行互联网金融消费者教育，让公众充分了解互联网金融产品的内容与实质，从而提升互联网金融消费者的风险意识，促使公众提升对互联网金融产品的消费信心。事实上，互联网金融发展和消费者权益保护是互相促进的，公众对互联网金融产品消费信心的提升，能在很大程度上促进互联网金融的发展，而随着行业的发展，以往认为是难题的金融消费者保护问题便可迎刃而解了。消费者权益保护直接体现在互联网金融产品的收益特征将更全面、准确地通过网络进行描述，风险提示被更多消费者所了解，这样既切实有效保护了金融消费者权益，又能对互联网金融产品的合规情况开展全民监控，实现风险监管的目标更为快捷。

加强我国互联网金融消费者权益保护首先应是落实引导和教育，其方式是以宣传为主，让广大消费者对互联网金融有更深层次的理解，了解业务及产品项目的特性和风险，正确区分和对待互联网金融与传统金融的业务本质。这样既能保证监管措施的合法执行，也有利于防范不明真相的公众因信息不对称产生的恐慌，最大限度减少行业系统性风险的产生，维护互联网金融行业运行的稳定。另外，预警系统必须设置各级操作、查询权限，确保互联网金融机构运行的商业机密不外泄，以此保护经营者的权益。

二是借鉴传统金融的现场监管检查。我国政府及其监管部门对互联网金融机构的监管措施并不局限于网络系统的非现场监管方式，最理想的监管组合方式应该是从非现场监管发现问题及目标，从现场检查取证并查出问题所在，后续监管措施解决风险问题，继而总结监管行为的经验以发现监管行为可能存在的不足，促进现场和非现场监管有效结合，完善法律法规及现场监管方法，提升政府及其监管部门监管水平和效能。

我国现阶段对传统金融行业的现场监管模式已经较为成熟，而对互联网金融机构现场监管所注重的内容基本上限于网上银行、网上证券交易真实性、金融产品网上宣传等为数不多的项目，且此类现场监管手段比较落后。对此，监管部门可借鉴对传统金融机构现场监管模式，按年度制定现场监管检查规划和目标，采用定期或不定期、全面或专项、抽查、监督或稽核等方式开展现场检查。

三是强化行业自律和协调管理。作为风险监管行为的补充，对互联网金融这一新出现的金融业态而言，强化行业自律对规范我国互联网金融发展和防范各类风险至关重要。与刚性的政府监管行为相比较，行业自律显然灵活度更高。就行业自律所产生的作用而言，其优势在于作用范围和弹性伸缩空间更大、效率更高、行业自觉性更突出等。互联网金融行业自律的程度是否足够高、自律的效果是否达到公众的预期、行业发展秩序是否井然、行业内部案件发生率是否获得控制等指标或状况，在很大程度上影响着政府及其监管部门的行政行为态度和监管执行强度，进而还影响甚至决定着整个互联网金融行业未来的走势。针对以上实质情况，国内互联网金融机构的行业龙头应当具备责任意识，发挥牵头作用，召集机构行业代表协商制定自律标准，从行业内部建立自律自治及相关的监督机制，而不是不作为，等待外部介入，由政府及其监管部门实施强制性的监管干预。特别是当前信息科技监管手段落后，更有必要通过行业内部协调防控科技风险。已经成立的中关村互联网金融行业协会、互联网金融千人会俱乐部、网络信贷服务企业联盟等，均走在补充政府监管行为不足的前列，在制定互联网金融行业发展规则和标准方面发挥了巨大的作用，并且在很大程度上促进互联网金融行业健康发展。如发布了《互联网金融行业自律公约》及国内首个网络信贷行业准入标准等，尤其是对 P2P（点对点）企业资金的第三方存管、清（结）算分离、风险管理制度、定期信息披露、出借人利益保护、减少监管政策变动随意性，还可以相对明确地区分业务类型来分别制定专门的监管规范细则。另外，现有的商业银行法、证券法、保险法、票据法等金融法律法规显然已滞后于互联网金融发展的现状和特征，应对此类法律及时进行修订；针对一些互联网金融业务开展无章可循的实际，还应尽快出台涉及放贷人、电子资金划拨、网络购物支付、网络借贷行为等与互联网金融发展相关的法律规章等规范性文件，明确互联网金融所有参与者不同的权利与义务，并赋予其相应法律地位，从而在源头上管控风险。

四是建立健全监管法规细则。为加强互联网金融风险监管，我国政府及相关监管部门可以国家立法和行政立法通过的互联网金融法律为基础，修改现有存在漏洞的监管政策及法规细则，制定目前尚处于监管空白的监管规则，以其作为依据，涵盖互联网金融所有能识别的风险来开展风险监管，确保实施监管所采用的措施、手段、方法有章可循，做到依法行政。从另一个方向考虑，可借助健全的法律法规细则，强化对监管者和监管措施的硬约束，防止过度监管或监管过界。

五是修缮与互联网金融发展相关的其他法律。目前，消费者权益保护法缺乏对金融消费者权利予以保护的规定，也未明确规定互联网金融机构在业务流程中对交易主体承担的义务种类以及适用范围，各方通过互联网进行金融交易所承担的法律责任也不清晰，极易发生纠纷。因此，建议在消费者权益保护法中增加相关条款，以保护互联网金融消费者和投资者。此外，刑事诉讼法尚无对互联网金融犯罪的判决条款、民事诉讼法尚无涉及互联网金融争端的法律条款等，这些都是互联网金融发展实践中发现的法律缺陷，应通过行政立法的方式对存在缺陷的法律进行增删或修改。这样才可望把完善后的相关法律作为打击互联网金融违法犯罪的必要依据。

六是建立多层次全方位的监管体系。首先建立以大数据为基础的风险预警系统。在大数据时代，"数据"是解决问题的重要依据，用数据来监控风险是未来互联网金融发展在风险控制方面的一个趋势。就政府规划而言，应由我国政府统筹规划，借鉴欧美已开发成熟的行业性数据系统管理模式，根据法律和监管法规协调管理并落实互联网金融全数据系统接入和实时采集，建立基于大数据集中的互联网金融风险预警系统。此外，互联网金融风险预警系统还必须面对安全保密、商业机密、谨慎公开等现实要求，系统发出风险预警提示应是有限度的发布，即系统决策支持功能在哪个层面、哪个阶段、哪种程度的基础上，保障投资者、借款人、支付方等在内的金融消费者在互联网金融业务办理、操作和结算中的合法权益。其次是加强与西方发达国家互联网监管的经验交流。我国是世界第二大经济实体，经济类型复杂程度超出大多数国家，新兴的互联网金融产业也不例外，其复杂程度甚至是政府及其监管部门始料未及的，加上互联网金融行业特点决定了其具有高度的创新能力，很多产品或经营行为经常是突如其来地出现，这些都大大增加了监管难度。其实，我国不少互联网金融创新产品或新的经营行为都是从国外互联网金融已经出现的品种或经营行为的变化衍生而来的，在国内出现的苗头在国外早已较为成熟；而国外的互联网金融创新产品或新的经营行为未尝不是如此，有些雏形还源自中国。况且，西方发达国家的互联网金融监管体系比较完善，对于我国而言可借鉴的东西也多，因此，就监管目标来说，有必要加强国际交流和合作来提升监管效率，及时掌握国际上新出现互联网金融产品和行为，少走监管政策手段研究的弯路。

总之，通过平衡好稳增长、去杠杆和防风险之间的关系，切实防范化解重点领域金融风险。继续推动实施防范化解重大风险攻坚战行动方案，稳定宏观杠杆率，推动出台金融控股公司监管办法，加快补齐金融监管短板，有序化解影子银行风险，继续开展互联网金融风险专项整治。充分发挥存款保险作用，做实金融风险监测、评估和处置机制。

参考文献

[1] 中共中央党史和文献研究院. 习近平关于"三农"工作论述摘编 [G]. 北京：中央文献出版社，2019.

[2] 范伟. 绿色发展破解新常态难题 [N]. 学习时报，2016-03-07 (3).

[3] 张雪敏. 深入贯彻绿色发展理念，全面推进生态文明建设：党的十九大精神解读 [J]. 河北地质大学学报，2018 (2).

[4] 陆军. 破解生态环境难题 推进绿色发展 [N]. 中国环境报，2018-04-03 (3).

[5] 吴大华. 制度建设是生态文明建设的重中之重 [N]. 人民日报，2016-10-14 (7).

[6]《人民日报》评论员. 坚持绿色发展，着力改善生态环境 [N]. 人民日报，2015-11-03 (1).

[7] 赵玉红. 保护农村生态环境 促进县域经济可持续发展 [C] //中国环境科学学会. 中国环境科学学会学术年会论文集：2012 年卷. 北京：中国农业大学出版社，2012：3340-3345.

[8] 宋书超. 推进绿色发展问题与对策研究：商丘市推进绿色发展的生动实践与积极探索 [J]. 决策探索（下旬），2018 (5).

[9] 周四九. 关于铜陵实施绿色发展行动，建设生态文明新样板的对策研究 [J]. 辽宁行政学院学报，2018 (1).

[10] 李培祥，李诚固. 区域生态经济体系的构建 [J]. 资源开发与市场，2003 (2).

[11] 黎树式. 构建广西北部湾经济区生态经济体系的思考 [J]. 东南亚纵横，2010 (10).

[12] 张馨，伍群英. 生态价值观：新时代社会主义生态文明的文化核心 [J]. 北京教育，2018 (5).

[13] 黄娟. 科技创新与绿色发展的关系：兼论中国特色绿色科技创新之路

[J]. 新疆师范大学学报（哲学社会科学版），2017，38（2）．

[14] 李国锋，林美卿. 新时代科学技术生态化创新方略 [J]. 重庆邮电大学学报（社会科学版），2018，30（3）．

[15] 程开明. 聚集抑或扩散：城市规模影响城乡收入差距的理论机制及实证分析 [J]. 经济理论与经济管理，2011（8）．

[16] 任保平. 统筹城乡商贸流通：态势、机制与模式选择 [J]. 社会科学辑刊，2010（4）．

[17] 张妮妮，宋徽，蔡雪洁. 产业链视角下城乡产业互动发展的路径与机制思考 [J]. 长春工程学院学报（社会科学版），2014，15（3）．

[18] 王丹玉，等. 农村产业融合视域下美丽乡村建设困境分析 [J]. 西北农林科技大学学报（社会科学版），2017，17（2）．

[19] 苏毅清，游玉婷，土志刚. 农村一二三产业融合发展：理论探讨、现状分析与对策建议 [J]. 中国软科学，2016（8）．

[20] 夏荣静. 推进农村产业融合发展的探讨综述 [J]. 经济研究参考，2016（3）．

[21] 宋德勇，姚洪斌，郭涛. 工业与农业相互依存的内生增长模型：工业反哺农业的理论基础 [J]. 经济学家，2007（4）．

[22] 延武. 统筹城乡背景下的城乡产业一体化发展研究 [J]. 成都行政学院学报，2013（5）．

[23] 张爱民，易醇. 统筹城乡发展背景下三次产业互动发展路径研究 [J]. 软科学，2011，25（2）．

[24] 张显龙. 新型城镇化视角下中国城乡产业联动发展路径探析 [J]. 改革与战略，2013（6）．

[25] 朱霞，周阳月，单卓然. 中国乡村转型与复兴的策略及路径：基于乡村主体性视角 [J]. 城市发展研究，2015，22（8）．

[26] 卢阳春. 建立中国特色的城乡产业互动发展机制研究 [J]. 经济论坛，2009（11）．

[27] 卢阳春. 城乡产业互动的国际经验与可持续发展机制 [J]. 现代经济探讨，2009（7）．

[28] 侯全章. 要把培育新型职业农民纳入经济社会发展规划 [J]. 农村工作通讯，2012（4）．

[29] 李俊蓁. 农村人力资本对农村经济增长作用的实证研究 [D]. 长沙：湖南师范大学，2011．

［30］贺喜灿. 人力资源开发视角的农民增收长效机制研究：以江西为例 ［D］. 南昌：南昌大学，2010.

［31］任文硕. 新农村建设与农村人力资源开发 ［J］. 中国行政管理，2008（12）.

［32］马姣姣，张楠，谭春兰. 人力资本投资对农民增收贡献度研究：南疆三地州例证 ［J］. 上海农业学报，2017（3）.

［33］李朝林. 论我国农村人力资源开发与农村剩余劳动力转移战略 ［J］. 经济问题探索，2000（12）.

［34］傅志明. 福斯特与巴洛夫论战对当前中国职业教育改革的意义 ［J］. 职业技术教育，2003（22）.

［35］P J FOSTER. The Vocational School Fallacy in Development Planning ［C］//C A ANDERSON，M J BOWMAN. Education and Economic Development. Chicago：Aldine，1965.

［36］JAIN R，ARORA A，RAJU S S. A Novel Adoption Index of Selected Agricultural Technologies：Linkages with Infrastructure and Productivity ［J］. Agricultural Economics Research Review，2009，22（1）：109-120.

［37］MA S，FENG H. Will the Decline of Efficiency in China's Agriculture Come to an End? An Analysis Based on Opening and Convergence ［J］. China Economic Review，2013（27）：179-190.

［38］ROSTOW W W. The Stages of Economic Growth：A Non-Communist Manifesto ［M］. Cambridge：Cambridge University Press，1960.

［39］陈池波，韩占兵. 农村空心化、农民荒与职业农民培育 ［J］. 中国地质大学学报（社会科学版），2013（1）.

［40］姚丽美. 县域职业教育促进县域经济发展研究：以山东省冠县为例 ［D］. 秦皇岛：河北科技师范学院，2013.

［41］孙开，田雷. 农村基础设施建设与财政投入研究 ［J］. 经济研究参考，2005（15）.

［42］谢申祥，刘生龙，李强. 基础设施的可获得性与农村减贫：来自中国微观数据的经验分析 ［J］. 中国农村经济，2018（5）.

［43］刘晓光，张勋，方义全. 基础设施的城乡收入分配效应：基于劳动力转移的视角 ［J］. 世界经济，2015（3）.

［44］张亦弛，代瑞熙. 农村基础设施对农业经济增长的影响：基于全国省级面板数据的实证分析 ［J］. 农业技术经济，2018（3）.

［45］张勋，万广华. 中国的农村基础设施促进了包容性增长吗？［J］. 经济研究，2016（10）.

［46］吴清华，冯中朝，何红英. 农村基础设施对农业生产率的影响：基于要素投入的视角［J］. 系统工程理论与实践，2015，35（12）.

［47］邓晓兰，鄢伟波. 农村基础设施对农业全要素生产率的影响研究［J］. 财贸研究，2018（4）.

［48］林毅夫. 加强农村基础设施建设，启动农村市场［J］. 农业经济问题，2000（7）.

［49］林毅夫. 新结构经济学［M］. 北京：北京大学出版社，2012.

［50］西奥多·舒尔茨. 改造传统农业［M］. 梁小民，译. 北京：商务印书馆，2006.

［51］姜长云. 我国城乡发展的不协调及其深层原因［J］. 经济研究参考，2006（9）.

［52］李国祥，杨正周. 美国培养新型职业农民政策及启示［J］. 农业经济问题，2013（5）：93-97.

［53］本报记者."加快发展新型职业农民中等职业教育"座谈会上热议：如何壮大未来田野上的主力军？［N］. 农民日报，2013-07-31.

［54］曾一春. 加快培养支撑农业农村经济发展的高素质劳动者［N］. 农民日报，2014-05-30.

［55］卓炯，杜彦坤. 我国新型职业农民培育的途径、问题与改进［J］. 高等农业教育，2017（1）.

［56］徐辉. 新常态下新型职业农民培育机理：一个理论分析框架［J］. 农业经济问题，2016（8）.

［57］侯艳芳，刘利利. 新型职业农民培养政策述评［J］. 职业教育研究，2016（5）.

［58］李红. 日本农民职业化教育对策分析及启示［J］. 中国农业教育，2008（3）.

［59］王立宾，肖少华，韩秀莲. 美国农民职业培训体系的特点及启示［J］. 中国成人教育，2016（4）.

［60］夏春萍. 工业化、城镇化与农业现代化的互动关系研究［J］. 统计与决策，2010（10）.

［61］曹俊杰，刘丽娟. 新型城镇化与农业现代化协调发展问题及对策研究［J］. 经济纵横，2014（10）.

［62］陈志峰，等. 工业化、城镇化和农业现代化"三化同步"发展的内在机制和相互关系研究［J］. 农业现代化研究，2012（3）.

［63］赵颖文，吕火明. 农业现代化与城镇化关系的理论考察、现实困境及其原因探究［J］. 农村经济，2017（6）.

［64］喻胜华. 基于稳健稀疏主成分的经济增长影响因素分析［J］. 统计与信息论坛，2017，32（3）.

［65］龙娟. 基于稳健稀疏主成分的中国经济增长影响因素分析［D］. 长沙：湖南大学，2014.

［66］廖瑞华，李勇帆，刘宏. 基于稳健主成分分析与核稀疏表示的人脸识别［J］. 计算机工程，2016，42（2）.